U0921000

中国美容年鉴

2005/06

hina beauty trade almanac

我们研究产业
我们记录历史
我们传播品牌
我们弘扬文化

周声平

中国美容年鉴　主编

广东美协化妆品投资顾问中心　法人代表

中国青年联合会　委员

中山大学管理学院　EMBA

2005/06 中国美容年鉴

联合主办

中国国际健康美容行业发展委员会

中国百货商业协会

中华工商联美容化妆品商会

中国美容年鉴委员会

承办

美协传媒国际集团

出版

南方日报出版社

主编

周声平

鸣谢

中国美容文化网

中国保健科技协会

中国香料香精化妆品工业协会

香港化妆品同业协会

亚洲美容美发协会

中国美容业 CMO 精英联盟

广东省美容美发行业协会

《美容新时代》杂志社

《中国美容时尚报》报社

《健康与美容》杂志社

《中国化妆品》杂志社

《美容院》杂志社

（排名不分先后）

蓝海战略

"蓝色海洋战略正向企业挑战，促其脱离血腥竞争的红色海洋，创造没有人与其竞争的市场空间，把竞争变成无关紧要。这种战略致力于增加需求，并摆脱竞争，不再汲汲营营于瓜分不断缩小的现有需求和衡量竞争对手。"

中国美容行业20年的发展经历了两个较大的转变：一是以产品为主导的发展时代；二是以营销为主导的时代，教育营销、服务营销、情感营销……这些纷纭繁杂的营销手段各具特色，在一定的时间内对行业的发展起过重要的推动作用。

但在全球化的潮流下，美容行业的同质化使大部份企业落人所谓"红海战略"的流血竞争中，无论是产品概念、名称、包装还是促销手段、营销模式，无不显现出雷同、跟随的发展趋势。在红海中厮杀的美容企业，彼此竞争的是新奇的概念、促销手段和低廉的价格，他们靠各种五花八门的促销手段来获取利润。而蓝海的企业，是成功的企业，他们创造出一片蔚蓝大海，摆脱其它竞争者，或者完全没有竞争者，创造出属于自己的市场。

没有一家企业可以永葆卓越，要打破宿命的策略，就要创造无人竞争的市场空间。它将刺激企业去追求一个完全崭新的领域与发展空间。面对市场竞争时，蓝海战略是要打破传统思维，追求"价值创新"，不仅抛弃对手产生"替代"效应，更能对消费者产生"另类选择"。

蓝海战略强调美容企业价值的重塑和创新，而不是仅偏执于某一项产品的技术创新或是突破性发展。能够超越竞争的成功的美容企业，不是去挖掘自己的代理商、美容院需要什么，而是研究非顾客的需求。蓝海战略是有关如何获利如何赚钱的策略，我们不要执着谁是第一个，而是要看到谁最后赚钱获利，这才是重要的。

可以预见，当美容企业实现资源整合，美容市场规范成熟之时，也就是美容行业真正腾飞，拥抱蓝海之际。

无论是蓝海或是红海，价值观和企业战略的重新定义是让人难忘的。

《05/06中国美容年鉴》的成功编著，得到了社会及业界朋友大力支持，感谢中国美容时尚报、中国美容美发协会、中国美容化妆品业营销传播网、医学美学美容杂志社、中国科学美容杂志社等媒体及机构的相关数据和图片；感谢中国百货商业协会、中国保健科技协会、中国香精香料化妆品工业协会、广东省美容美发行业协会、香港化妆品同业协会等领导部门的大力协助；感谢南方日报出版社三年来的合作与支持；感谢编辑、作者及为年鉴付出努力的所有人！

谨以《2005中国美容年鉴》献给为美容行业做出贡献的人！

2005/06

中国美容年鉴

上卷　美容盛事

权威题词

年度史录

美妆盛事

煮酒论剑

新闻回眸

思想语录

Puyen®
飘影
植物柔顺
自然健康
柔顺·我信赖飘影
国际巨星：李嘉欣
飘影集团
有飘影，更自信
中国500最具价值品牌
CEPF
绿色产品奖
特含
水凝滋润因子

【上卷】

中国美容年鉴

权威题词

权威题词

Authorittivee Epigraph

2005/06中国美容年鉴

钱信忠

中华人民共和国原卫生部部长
中国国际健康美容行业发展联合会名誉会长

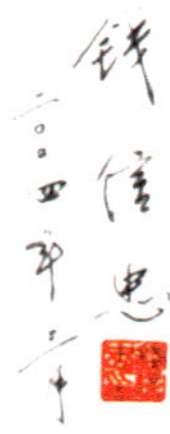

AUTHORITATIVE EPIGRAPH

张晓梅

全国政协委员

《中国美容时尚报》社长

《2005—2006中国美容年鉴》，真实记载了2005—2006年度中国美容行业发生的重大标志性事件，并做全面、透彻、详尽、精确的披露和剖析，这对中国美容行业的历史考证提供了宝贵资料，并对该行业的发展起到了积极的推动作用。

张晓梅

张敬东

中国国际健美美容业发展联合会会长

中国健康美容产业和广大人民生活息息相关。应以健康为本，诚实守信，规范经营。它的发展和壮大需要全体同仁的共同努力和奉献。

愿中国美容年鉴成为谱写和记载中国健康美容产业的史诗和宝典。

张敬东

2006年元旦

魏元郡

香港柔纺绣绘艺术学会永久会长
世界纹饰科技艺术产业发展研究会主席

美容行业的史记
值得收藏
读其使人明智
愿每一位读者都能开卷有益

陈汉江

工商国际集团董事长

願藉中国美容年鑒之平台，將整全健康理念融入国人身心平衡之道，引領纖体美容潮流。

工商国际集团 陳汉江
2005年12月。

于文红

香港虞美人国际集团董事长于文红女士

追求表里如一，缔造美丽真谛，品质与源头开始，服务在终端传递，虞美人和全国百店，齐祝愿新春佳节！

于文红

张志伟

北京阿贝尔生物材料研究所总经理

以诚立世，是阿贝尔恪守的准则。
百年品牌，是《美容新时代》奋斗的目标。
两强携手，给我们带来无穷动力。
共同前进，一起创造美好明天！

北京阿贝尔生物材料研究所　张志伟
2005.12.20.

陈杰锋

英侨科技集团公司董事长

采美丽风云
载魅力人生

英侨
陈杰锋
2005.12.23

美容年鉴写春秋
兴国为民孺子牛
峥嵘岁月民族情
共赴新世展风流

2005.9.18

任韵龄

中国国际健康美容行业发展联合会执行会长
中华研修大学中医美容系教授
中国科技实业家协会美容专家委员会主任
中国科技健康美容研究院院长

《中国美容年鉴》为中国时尚、美容产业铺设了一条沟通国内外的新丝绸之路，祝它越办越好！

新丝路机构总裁：李小白

李小白

李小白先生
新丝路机构总裁
中央国家机关青年联合会常务委员
北京经纪人协会副理事长
北京服装纺织行业协会副会长
中国国际经济科技法律人才学会理事
中国职业时装模特委员会名誉主任

李康

一卷在手
受益无穷！

李康

《中国化妆品》杂志社　总编

林春伟

记录年度盛事
谱写明日辉煌

欧中联合商会美妆产业委员会会长
亚洲美容美发化妆用品进出口协会会长
世界华人美容美发教育协会亚洲区主席
亚洲美发美容协会理事长
全国工商联会美容化妆品业商会进出口管理专业委员会主任香港花都国际美容学院创始人
香港花都国际美容集团创始人
中国美容化妆品十大功勋企业家

AUTHORITATIVE EPIGRAPH

专心、专注、专业
诚心、诚意、成业

——知库国际与《中国美容年鉴》共勉之

彭玉玲

彭玉玲

荣录"2001年南粤巾帼英豪世纪珍藏"名人录
知库国际集团有限公司主席
知库国际贸易（深圳）有限公司董事长
知库专业水疗教育学院创始人
"2005年世界模特小姐大赛"香港赛区组委会顾问
"亚洲美容美发化妆用品进出口协会"会长
"香港美容美发商会"副会长
"亚洲美发美容协会"秘书长
IPTA国际专业导师协会名誉会长　（新增项）
"无痛面部轮廓修改淋巴排毒按摩技术"创始人
首位将SPA正宗文化引入国内的倡导人
《美容新时代》SPA专栏作家
《芳香美容》杂志SPA专栏作家

《中国美容年鉴》
中国美容业之光

徐新军

法国诗婷国际美容连锁集团总经理
全国工商联美容化妆品业商会市场营销管理专业委员会主任

徐新军

权威题词

AUTHORITATIVE EPIGRAPH

岳 慧

一路同行　见证美丽

首先恭贺《2005中国美容年鉴》的顺利出版。每年一本的《中国美容年鉴》是这段历史的最好记录者和见证者，也是一部严谨、忠实的行业发展史册。慧妮（国际）美容机构，十几年的风雨历程，造就了艾丽素、爱卉妮丝、碧蔻诗等品牌，我们也一直致力于推动整个美容行业的发展，给消费者带来最好的产品和服务。

岳慧

中华全国工商联美容化妆品商会副会长
广东省工商联化妆用品制造业商会副会长
慧妮（国际）美容机构总裁

陈海佳

寄望《中国美容年鉴》成为中国美容行业的《资治通鉴》，为中国美容行业的发展和进步作出贡献！

陈海佳

赛莱拉国际集团总裁
全国工商联美容化妆品业商会副会长
全国工商联美容化妆品业商会
企业经营管理专业委员会主任
首届中国美容化妆品业十大功勋企业家
影响中国美容经济30人之一

引領行業再擎高峰
開創美容新時代

滕飞
2006年元月

滕 飞

广州博生能美容顾问有限公司总经理
广州雅风生物科技有限公司总经理

“回顾历史，展望未来，与时代同步”

于汇群

于汇群

天津艾迪玛化妆品有限公司董事长
天津净缘文化发展有限公司董事长
天津滨玛化妆品有限公司常务董事
清华大学高级工商管理硕士（EMBA）

AUTHORITATIVE EPIGRAPH

丁文斌

群英荟萃美容年鉴
百家争鸣行业发展

[illegible]美容与《中国美容年鉴》合作2006

——广东新海得实业有限公司 丁文斌

2006.元.6.

广东新海得实业有限公司董事长　丁文斌

成立珍

以专业、诚信、服务的心态
打造成功人士的专业品牌

——成立珍
2006年1月5日

千百合事业集团总经理

权威题词

AUTHORITATIVE EPIGRAPH

孔明臣

鉴知行业过去和未来

祝贺《2005-06中国美容年鉴》出版

广州脑白金文化发展有限公司总经理

孔明臣

麦佩玉

质量是生存的基础

创新是发展的前提

现美职业培训学校校长 麦佩玉

AUTHORITATIVE EPIGRAPH

提升行业，广举英才，

展示历史，放眼未来！

戴一江

戴一江

浙江杭州金芭蕾美仪培训学校校长
中国美发美容协会常务理事
全国工商联化妆品业商会常务理事
全国工商联化妆品业商会专家委员会专家
教育部美容讲师（BPTT）培训基地心理、礼仪专家
"中国美"十大最具影响力美容教育家

中國美容年鑒：創新時代

紀錄品牌

劉明山

刘明山

广东工商联化妆用品制造业商会 副会长
台湾全亚化妆品（厂）国际实业有限公司 董事长
博视电子（厂）实业有限公司 董事长

MA'CHARM
Macharm
MA'CHARM
HONGKONG
广东美情实业有限公司
GUANGDONG MACHARM INDUSTRY CO., LTD
www.macharm.com

年度史录

History Recording

2005/06中国美容年鉴

国家五部委回复政协委员提案鼓励支持美容经济就业年

在经历了由美容界广大从业人员和经济学界共同发起的"２００４——中国美容经济元年"之后，２００５年成为了中国美容经济的"就业年"，"扩容、就业、创业、示范"是美容业2005年发展的年度主题。美容经济作为一种国情经济，在全社会大量消费趋势和行业自身超劳动密集型特征的基础上，更具有吸纳大量劳动力就业的能力，而美容业的快速发展，也不仅仅是能够使每年新增１００万人就业，更可以为构建和谐社会发挥行业示范作用。

在2005年政协十届全国委员会第三次会议上，全国政协委员张晓梅向全国政协提交了１５份提案，其中有１３份涉及美容业，以期维护行业权益、争取国家支持。

国家工商行政管理总局、新闻出版总署办公厅、第２９届奥运会组委会、国家司法部办公厅、中国保险监督管理委员会等分别对相关提案进行了回复。

回复一：系列改革举措方便并支持从事美容服务的经营者

国家工商行政管理总局表示，对《扩大美容经济，新增百万就业，为构建和谐社会发挥行业示范作用》提案中关于登记管理机制的问题，根据《关于印发〈个体工商户分层分类登记管理办法〉的通知》，改进个体工商户登记管理的内容和方式，简化个体工商户的登记程序，创新个体工商户登记管理体制。这一改革有利于群众就近申办登记，提高办事效率，也方便广大从事美容服务的经营者开展经营活动。

鼓励、支持符合法律法规规定条件的各类人员自主创业，兴办个体工商户、个人独资企业、合伙企业、私营有限责任公司和股份有限公司；在市场准入和市场主体设立方面，除法律、行政法规和国务院决定规定的外，不得随意增加登记前置许可项目；根据修改后的有关法律法规规定，降低公司注册资本的最低限额，允许注册资本分期到位；在组织形式、经营范围及经营方式等方面，除法律法规禁止的以外，允许个体私营企业自主选择。这些支持个体经营企业发展的举措将促进美容保健服务业健康有序发展。

提案回放：

《扩大美容经济，新增百万就业，为构建和谐社会发挥行业示范作用》提案中建议：１、放开微型和小规模企业开业登记，尽快取消对小规模美容企业的注册登记限制制度，改注册登记制为备案制。２、加强行业管理，制订行业管理星级评定标准，规范美容行业技术准入鉴定管理。３、指导和支持美容经济"就业年"的各项活动，加强美容业培训鉴定质量管理，完善职业资格证书制度。４、大胆创新管理机制，扶持美容教育，将美容教育纳入学历教育之中。５、加强美容传媒工作。

回复二：依法办理开业登记促进美容保健业健康发展

在《全面恢复美容开业工商登记，创造发展美容经济必要政策环境》提案回复中，国家工商行政管理总局指出一直立足于工商行政管理职能，促进包括理发及美容保健在内的居民服务业的规范发展。同时，严格执行《行政许可法》的有关规定，根据有关部门的前置审批文件或者许可证，一发进行工商登记。依照现行的有关法律法规，申请人从事理发及美容保健服务在取得有关部门前置许可后，即可到工商部门办理工商登记，开展经营活动。

提案回放：

《全面恢复美容开业工商登记，创造发展美容经济必要政策环境》提案中建议：全国各省、市、自治区各级政府相关职能部门应尽快全面恢复美容美发行业的营业执照审批和发放，明确相关的法规政策，为美容业的发展创造宽松的必要政策环境。

回复三：认真研究建议促进美容保健服务业吸纳就业

国家工商行政管理总局在《改进工商开业登记方式，扩大美容行业就业总量》提案回复中表示，对于提案中的"放开微型和小规模企业开业登记"和"该注册登记制为备案制"，涉及到国家市场准入和市场主体登记法律制度的改革，将协同有关部门认真予以研究；而"减少注册登记的手续和审批环节"的建议，对提高工作效率很有意义。

此外，工商部门积极落实中央有关就业再就业政策，采取多种形式，鼓励、支持下岗失业人员、高校毕业生、归国留学生、退役士兵、残疾人员及其他新增待业人员兴办个体工商户、私营企业，支持其从事理发及美容保健服务，并要求地方工商机关设立专门窗口，及相应"绿色通道"，以促进美容保健服务业吸纳就业，为构建和谐社会发挥积极作用。

Encourage

提案回放：

《改进工商开业登记方式，扩大美容行业就业总量》提案中建议：1、参照和汲取一些市场经济国家开业模式和体制，对微、小、中型企业，大都实行较为宽松的管理和政策。2、5人以下的微、小型企业不再进行注册登记，改为备案登记制方式。3、达到一定规模、需要注册登记的中小企业，尽量缩短注册登记时间，减少注册登记的手续和审批环节。4、适当减免工商管理部门向美容美发行业的微、小、中型企业的管理费用。

回复四：鼓励支持包括理发及美容保健在内的居民服务业

对于《正本清源归口管理慎将美容业列入“娱乐业”范围》提案中的建议，国家工商行政管理总局在回复中指出，根据现行的国家标准——《国民经济行业分类》核定的各类市场主体的经营范围，及其中有关行业划分的规定，美容业应属于“居民服务业”（大类82）“理发及美容保健服务”（中类824、小类8240），工商部门也从未按“娱乐业”登记从事美容美发经营的市场主体。而多年来，各级工商行政机关充分发挥职能作用，鼓励支持包括理发及美容保健在内的居民服务业的发展。同时，将进一步加强与有关部门的配合与协调，严格市场主体准入的标准和条件，加强对各地工商登记机关的工作指导，促进居民服务业包括理发及美容保健服务业健康发展。

提案回放：

《正本清源归口管理慎将美容业列入“娱乐业”范围》提案中建议：1、明确行业属性，敦促各地政府相关部门不再将美容美发列入“娱乐业”范围。2、进一步加大对混迹于美容行业色情服务的打击力度，从源头上进行治理，对无证无照，缺乏美容美发的基础设施，美容美发师不具备上岗执业资格的美容院店进行全面整治。3、从开业资格准入上严格把关，提高美容业的进入门槛，从各个环节全面杜绝色情服务依附于美容行业的丑恶现象。

回复五：优化整合　满足美容美发从业者需要

新闻出版总署办公厅对《建议特批美容美发专业刊物，提升行业从业者职业素质》提案的回复是，将在保持现有美容美发类期刊总量基础上，充分听取各有关部门的意见，调整布局，优化结构，通过整合，逐步满足美容美发从业者的需要，以利于提高从业者素质和技能水准。

提案回放：

《建议特批美容美发专业刊物，提升行业从业者职业素质》提案中建议：特批针对美容和美发从业者的专业美容和美发两类刊物，以提高从业者素质，强化从业者职业技能水准，建立持续和直接的教育平台，为近千万从业者提供交流的有效传媒桥梁。

回复六：优先推荐高质店进入奥运商圈

第29届奥运会组委会在对《规划奥运美容美发服务，提高全行业国际化水准》提案回复中首先对“建议在奥运商圈和服务区内及早规划符合国际标准的美容美发服务网点与设施”的设想给予了充分的肯定和好评，并表示将采取由政府主管部门推荐的方式，选择服务质量可靠的企业为奥运村提供理发服务，而对于将提供给参加奥运会宾客却尚未开设美容美发服务项目的饭店，将在有关部门出台具有国际标准的美容美发服务质量体系后，优先推荐高质量的美容美店进入饭店，为客人提供高水平的服务。

提案回放：

《规划奥运美容美发服务，提高全行业国际化水准》提案中建议：1、有关部门在奥运商圈和服务区内及早规划符合国际标准的美容美发服务网点与设施。2、严格审核认证进入奥运商圈和服务区的美容美发服务机构的开业资质，服务项目与经营范围。3、对进入奥运商圈和服务区的美容美发服务机构的从业人员进行符合国际执业标准的再培训和专项考核。4、尽早出台具有国际标准的美容美发服务质量体系，推行国际化等级评定、星级评定等系列规范化管理措施。5、完善美容美发业的卫生标准，增强监管力度，完备卫生管理体系。6、强化实施对美容美发从业人员的专业外语培训和考核，实现语言无障碍服务。7、出台优惠政策，吸引国际优秀美容美发人才进入中国市场。8、出台优惠政策，吸引国际知名美容美发连锁机构来华投资。9、组织举办具有国际水准的美容时尚展览、展销会等，加强国际交流，优化行业技术。

2005年与美容业有关的

2005年1月1日，美容美发业将分等级；2005年1月1日，我原产地条例正式实施；2005年1月1日，化妆品关税下调；

2005年，一批与美容业相关的新法规正式实施。他们是自2005年1月1日开始实施的《美容美发业管理暂行办法》、《中华人民共和国进出口货物原产地条例》和于同一天予以执行的药物非临床研究质量管理规范的认证和化妆品关税下调。2004年通过的《电子签名法》则于2005年4月1日起正式实施。一年以来，炒得沸沸扬扬的直销法也于12月1日正式实施。其他的还有2005年7月1日起实施的新生产的化妆品禁止在其包装、标签、说明书及其他相关宣传材料中宣传或暗示"抗菌、抑菌、除菌"及其他医疗作用的规定。

从2005年1月1日起开始实施的一系列法律法规来看，在2005年，我国的美容化妆品行业从整体上进一步走向规范化、法制化，消费者则可以更放心、更安全、更实惠地消费美容化妆品，这是我们不应忘记的一页。

2005年1月1日，美容美发业实行明码标价

由商务部颁发的《美容美发业管理暂行办法》已于2005年1月1日起正式实施。《办法》要求美容美发服务场所使用和销售的各种洗发、染发、护发、烫发和洁肤、彩妆等用品以及相应器械，应当符合国家有关产品质量和安全卫生规定，不能向消费者使用和销售假冒伪劣产品。同时，美容美发业经营者应当先向广大消费者告知服务价格，向消费者推荐的美容美发用品应当明码标价，还应向消费者出具消费用品和器械消费凭证或者服务单据。此外，美容美发业还将推行分等定级标准，实行等级评定制度。

2005年1月1日，进口化妆品原产地判定标准与国际接轨

自2005年1月1日起，我国将正式实施《中华人民共和国进出口货物原产地条例》。

判定货物原产地的标准叫原产地标准，是一国原产地规则的核心内容。这一《条例》的实施将标志着在对包括进口化妆品在内的原产地判定标准方面已经与国际接轨。

根据《条例》规定，进口货物的收货人按照《中华人民共和国海关法》及有关规定办理进口货物的海关申报手续时，应当依照本条例规定的原产地确定标准如实申报进口货物的原产地，同一批货物而原产地不同的，应当分别申报原产地。对于提供虚假材料骗取出口货物原产地证书或者伪造、变造、买卖或者盗窃出口货物原产地证书的，《条例》规定，由出入境检验检疫机构、海关处5000元以上10万元以下的罚款……

2005年1月1日，减肥类药品将更加安全可靠

近年来，减肥类药品对人体的毒副作用和伤害案曾每每见诸于报端，但这一状况将很快得到遏制。从2005年1月1日起，中国所有药物临床试验机构都将实施药物非临床研究质量管理规范的认证，未获得这项认证的药品生产单位将不能生产新药。药物非临床研究质量管理规范要求新药试验机构必须在设备、人员、试验水平等环节符合国际标准后，才能进行动物体内的新药实验，以减少在人体临床研究阶段新药对受试者产生的毒副作用。

有业内人士认为，这项认证为时尚消费者提供了更安全、更

新法令法规兑现

New laws and regulations

可靠的减肥保障。

2005年1月1日，化妆品关税下调

化妆品关税的高低不仅影响化妆品的销量，而且影响着时尚消费者的消费品质及数量。但节前市场的反馈已证实，关税下降的消息已刺激进口化妆品“高台跳水”，让消费者得利。从2005年1月1日起，按照加入世贸组织的承诺，我国已对包括化妆品在内的上千种进口商品下调了关税。根据中国加入世贸组织议定书，进口化妆品关税将在4至7年内逐步调减。唇用、眼用化妆品及香粉自2005年1月1日起执行10%的最终约束税率，其他进口化妆品税率将在2005年至2007年分别降至19.2%、16%、12.8%、9.7%，并从2008年起执行6.5%的最终约束税率。

2005年4月1日，网购化妆品加了道“安全锁”

网络的出现在给人们购物带来便捷的同时，也给人们带来了很多烦恼，而且在各种网络购物陷阱中，支付、货物的送达和合同的签订等问题已成了阻碍电子商务发展的禁锢。但《电子签名法》的出台将为诚信加把安全的开心锁。

据悉，我国首部《电子签名法》于2005年4月1日起实施，它从法律上保证了电子签名的合法性。有了电子签名之后，届时时尚消费者就可以用手写签名、公章的“电子版”、秘密代号、密码或人们的指纹、声音、视网膜结构等，让自己安全地在网上“付钱”“拿钱”“转账”，并安全可靠地网购到心仪已久的化妆品。

2005年7月1日，化妆品不得宣传医疗作用

按照卫生部要求，化妆品是以涂搽、喷洒或其他类似方法散布于人体表面皮肤、毛发、指甲、口唇等部位以达到清洁、消除不良气味、护肤、美容和修饰目的的日用化学工业产品。因此，化妆品的宣传要严格按照化妆品定义的范畴进行，不得宣传医疗作用，不得暗示疗效，不得进行虚假夸大宣传，非特殊用途化妆品不得宣传特殊功效。

针对目前市场上出现的宣传“抗菌、抑菌、除菌”等作用的沐浴液及其他化妆品，卫生部要求，自2005年7月1日起，新生产的化妆品禁止在其包装、标签、说明书及其他相关宣传材料中宣传或暗示“抗菌、抑菌、除菌”及其他医疗作用。

2005年12月1日，《直销法管理条例》正式实施

牵动着美容业心的直销法，一年来，它的出台日期一直扑朔迷离。有消息称，报批的《直销法》已被国务院退回，声称通过无望，但由商务部国际贸易经济合作研究院牵头，配合直销法出台实施而确定的2005年1月7日到9日在北京举行的“中国直销法规宣介会暨直销业健康发展论坛”顺延一周，从侧面否定了传说中的商务部所报的直销法规已被国务院退回的消息。

2005年12月1日，《直销法管理条例》终于正式实施，与此同时，《直销企业保证金存缴、使用管理办法》、《直销企业信息报备、披露管理办法》、《直销员业务培训管理办法》等法律法规也同时生效。

直销作为一种销售模式，虽然引入中国不过10余年的事，但是对美容业而言，其运作模式与利益分配制度却有许多值得借鉴的地方。随着《直销管理条例》的正式实施，中国的直销市场也打开了对外开放的大门。而与此同时，另一场卧虎藏龙的竞争也拉开了帷幕，谁能获得第一张直销牌照，谁能成为为数不多的首批直销牌照拥有者之一，成为“暗战”的目标。

首批直销牌照申领争夺激烈
企业直销认准化妆品
Fights for intensely

2005年12月1日，随着《直销管理条例》的正式实施，中国的直销市场也打开了对外开放的大门。而与此同时，另一场卧虎藏龙的竞争也拉开了帷幕，谁能获得第一张直销牌照，谁能成为为数不多的首批直销牌照拥有者之一，成为"暗战"的目标。

对于目前开始向国家商务部递交申请直销牌照材料的企业究竟有多少，除却普通大众所熟知的几家知名跨国直销老手外，国内一些深入人心的品牌名称也出现在此次申领大军之中，这个数量已超过早先众所估计的三四十家，而在50～70家左右。

但是，无论究竟是采用逐张审核发放的形式，还是采用大批发放，最终能拿到首批直销牌照的企业数量绝对会低于这个数量。实缴注册资本不得低于8000万元的门槛就是一个有难度的考验。

外冷 大牌外资低调行事

早在《直销管理条例》正式颁布之前，这些数一数二的世界级直销巨头即表示出了非常的热情，纷纷就各事宜向国家有关部门进言献策、积极沟通。然而，当因《直销管理条例》正式实施而一触即发的直销牌照申领开始时，这些直销大牌却不约而同地"矜持"了起来。

2005年12月1日，被誉为欧洲直销第一品牌的瑞典化妆品直销企业欧瑞莲的全球第四家生产工厂在江苏昆山动工，其在中国的第一家直销产品旗舰店也在南京同步开工。欧瑞莲方面介绍说，这是其在全球最大的一次投资，注册资本1000万美元的独资欧瑞莲中国公司首批投资总额2400万美元。

就在这一欧洲第一直销品牌高调亮相的同时，"老熟人"安利、雅芳却相当低调了起来，对自己申请直销牌照的情况始终不愿多谈，只是用一句"已递交相关材料"作为回应。

而后，05年12月6日，再次与欧瑞莲方面取得了联系，但欧瑞莲方面的回应不仅谨慎，更惜字如金。欧瑞莲方面说，目前公司正在积极做准备，但因为一些原因暂不能有所透露，公司会在06年恰当的时候再有所回应。

无独有偶，另一化妆品直销大头玫琳凯也以一名为"立法为经营者提供规范的商业环境"的声明作为其缄默的另一种表达。其中说到，"玫琳凯公司认为，此次直销相关法规的颁布执行，对于直销企业、行业主管部门，以及社会公众都具有积极的意义。立法将帮助清理目前市场上鱼龙混杂的局面，为经营者提供一个规范的商业环境和有力的法律保障，给直销行业的发展和正规的直销企业带来新的机遇。"

"一如既往地协助中国政府，严格遵守包括《直销管理条例》和《禁止传销条例》在内的各项法律法规。"这样的话在目前似乎已成为这些外资直销大牌共有的外交语言。

内热 内资品牌高调认准化妆品

与外资大牌临门突然变得矜持的态度截然相反，国内

一些早已家喻户晓、深入人心的知名品牌却高调地加入这场争夺战，其中甚至包括有不具备化妆品、保健品经营背景的企业。

三株口服液，这个名字在7年前完全是个响当当的牌子，在经历了那场闻名全国的官司后，三株再现江湖却是冲"直销"而来，欲借直销重新翻身。就在"三株口服液回来了"的广告赫然出现在福建省内的时候，记者辗转联系到了曾向当地媒体透露"山东省工商局已经成立一个专门的申报小组，负责三株的申请直销牌照事宜"的三株福建总代理翁理合先生。

翁理合说："三株现在正在积极申请直销牌照，而目前的销售网络建设也是为明年拿到牌照后做直销铺垫。"他还介绍说："一旦明年3月拿到直销牌照，不但会做'三株口服液'，还会做其它方面包括化妆品在内的日化产品，我们现在就推出了一个不错的美容新品系列。"对于直销牌照的申请，翁理合表示："非常有信心。"

有人士提出，国内企业蜂拥申请直销牌照，应算作是一种"直销冲动"现象。但是，参与其间的企业并不如此认为。

哈药集团在对外宣布正式向国家有关部门申请直销牌照的时候即已明确表态："这绝不是尝试，而是将其作为未来发展战略。"除了保健品外，哈药集团的直销产品还将瞄准化妆品等领域。

作为直销模式的产品线，要求一定拥有日化品和保健品。而从现在的情况来看，众多申请直销牌照的国内企业都将化妆品作为了先期开发目标，这是否预示着在不久的中国化妆品市场将出现越来越多的"熟面孔"：三株、哈药、昂立、美罗、通化……甚至是贵州茅台？中国美容化妆品市场是否又会出现一次新的洗牌？

■ 链 接

保证金上限最高1亿下限2000万。根据《直销企业保证金存缴、使用管理办法》规定，企业申请直销必须提交其在指定银行开设的保证金专门账户凭证。直销企业开始直销活动3个月后，保证金金额按月销售额进行调整，要保持在企业上月直销产品销售水平收入的15%水平。保证金账户余额最低为2000万元人民币，最高不超过1亿元。办法还规定，如果要根据销售额增加保证金的直销企业应当在向指定银行递交月销售额证明文件后5日内将款项划转到保证金账户；如果按规定支付了保证金，企业应当自支付之日起30日内将其保证金专门账户的金额补足。

直销培训资料至少保存3年根据《直销业务培训管理办法》规定，直销企业应当对每期直销培训讲授内容进行录音，完整保存参加培训的人员名单、直销员考试试卷。录音资料和直销员考试试卷至少要保存3年。此外，直销培训不能在政府、军队、学校、医院的场所及居民社区、私人住宅内举办。直销培训也不能以召开研讨会、激励会、表彰会等变相形式进行，不能以任何方式宣扬直销员以往的收入情况，不能宣扬大多数参与者将获得成功。

直销企业上月信息上报不超过每月15日 根据《直销企业信息报备、披露管理办法》规定，直销企业设立后，每月15日前须通过直销行业管理网站向商务部、工商总局报备企业上月信息，其中包括直销员按月直销经营收入和纳税金额，以及直销员直销经营收入金额占直销员本人直接向消费者销售产品收入的比例。另外，直销企业的直销员总数和名单、分支机构联系方式、直销产品使用注意事项、直销员计酬和奖励制度等，直销员和消费者退换货办法等信息，企业每年4月要以企业年报方式披露，并在企业网站上随时公布调整情况。

汇率调整有利于美容业 经济学家点拨美容业机遇

Opportunity

2005年7月21日，中国人民银行发布公告称，自当日起，我国开始实行以市场供求为基础、参考一篮子货币进行调节、有管理的浮动汇率制度。人民币汇率不再盯住单一美元形成更富弹性的人民币汇率机制。

2005年7月21日19时，美元对人民币交易价格调整为1美元兑8．11元人民币，升值2%。

至此，长期广受各界关注的人民币汇率问题终于以人民币升值2%告一段落。虽然人民币只升值了2%，但是它却是一个震撼全世界的举动，对每个行业都将产生重大的影响。

那么，日益融入国际市场的中国美容化妆品产业又将做如何的应对呢？

出口企业更应关注汇率风险

作为一个化妆品的出口大国，我国目前很多企业都将利润增长点寄予海外市场。以上海为例，据上海出入境检验检疫局统计，仅上海口岸2004年前7个月共出口化妆品2179批、3379．7吨，货值3352．5万美元，而今年还在呈大幅上涨的趋势。

但是由于我国很多美容化妆品企业属于来料加工性质，附加值很低。在经过市场的调整和产业整合之后，行业的利润水平已经趋于一个比较合理的地步，在升值之后将使这些企业的利润空间和生存空间进一步压缩。相对来说，对国际市场依存度较大的企业在人民币升值中受到的不利影响会大一些。

中华全国工商联美容化妆品分会秘书长潘晓明说："在人民币汇率调整后，外向型企业首先会在现金收支上出现一定的损失，其次，由于汇率上升，致使出口价格上涨，产品在国外的竞争力会出现下降，企业在国外市场生存的空间会受到影响。"

经济学家、中国社科院世界经济与政治研究所所长助理何帆也表示，从短期来看，人民币汇率调整之后对化妆品出口企业有一些影响，企业的利润可能会出现下降。但同时，何帆也提醒说："各企业，特别是进出口企业，在汇率机制调整后，应多关注汇率风险。以前我国实行单一货币汇率机制时，大部分企业都对汇率风险认识不足。在新的机制下，人民币与美元的双边汇率浮动范围会更大，企业应加大关注力度，合理规避汇率带来的风险。"

汇率调整对美容业是利好消息

人民币汇率的调整使出口业务经营条件出现变化，将迫使企业加剧国内市场的竞争。但是有行业人士认为，美容化妆品业完全能够将这样的影响降到最低。

广东省美容美发行业协会会长马娅表示，3年之内，广东将成为国际众多知名品牌主要的代工生产基地。

而潘晓明也表示，我国化妆品行业从一诞生开始就和国际市场接轨，属于我国最早市场化的行业之一。虽然人民币升值会使出口业务会受到一定的影响，但在进口化妆品生产原料时能够将这种影响抵消，降低生产成本，总体上整个美容产业和OEM制造是不会受到太大的影响。

值得注意的是，尽管国内企业竞争行为加剧，但也会催生我国美容化妆品产业结构升级。在竞争的过程中，各种资源将进一步向更具竞争力的企业聚集，从而产生本土跨国企业。这些企业或者具备更大的规模，以期将劳动力优势发挥到极致，成全球顶级的代工制造商、渠道运营商；或者另辟蹊径，转向依靠技术创新取胜，追求高附加值、高技术的竞争优势。在企业的竞争过程中，我国美容化妆品产业将向着更大、更强的方向发展，从而实现产业竞争力的升级。

何帆指出，从长期来看，汇率调整对美容行业是一个利好消息。以前汇率被低估的时候，大量资源都集中到了进出口贸

易部门，而美容等非贸易服务产业的发展没有得到应有的重视。在汇率调整之后，过去向贸易部门倾斜的资源会逐步向非贸易部门转移，对美容行业的发展是有利的。

美容业要抓住发展机遇

人民币升值之后，国外资本对我国的投资成本将增加，但不会对外资进入美容行业产生太大的影响，国内企业还应进一步做好迎接竞争的准备。有投资分析师指出，从追逐利润的角度看，人民币升值将对外资产生一定的抑制作用，一是因为由于人民币升值将使投资变得相对昂贵；其次是人民币升值将提高利润的外汇收益，可能加大资本外流规模。

但是业内专家却指出，从规避风险的角度看，人民币升值传递给全世界的信号将是中国的综合实力增强，从而有利于增强投资者信心。特别是人民币升值还将使国内市场需求扩大，巨大的国内消费市场对外资具有很强的吸引作用。另外，我国美容产业的规模经济效应已经非常明显，发达的产业集群、完善的基础设施对外资的吸引力也是非常强劲的。

对此，何帆也表示，汇率调整后将促使内需与外需的逐渐平衡，而美容等对扩大内需作用突出，资源消耗少的非贸易服务产业应该认识到这个大的趋势，抓住发展的机遇。

升值将带来更多国外品牌

人民币汇率调整之后，老百姓最直接的感受就是手里的钱更值钱了，可以买到更多的以外币标价的商品和服务。消费者认为，人民币升值后，进口商品，特别是高档进口化妆品和香水价格将出现下降，而且境外购物时同样的钱能够买到更多的物品。何帆也表示，汇率调整后，由于进口成本降低，化妆品等美容用品的进口额会有所增加，国外品牌会更多。

某购物中心经理说，人民币汇率调整后，许多以美元结算的化妆品价格应该会有所下降，目前在商场出售的进口化妆品都是已经进关一段时间的产品，价格不会立即出现变化。而且降价将有个延后性，短期之内不会有所表现，况且供应商也会在全国统一价格，估计降幅不会太大。

连宋大陆行
引动台湾美容业大陆投资热

新闻背景

应中共中央和中共中央总书记胡锦涛的邀请，中国国民党主席连战率中国国民党大陆访问团，于2005年4月26日至5月3日到南京、北京、西安、上海参观访问。5月5日，国民党主席连战大陆行刚刚结束两天，亲民党主席宋楚瑜又展开为期9天8夜的大陆访问行程。

连宋大陆行的最主要成果便是体现在对两岸经贸交流与合作的促进与推动上，也从而使台商掀起新一轮大陆投资热，在大陆刮起一股强劲的“台风”，这股台风已经开始波及至美容化妆品行业。

1．已进入者：信心倍增、加大投资

2005年5月，正在成都考察的涵沛（中国）公司董事长周发翊向媒体宣布，由于对当前两岸关系向合作的良性发展寄予厚望，公司决定未来3年在祖国大陆再新设立20家店，投资逾5000万人民币，使更多大陆女性在原汁原味的台湾美容风格中放松身心，洁肤舒压，焕发青春。

已经到杭州工作两年的台湾克里缇娜国际美容中心技术督导林宜燕女士则表示，“现在很多台湾同胞对两岸关系的美好前景都充满信心，如今我所有的事业都在大陆这边发展。

2．欲进入者：投资步伐提速

2005年5月8日，台湾最大的中高档美发连锁集团“巨星剪烫发型连锁集团”董事长庄允帆来到厦门，出席由厦门BAB百倍美容企业管理顾问有限公司举办的“美发沙龙变革与转型商务会议”。作为巨星集团到祖国大陆拓展连锁经营的第一站，巨星集团将通过与百倍公司合作，采取招收加盟店的方式开展业务。据悉，巨星的首家加盟店将于7月正式营业。

据庄允帆表示，早在10年前，巨星集团就已经在规划来祖国大陆投资事宜，因为“这里服务业的空间很大”。此次连宋大陆行使台商大受鼓舞，更加坚定了到大陆投资的信心与决心。

3．未进入者：大陆赶考忙

在新一轮大陆投资热中，不仅有大量新的台湾美容美发化妆品机构来到大陆试水温，开展商务活动，同时一些暂时没有到大陆拓展计划的美容美发从业者也频频来到大陆，参加由国家劳动和社会保障部职业技能鉴定中心举办的美容师职业资格培训与考核，为将来合适的时候到大陆投资开店或者就业等做准备。

温秀霞、谢雅惠等5名来自台北和桃园的美容美发高级讲师，是2004年在厦门顺利通过职业技能和理论考试，获得中华人民共和国劳动和社会保障部颁发的，国家职业技能鉴定认可的“高级美容美发师”职业资格证书的。据温秀霞、谢雅惠表示，随着祖国大陆经济的飞快发展，美容美发业市场前景看好，现在先考张资格证书，以后无论到祖国大陆各地投资发展或者执业从业，都不必担心执业资格问题。她们表示，大陆美容市场前景如此看好，她们将介绍更多的台湾美容美发从业人员参加祖国大陆的资格证书考试。

investment

北京奥组委 积极筹备奥运美容服务工作

make preparations

2005年政协十届全国委员会第三次会议上，全国政协委员张晓梅和郑明明提交的《规划奥运美容美发服务，提高全行业国际化水准》提案，就进入奥运商圈和服务区的美容美发服务应建立一套具有国际标准的服务体系、全面提升行业国际化水准等问题提出了9点建议。第29届奥林匹克运动会组织委员会对该提案进行了回复。

北京奥组委相关人士介绍说，根据国际奥委会有关规定，奥运村里应设有一间美发厅，以供各国运动员、教练员及工作人员免费使用。同时，对美发厅里的设施数量也有着具体的规定，如理发椅的设置应该至少在10张左右。

另据介绍，目前，国际奥委会并没有规定在运动员下榻的酒店一定要设有美容服务项目。而在2008年北京奥运会期间，将为各国奥委会、单项体协技术代表、国际和国内裁判、媒体村、持权转播商、赞助商宾客等提供大约有100家饭店24000至25000间客房。

对此，北京奥组委相关人士表示，北京2008奥运会期间，将会尽量安排运动员入住服务项目齐全的酒店，但如果要达到所有进驻的酒店都开展有美容美发服务项目，还需要相关部门及酒店管理层的共同协调，争取为各国运动员创造出一个相对舒适的休息环境。因此，在有关部门出台具有国际标准的美容美发服务质量体系后，会优先推荐高质量的美容美发店进入饭店，为客人提供高水平的服务。

因为距离2008年奥运会还有3年的时间，北京奥组委正在积极筹备美容服务这一系列的相关工作，他们也希望政府相关部门能够给予更大的帮助，希望中国的各行各业能够借助奥运会，实现更大的发展。

提案链接

全国政协员提案《规划奥运美容美发服务，提高全行业国际化水准》9点建议：

一、建议奥组委及有关部门在奥运商圈和服务区内及早规划符合国际标准的美容美发服务网点与设施。

二、凡进入奥运商圈和服务区的美容美发服务机构的开业资质、服务项目与经营范围必须经有关部门严格审核认证。

三、凡进入奥运商圈和服务区的美容美发服务机构的从业人员必须经过符合国际执业标准的再培训和专项考核，确保从业人员合格的执业能力。

四、有关部门尽早出台具有国际标准的美容美发服务质量体系，推行国际化等级评定、星级评定等系列规范化管理措施，提升全行业服务水准和服务质量，以满足奥运会期间大批国际观光客的服务需求。

五、鉴于目前国内美容美发行业与国际行业卫生标准存在较大差距，具有较大的人体危害和事故隐患，建议完善国际卫生标准，增强监管力度，完备卫生管理体系。

六、由于美容美发是人体专业服务性很强的特殊行业，从业人员必须能够熟练应用外语与消费者深度沟通，以提供准确和完善的服务，满足消费者特定的服务需求。建议相关部门及早强化实施对美容美发从业人员的专业外语培训和考核，实现语言无障碍服务。

七、建议国家有关部门出台有关优惠政策，吸引大量国际优秀美容美发人才进入北京及中国内地市场，以带动和提升行业的国际化水准。

八、建议国家有关部门出台有关政策，吸引国际知名美容美发连锁机构来华投资发展，全面提升全行业国际服务水平与档次。

九、建议相关部门与机构组织举办具有国际水准的美容时尚展览、展销会、与美容时尚相关的流行发布会、研讨会，加强国际交流，优化行业技术，增强行业核心竞争力。

卫生部着手清查
美容美发店、化妆品批发市场

国家卫生部于2005年4月初发布了关于开展化妆品卫生的专项整治工作的通知。随即在全国范围展开。本次专项整治工作是为加强对化妆品生产和经营环节的监督管理，卫生部要求卫生部监督中心、中国疾病预防控制中心联合各省、直辖市、自治区卫生厅局及新疆生产建设兵团卫生局共同开展。整治工作从4月底持续到2005年年底。

原料将成为检查重点

本次整治工作对已发放卫生许可证的化妆品生产企业，按照《化妆品生产企业卫生规范》进行全面的监督检查。检查的重点是各企业的原料库，原料进出记录和投料记录。如果在原料中使用了《化妆品生产企业卫生规范》中规定的禁用物质或没有按照《化妆品生产企业卫生规范》中的要求使用限用物质、防腐剂、紫外线吸收剂和着色剂，将对违规企业进行严肃查处，对违法行为将追究法律责任。

这次整治工作要求每个省至少要确定3个城市（其中至少1个为省会城市，直辖市确定3个区县）作为检查重点，着重针对美容美发店、药店和化妆品批发市场作重点检查。检查上述场所经营的化妆品是否宣传疗效、是否使用医疗术语、是否注有适应症、是否存在虚假夸大宣传，美容美发店是否存在无证自制化妆品的行为。本次专项整治工作将对95%以上的化妆品企业卫生许可证进行全面清理整顿，对重点城市美容美发店、药店的监督检查覆盖率达到80%以上，批发市场的监督覆盖率达到85%以上。

这次整治工作的具体实施方案由各地的卫生主管部门制定，方案将上报卫生部监督司。卫生部将对各地专项整治工作进行明察暗访的方式进行监督。对于监督发现的违法产品和行为，各地在及时查处的同时将向公众通报，并建立举报制度，设立举报电话，加强群众监督。本次整治工作的监督责任直接落实到各级卫生部门和监督人员头上，加强监督检查，实现专项整治工作的预期目标。

据了解，全国大部分省市的卫生主管部门都已经在制定具体的实施方案，都表示会严格按照卫生部的要求，认真履行这次化妆品的专项整治工作。

专家：加大销售终端检查力度

对于这次化妆品卫生的专项整治，作为美容化妆品的行业代表的全国工商联美容化妆品工业商会也认为是应该和必须的。全国工商联美容化妆品工业商会秘书长潘晓明表示："由于我国在化妆品的相关标准上还有待完善，没有建立起统一的规范标准，现阶段我国关于化妆品的相关标准有60多种，企业具体执行得如何，确实需要一个彻底的专项检查来了解情况。这样的检查对以后化妆品的相关立法可能会很有参考价值。"

针对这次整治工作，潘晓明建议："在整治工作中应该着重检查个企业对各种标准的执行能力，要坚决打击无证的地下工厂，打击假冒伪劣产品，保护消费者和正规企业的合法权益。而各OEM企业的生产行为也应该进一步规范，杜绝一些企业为了经济利益而生产假冒低质产品。潘晓明还特别指出，在化妆品类别上，应该加大对祛斑类产品的检查力度。由于这类产品的特殊性，更应该加大商场和美容院等终端的检查力度。"

企业：有人欢喜有人愁

对各个企业来说，这次专项整治工作应该是几家欢喜几家愁。对于有实力的大企业来说，普遍对这次专项整治工作表示欢迎，而一些中小企业则表示有点压力。武汉永康集团的黄国庆女士表现得信心十足。她说："一般的正规企业每年都会接受各地相关部门的检查，所以不会特别为这次专项工作做准备。希望能够通过这次专项整治工作规范市场，淘汰和取缔市场上不合格的产品和企业，打击假冒产品，保护消费者的利益，也维护正规企业的利益和声誉。"黄国庆对本次专项整治工作的结果也抱有很好的愿望，她希望在这次专项整治工作之后，国内化妆品市场能够得到进一步的规范，化妆品业的总体水平能够有个较大的提升，对合格企业的发展能够产生促进作用。广州美植化妆品公司的郭瑞平先生也表示："卫生部这次专项整治是非常及时和很有必要的。希望通过此次工作能够提高行业质量，卫生、健康和安全意识，同时规范销售行为，抵制恶性竞争。"

相比于大企业，小企业的底气多少显得有些不足。部分中小型的美容院、美发店表示对专项整治工作并不是很了解，对自己能否顺利通过检查不是太有信心，但都表示会在现在的基础上进一步规范操作，落实相关的管理标准。

出口产品频遭扣压

我国医学美容品出口亟待规范

Standard

2005年，中国医药保健品进出口商会连续发布的数据显示，我国2004年出口到美国的货物频频遭遇美国食品药品监督管理局（FDA）的扣压，2004年11月甚至成了FDA扣压货物最多的国家。

我国产品被扣压的原因包括：不符合美国关于生产的规定；有毒有害物质超标；不符合美国关于标签、包装、卫生、生产和销售的规定；产品达不到美国标准或未经美国批准等。

其中，食品类被扣压的主要原因是：不符合生产规定，含有不安全物质和腐烂造成产品不符合卫生要求。药品被扣压的主要原因是：不符合包装、标签和说明的规定。电器产品主要是由于达不到美国标准而被拒绝入境。医疗器械被扣压的主要原因是不符合销售规定。日用品是不符合销售规定和含不安全物质。

据了解，我国出口的食品药品除了在美国市场遭遇扣压，在欧盟等高进口标准的市场也频繁被拒。2005年3月，意大利米兰警方查扣了48万片（剂）进口自中国的药品与美容用品，其扣压的原因是进意大利市场销售前未获得销售许可批准。而意大利等国对进口药品的销售管理非常严格，像我国可随处买到的抗生素，在意大利都需到医院才能买到，因此意方认为，未获得销售许可的物品一旦流入市场，将对消费者的健康构成严重威胁。

医保商会有关方面负责人表示，FDA和欧盟相关国家所设置的贸易壁垒都是正常的要求，由于美国FDA是全球监管最严的机构，自身体系非常完善，其对进口货物的标准一直都高于我国的标准。而我国部分从事出口贸易的中小企业对自身的出口要求非常低，有些甚至想蒙混过关。在这一方面，我国的大型医药企业就做得比较好。

2005年7月1日起，国家食品药品监督管理局制定的《保健食品广告审查暂行规定》正式实行，保健食品广告未经审查一律不得发布。据保健协会秘书长朱康年分析，绝大多数减肥类保健品广告正站在出局的边缘。

目前，各类鱼龙混杂的保健品广告正在通过电视、报纸对消费者进行着大肆轰炸。一些名人担任推广大使、医生许下安全诺言、患者使用效果显著等宣传方法已经成为了保健品广告的成功模式，且屡试不爽。但由于新规定在保健品广告涉及的各项功能性说明方面中都做了明确规定，此次审查后绝大多数保健品广告被叫停将是不争的事实。

今后保健品广告中不得含有表示产品功效的断言或者保证，不得含有使用该产品能够获得健康的表述；不得出现国家机关及事业单位、医疗机构、学术机构、行业组织的名义和形象，或者以专家、医务人员和消费者的名义和形象为产品功效作证明。不得用公众难以理解的专业化术语、神秘化语言、表示科技含量的语言等描述该产品的作用特征和机理等一系列情形和内容。

"此次治理最危险的应该是减肥类保健品广告。"朱康年认为，绝大多数减肥类保健品广告都存在着夸大其辞的嫌疑，治理面比其他种类更大。

Beauty operate

8大问题拷问美容经营诚信

2005年。中国消费者协会确定"3·15"的主题为"健康·维权"。按照《消费者权益保护法》的相关规定，并结合2005年度主题，对于广大美容经营企业而言，所谓"健康·维权"，就是要维护广大美容消费者的生命安全、身体健康与心理健康。

虽然较之前几年，关于美容侵权的投诉比率已经有所下降，美容投诉已不是中消协10大投诉热点之一，但是据来自中国消费者协会及各地消委会的消息，美容消费者在消费过程中的安全、健康问题仍在随时拷问美容从业者的经营诚信，诚信经营仍是广大美容企业必须面对的现实。

根据中消协及上海、北京、广州、成都、湖南、河南、辽宁、新疆等地消委会在2004年度发布的有关美容消费的消费警示，在此列出了2004年度最值得广大美容从业者反思的有违诚信经营的8大"侵权"行为。

超范围经营医疗美容

由于医疗美容利润丰厚，一些只获得生活美容资格的美容院，在没有医疗美容许可证的情况下，挂羊头卖狗肉，擅自扩大经营规模，打起医疗美容招牌，从事医疗美容服务；不够做医疗美容资格的美容师"赶鸭子上架"。这些单位无证经营或超范围经营，美容质量和美容效果均难以保证。

据国家相关规定，美容分为生活美容和医疗美容，生活美容包括美容知识咨询与指导、皮肤护理、化妆修饰、形象设计和美体等；医疗美容是指通过手术、药物、器械等医学技术方法进行对人体有侵入性、创伤性的美容，如文眉、文唇、药物减肥等都属于医疗美容。医疗美容必须具有《医疗机构执业许可证》方可开展经营，执业人员也要有执业医师资格。

美容院产品问题多

目前，一些美容美发店使用的美容美发产品还存在较多问题，主要有：部分特殊用途化妆品，如育发、染发、脱毛、防晒的化妆品等无国家批准文号；部分化妆品标签说明不合格，无生产企业卫生许可证号和产品检验合格证，无生产日期和使用期限等；有的进口化妆品无中文标识，无法指导消费者正确使用；部分美容美发店购进产品时忽视产品索证和质量检查，使用一些假冒伪劣产品和含有有害化学物质的产品；甚至有的美容院向消费者出售私自配制、无相关检验合格证明的化妆品。

以上各种问题化妆品的使用，使广大消费者的健康与安全受到严重威胁。

美容院卫生问题堪忧

美容美发店的卫生状况一直是广大消费者最为关心的话题之一。

美容美发机构存在的卫生隐患主要表现在：一些美容机构技术、设备、卫生等条件差，无法保证服务质量；许多美容院美容器械不经消毒，反复使用，使美容者有轻则感染久治不愈，重则损伤身体，美容不成反被毁容，身心伤害严重。此外，美容美发的卫生状况直接关系到消费者身心健康，许多疾病都可以通过美容美发服务场所进行传播。

因此，各大美容美发机构一定要提高卫生防范意识，注意公共卫生，提倡健康、安全的美容消费。

美容消费发票难开

按照国家商务部颁布的《美容美发业管理暂行办法》的规定，美容美发经营者应当在经营场所醒目位置上明示营业执照、卫生许可证、服务项目和收费标准等；在提供服务时应当向消费者说明服务价格；在提供服务后，应当向消费者出具相

应的消费凭证或者服务单据。

但是在现实中，由于长期以来的约定俗成，经营者违反该规定的情况比较普遍。美容美发服务企业一般不会主动向消费者提供相关消费凭证，消费者也没有要求出具和保留消费凭证的意识。由于缺失维权依据，导致美容纠纷发生后投诉无凭证。

广告注水，误导消费者

一些美容机构在广告上夸大宣传，不负责地随意承诺，误导、欺骗消费者。什么"无痛苦""无疤痕""不满意无条件退款"等等，称其产品如何神奇，短时期就会收到如何好的效果，尤其是某些减肥、整容广告无量化现象，更是让那些求美心切的消费者冲动消费，导致美容纠纷的产生。

美容从业者素质偏低

按照《美容美发业管理暂行办法》的规定，从事美容美发服务的美容师、美发师及其他专业技术人员，应当取得国家有关部门颁发的资格证书，其他从业人员应当经过有关专业组织或机构进行的培训并取得合格证书。

但是在现实生活中，受经济利益的驱使，一些美容院聘用了一些根本没有经过专业系统美容培训，或者只是在培训班里象征性学习了几天的所谓"美容师"，在不具备上岗资格证的情况下就开始为客人提供美容服务。同时，受利益驱动，一些并非医疗美容整形专业的内科、外科医护人员纷纷挤入美容院，虽然不具备执业资格，却敢在消费脸上、胸上动手术刀。

"免费美容"暗藏玄机

在市场经济社会里，天上不会凭空掉馅饼。

酬宾、促销、免费美容，一些美容机构设下让利陷阱，误导消费者接受一系列高价服务，然后强行推销美容产品，严重侵害了消费者的选择权和知情权。

遍布大街小巷的诸如"免费护理""免费赠送"等方式尽管诱人，往往暗含玄机。有过"免费护理"经历的女性都知道，那些声称提供免费护理的美容机构，客人一旦被热情的美容服务小姐拉进免费护理室后，当初所说的只是想让消费者体验产品而已的诺言便被抛在脑后，美容小姐总能有办法让客人掏出兜里所有的钱买她们的化妆品。

不保险的美容卡

一些美容院为了招徕顾客，采用会员制、优惠卡、月卡、年卡等消费方式来吸引更多的消费者，承诺消费者一次性缴纳一定数额的钱就会得到许多诱人的优惠。

但是，由于会员卡消费周期长，资金总额较大，消费者一旦预付了相关费用，就有可能陷入不利境地，其权益难以得到保证。

如：有的美容院单方面变更合同约定的服务项目；有的美容院由于经营不善，而关门走之等；少数美容院在办理了大量美容卡，将钱收起来后，就悄无声息地上演"蒸发"闹剧。

2005年美容美发业热点回顾

Look back

2005年里，"美丽经济"保持快速增长，据初步估计，2005年整个美容美发行业产值接近4000亿元，还间接拉动数以千亿元计的其他消费，美容美发已经成为了继房地产、汽车、电子通讯和旅游之后的"第五大消费热点"。

行业前景喜人，对于参与"美丽经济"的制造商、经销商而言，2005年却是喜忧参半的一年。为什么这么说呢？美容美发业数千亿元的产值有很大一部分要通过招商工作实现，在这个打造"美丽事业"的过程中，我们感受的不尽是"阳光灿烂"，也看到了一些与"美丽"很不和谐的东西。因此，"美丽事业"有待更美。

"美丽事业"亮点频现

2005年里，美容美发业招商不乏亮点：行业管理办法出台、借势"超级女声"进行炒作、男士美容渐成气候、药妆店浮出水面……

行业管理办法出台

2005年1月1日，我国第一部关于美容美发业管理的行业规章《美容美发业管理暂行办法》正式实施。这个办法的出台，对于促进美容美发业的健康发展，规范美容美发服务行为，维护美容美发经营者和消费者的合法权益，将是一个很好的契机。而对于美容美发业招商来说，这个办法也将在一定程度上为解决相关问题提供法律依据。

巧借热点事件炒作

"超级女声"堪称2005年最火爆的娱乐事件，源于借势的考虑，广州比兰茜成为中国美容业第一家与"超级女声"合作的化妆品公司。下半年，比兰茜2005"超级女声"嘉年华全国巡回活动得到了各地相关媒体的热捧，为比兰茜挣足了眼球。由于比兰茜前期的传播工作到位，在11月份美容行业的招商淡季，比兰茜招商却淡季不淡，再掀招商风暴。

另一个借势的典型是大长今护肤系列产品的推出。2005年，中国大地掀起了一股大长今热，饮食、针灸、中药受到追捧，于是有人以韩药古方的名义顺势推出了同名美容品，并通过互联网等媒体广泛招商。

美甲事业蓬勃发展

美甲是最新流行的一种时尚，美甲产品、美甲连锁店2005年里如雨后春笋般发展。一般说来，美甲店经营状况都很不错，具有用人少、市场大、投资小、利润空间大、技术易掌握，且回报快等特征，因此被广大经销商所青睐。其中，2002年进入中国的法国海豚湾美甲专业连锁，是该领域做得较好的品牌之一。

男士美容的"春天"

美容不再是女士的专利，2005年可谓男士美容的"春天"。随着男士美容需求的明显提高，不仅男士美容产品层出不穷，美容型、营养型、疗效型、多功能型以及原料天然化的男士化妆品将越来越受到更多中国男消费者的欢迎。另外，专业男士美容院也陆续在经济发达城市涌现，像北京、上海、广州、杭州等地，就新开张了不少。据统计，上海男性一年在美容方面的花销要超过2亿元人民币，并在以每年20%的速度不断增长。在男士美容业招商上，表现较突出的有天津雷帝、广州帝娃男性护肤品以及北京帝之都男士生活馆等。

药妆店浮出水面

"药妆"在2005年开始成为一个热门词。台湾药妆连锁店第一品牌康是美2005年3月进入内地市场，已在深圳、珠海等地开了好几家店，并预计未来3年内开设30家门市，5年内开设100家门市。它的商品结构呈多样化，尤其是药品与化妆品的结合。药妆店的招商工作难点在于理念上，并不是所有的经销商都认可药妆店的模式。因此，药妆店要在中国大陆遍地开花，尚需要一个市场培育期。

"美丽事业"的不和谐音

美容美发业本是创造美、欣赏美的行业，但在作为"美丽事业"基石之一的招商工作中，出现了许多与"美"背道而驰的东西。有人用结婚来形容招商，2005年在美容美发业的"婚姻"中，不乏婚前情投意合、婚后伤心失望甚至反目为仇的例子，据统计，"婚姻"真正幸福者不到10%。

"忽悠"仍在继续

忽悠一词，原有戏弄、骗人之意，近些年经本山大叔"名人效应"的放大，一下子成了人们的口头禅。在很多经销商眼

里，招商几乎就是忽悠的代名词，美容美发行业当然也不例外。几个忽悠高手凑在一块，注册一个品牌，制造一个概念，借用别人的厂房设备，生产一批产品，然后再在招商中花言巧语，"打造巨富新生代"、"成就100个千万富翁"、"创造××产业的奇迹"，并承诺大量的优惠政策——等收钱发货后，就任经销商自生自灭。2005年，这种现象有增无减，反映了某些美容美发企业招商时急功近利的心理。

林肯曾经说：你可以在一定的时间欺骗所有的人，也可以在所有的时间欺骗某些人，但你决不可能在所有的时间欺骗所有的人。对以圈钱为惟一目的的招商者，除非你以后不想在行业里呆，否则"出来混，总是要还的"。

没有整体规划

2005年，大约有一半的美容美发企业在招商前没有进行任何策划，进行整体规划的则更少。尽管招商大量失败，许多企业还是依靠自己进行招商，而不选择专业的招商策划机构。当这些企业要将自己的产品来进行招商时，企业没有明确招商的目的，准备招多个经销商，一期招多少，如果招不上来二期招多少经销商，招商期多长时间，如何对经销商进行管理，如何将产品尽快上市等没有一个长远的招商规划。有家生产果酸消斑产品的企业，前期招商广告都投了三、四百万了，可产品还没在市场上看到。像这样招商，与往水里扔钱又有多少区别呢？

招商过程中整体规划的缺失，是对资源的极大浪费，很容易让企业丧失发展的良机。俗话说"种瓜得瓜，种豆得豆"，如果美容美发企业不能在整体规划上下功夫，那么就别指望招商能成为腾飞的契机。

产品缺乏个性

产品是招商的基础，产品同质化严重的今天，有独特利益点的产品才可能真正吸引经销商的兴趣。可从2005年招商的美容美发产品来看，大多数产品除了概念吹得诱人外，同类产品间实质上并无多大差别。很多美容美发产品组方成份甚至品名都是一样，全国可能数十上百家企业都有生产能力，无奈之下只有在概念、包装上做文章。产品先天不足，完全依赖后天的强补，往往很难尽如人意。

经销商最希望看到让人眼前一亮的产品，有新意才能抓住人。开创性的美容美发产品品类或形态，在招商市场最受欢迎。

选"对象"好高骛远

2005年里，一些企业、品牌、产品均弱的美容美发企业，偏偏在招商时想一步登天，嫁个"金龟婿"，不惜施展媚功，自降身价，希望找一个行业里数一数二的经销商作为代理。殊不知，找这类经销商的美女太多，他根本无暇来顾及你。即算他勉强与你"成了好事"，恐怕以后你也不得不忍受"独守空房"的命运。

合适即是最好的。对于想有长久美满"姻缘"的美容美发企业来说，不妨量力而行，找个门当户对的"夫婿"。

招商人才匮乏

从事招商工作是一项要求非常专业的工作，要求招商人员有比较娴熟的业务技巧和较强的心理承受能力。从2005年的美容美发行业招商实践来看，多数企业对此问题显然还不够重视，不是从生产人员、行政人员中临时抽调就是不搞培训，临时上马。

在市场竞争如此激烈的今天，招商已成为一门系统性、科学性、实战性的科学，美容美发企业不仅要重视自身招商人才的培养，也要善于借用行业优秀的、专业的营销服务机构的力量，以降低招商费用，提高招商效率。

跟其他行业相比，"美丽经济"尚处于起步阶段，它虽然长势迅猛，但毕竟还是一棵幼稚的小苗。所以对于参与"美丽事业"的企业和经销商来说，最好多一份责任，少一些浮躁，共同把"美丽经济"呵护、培育成一株盛放的玫瑰。

Look back

二十四省市 2005 年美容

爱美之心，人皆有之。随着人民生活水平的不断提高，美容化妆品已成为城镇消费者生活消费的重要部分。然而，由于我国美容化妆品行业还不够规范，行业发展鱼龙混杂，良莠不齐，假冒伪劣和虚假宣传还比较多，加之消费者缺乏科学的指导，因使用化妆品和接受美容服务而引起的消费纠纷时有发生，仅2005年上半年，全国各级消协组织共受理化妆品方面投诉案件5957件，此外，美容不成反毁容的案件屡屡见诸报端，损害了消费者合法权益，美容化妆品市场亟待规范。

为宣传贯彻2005年"健康·维权"年主题，提高消费者理性选择、科学使用美容化妆品的消费知识和自我保护意识，促进美容化妆品生产、经营及服务进一步规范，推动美容化妆品行业诚信建设和消费市场的健康发展，中国消费者协会和中国市场学会信用工作委员会于6–11月联合北京、天津、河北、内蒙、吉林、安徽、山东、河南、湖南、广东、重庆、四川、陕西、甘肃、新疆、大连、宁波、厦门、沈阳、哈尔滨、南京、杭州、武汉、西安等24个副省级市以上消费者协会（委员会）通过开展问卷调查、召开消费者座谈会、走访相关部门及专家、公布典型案例、发布消费警示、收集和整理消费者对美容化妆品市场的满意度评价意见，开展美容化妆品市场监督活动，揭示美容化妆品市场存在的突出问题。其中，问卷调查共成功访问了8718个消费者，调查对象为16–65周岁（含）的熟悉和了解美容化妆品消费情况的城镇消费者。期间，中消协还联合新浪网举办了为期一个月的网上问卷调查活动。现将有关情况总结如下：

一、消费者对当前美容服务和化妆品的满意率较低，对美容服务的总体满意率仅为21.3%，对化妆品使用效果的总体满意率仅为19.7%

在问及消费者对当前美容院开展美容服务的总体评价时，调查结果显示：4.1%的消费者表示"很满意"，17.2%表示"满意"，56.5%表示"一般"，17.8%表示"不满意"，4.4%表示"很不满意"。可见，消费者对当前美容院开展美容服务的总体评价满意率（回答"很满意"和"满意"）很低，仅为21.3%。

当问及消费者对当前化妆品使用效果的总体评价时，调查结果显示：有3.5%的消费者对当前化妆品使用效果的总体评价是"很满意"，有16.3%的消费者总体评价是"满意"，有63.1%的消费者总体评价是"一般"，有14.7%的消费者总体评价是"不满意"，有2.5%的消费者总体评价是"很不满意"。可见，消费者对当前化妆品使用效果的总体满意率（回答"很满意"和"满意"）不高，仅为19.7%。

二、消费者对美容服务中"诱购产品"和"产品质量差"最为不满

当问及消费者对当前美容服务最不满意的方面时，调查结果显示：回答"诱购产品"的比例最高，为31.0%；其次为"产品质量"，比例为20.2%。

在不同年龄的消费者中，年轻人最不满意"卫生状况"，老年人最不满意"价格"，中年人最不满意"诱购产品"。17岁及以下的人中，21.4%最不满意"卫生状况"，远远高于其他年龄段；56岁以上的人中，20.2%最不满意"价格"，这一比例远远高于其他年龄段；中年人最不满意"诱购产品"，达30.0%以上的比例，远远高于其他年龄段的比例。

在调查中发现，消费者对美容服务满意率低与美容服务不规范密切相关。北京市消协通过230名志愿者对美容院环境卫生、设备情况、消毒措施、服务规范、技术水平、诚实信用等情况进行消费体验，结果显示，近六成美容院经营不规范。

消费者反映，美容院的不规范经营主要表现在推销产品当中。一些美容院不断地向消费者推销各种所谓"效果显著"的

化妆品市场消费状况调查

美容产品，但往往出售的化妆品价格严重失真，或高价出售质量低劣的产品，令消费者上当后后悔不迭；有些美容院在为消费者提供美容服务时，宣传使用的产品和实际使用的产品不一致，存在严重的欺骗消费者的行为；还有些美容院以义务或免费服务试用化妆品美容为诱饵，高价收取材料费，使消费者蒙受损失。如，厦门消费者许某反映，她在一家打着"免费美容"旗号的美容院做完美容后，被要求付费或办卡，所承诺的免费美容变成服务免费用料收费。此外，美容院也是产品质量监督的薄弱环节，个别美容院为达到快速"美容"效果，使用添加剂严重超标甚至含禁用成份的化妆品。如，浙江省工商局对杭州的一些美容院进行抽查发现，一些增白化妆品的汞含量超标近千倍。

三、四成以上的消费者认为当前化妆品市场存在的最主要问题是"虚假宣传"

当问及消费者当前化妆品市场存在的最主要问题时，调查结果显示：41.7%的消费者认为是"虚假宣传"，28.5%的消费者认为是"价格虚高"。

在部分省市消协组织举办座谈会中，消费者对美容化妆品市场存在的虚假宣传问题最为反感。据消费者反映，部分经营者利用报纸、横幅、电视广告等形式作虚假夸大宣传产品和服务，甚至一些美容院打着高科技的幌子，随意承诺美容功效。如，浙江消协调查中发现某美容院通过互联网发布虚假美容广告："非手术无痛祛眼袋，10分钟年轻5岁；绿色健康减肥，一疗程瘦10–30斤，终身不反弹……逆衰因子使用一周后，人体外观及内在感觉同步年轻5–8岁，二周后，年轻10–15岁，三周后，年轻15–20岁"等内容。安徽消协调查中发现某化妆品宣称"全面净白修护肤色，15分钟重现亮白新颜"、"轻松一抹，就能拥有三重美（减斑、亮肤、变白）功效"哈尔滨某消费者反映，某美容店销售的美容面膜，在包装上标注内含中草药制剂，有美白、去斑等医疗功效。按照《化妆品卫生监督条例》规定，除特殊类化妆品以外的普通类化妆品，在其包装及对外宣传上，不得注有适应症，不得宣传疗效，不得使用医疗术语。

四、85.1%的消费者对名人代言的美容化妆品广告表示怀疑

当问及消费者对名人代言的美容化妆品广告的态度时，调查结果显示：30.0%的消费者认为"多数不可信"，16.6%的消费者认为"不可信"，38.5%的消费者认为"半信半疑"。

可见，有85.1%的消费者不大相信（回答"多数不可信"、"不可信"和"半信半疑"）名人代言的美容化妆品广告。进一步分析显示，虽然总体而言消费者对名人代言的美容化妆品广告持怀疑态度，但是，男性认为名人代言的美容化妆品广告"可信"或"多数可信"的比例明显高出女性7.8个百分点，说明男性比女性更容易相信名人代言的美容化妆品广告。

五、超过四成的消费者不知道纹眉、纹唇、纹眼线、穿耳孔等属于"医疗美容"

当问及消费者纹眉、纹唇、纹眼线、穿耳孔等应该属于生活美容还是医疗美容时，调查结果显示：46.7%的消费者认为纹眉、纹唇、纹眼线、穿耳孔等应该属于"医疗美容"，24.6%的消费者认为属于"生活美容"。

可见，至少有42.7%的消费者对纹眉、纹唇、纹眼线、穿耳孔等美容项目的归属问题不清楚（回答"生活美容"和"不太了解"）。

进一步分析显示，文化程度越高，知道纹眉、纹唇、纹眼线、穿耳孔等属于医疗美容的比例越高。

根据《医疗美容服务管理办法》和《美容美发业管理暂行

办法》有关规定：医疗美容是指运用手术、药物、医疗器械以及其他具有创伤性或者侵入性的医学技术方法对人的容貌和人体各部位形态进行的修复与再塑，如纹眉、纹唇、纹眼线、穿耳孔等；而生活美容是指运用手法技术、器械设备并借助化妆、美容护肤等产品，为消费者提供人体表面无创伤性、非侵入性的皮肤清洁、皮肤保养、化妆修饰等服务的经营性行为。在部分省市消协组织举办座谈会中，有关专家指出，没有医疗美容资质的生活美容机构普遍存在超范围经营医疗美容项目的现象，这些美容结构由于缺乏应有的技术卫生条件，消费者的美容安全无法保障。

六、消费者选购化妆品最关注产品安全和功效

当问及消费者选购化妆品首先想要知道的信息时，调查结果显示：44.3%的消费者回答“是否安全”，居首位；其次是“产品功效”，比例为38.6%；第三是“价格”，比例为12.4%。

七、56.8%的消费者非常注意化妆品外包装上的内容标注情况

当问及消费者在选购化妆品时，是否注意产品外包装上标注的生产批号、生产日期、保质期或限制使用日期时，调查结果显示：56.8%的消费者回答“非常注意”；30.6%的消费者“有时注意”，12.6%的消费者“不注意”。

八、近七成消费者不知道特殊用途化妆品外包装上需标注“特妆准字文号”

根据卫生部《化妆品卫生监督条例》有关规定，“育发、染发、烫发、脱毛、美乳、健美、除臭、祛斑、防晒”等特殊用途化妆品的外包装上须标注“特妆准字文号”。当问及消费者是否知道特殊用途化妆品的外包装上需标注“特妆准字文号”时，调查结果显示：69.7%的消费者回答“不知道”；只有30.3%的消费者“知道”。进一步分析显示，消费者年龄越大，文化程度越低，月均美容花费越低，回答“不知道”的比例就越高。

九、13.2%的消费者不清楚如何从外包装上辨别真假“原装进口化妆品”

根据国家规定，原装进口化妆品必须经过出入境检验检疫部门检验，每个产品外包装须标贴圆形绿色的CIQ验讫标志。当问及消费者是否清楚如何从外包装上辨别真假“原装进口化妆品”时，调查结果显示：35.0%的消费者回答“清楚”；51.8%的消费者“不太清楚”；13.2%的消费者“不清楚”。

进一步分析显示，年龄越大，文化程度越低，月均美容花费越低，“不清楚”如何从外包装上辨别真假“原装进口化妆品”的比例就越高。

十、近四分之一的消费者有过因使用美容化妆品导致皮肤受到伤害的经历；受到伤害后，近四成的消费者不能够得到经营者的满意处理

当问及消费者是否有过因使用美容化妆品导致皮肤受到伤害的经历，以及受到伤害后是否能够得到经营者的满意处理时，调查结果显示：24.2%的消费者回答“有”，48.9%的消费者回答“没有”，26.9%的消费者回答“没有注意或不能确定”；在受到伤害的这部分消费者中，仅有17.4%的消费者能够得到经营者的满意处理，39.5%的消费者回答“不能够”，43.1%的消费者回答“没有要求处理”。

十一、对于整顿和规范美容化妆品市场，三成消费者建议“打击假冒伪劣产品”

当问及消费者对整顿和规范美容化妆品市场的意见和建议时，调查结果显示：回答“打击假冒伪劣产品”的消费者比例最高，为30.1%；其次为“严格从业人员资质认可”，比例为24.6%；还有22.5%的消费者回答“揭露虚假违法广告”。

黑龙江省消协走访有关人员时，据业内人士反映，不少小商品批发市场存在销售假冒伪劣美容化妆品的现象。如，某批发市场销售的某知名品牌化妆品（100 g装）共有四种，其中：真品每只6.50元、一级仿真每只5.50元、二级仿真每只2.50元、假品每只1.80－2.00元。一般消费者仅凭外观根本没有办法区分。

我国奢侈品消费强劲增长
顶级美容产品需求日趋强烈

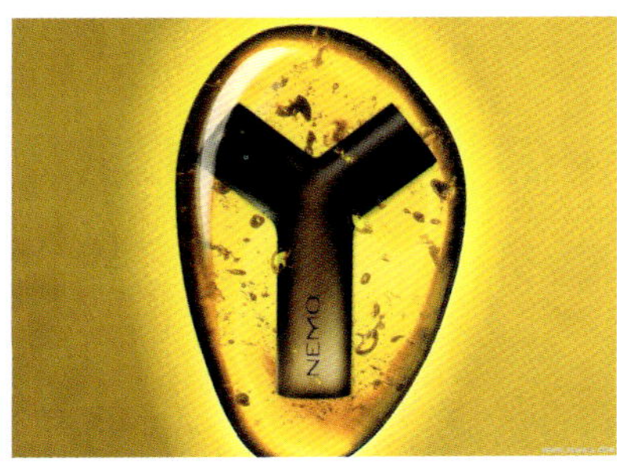

2005年6月世界顶级奢侈品展——国际品位生活展首次登陆中国，在上海国际会议中心拉开序幕，天价的香水、淳酒让人叹为观止。奢侈品，一个曾经被定义为贬义的词汇现在越来越多地出现在我们的生活中，而且也越来越引起了广泛的关注。

奢侈品的范围包括很广，在不同的时代定义也不相同。但不论怎样划分奢侈品范围，高档化妆品必定都是其中一个重要部分。作为奢侈品之列的化妆品已经日益占据人们的视线并越来越诱惑人们的钱包。在北京举行的《财富》全球论坛主题为"奢侈品：满足正在出现的富裕阶层的强烈消费欲望"的文化圆桌会议上，来自盖洛普（中国）咨询有限公司的调查显示，进入中国中高收入家庭的标准已经从原来的年收入３万元增长到了５．１万元。在目前占全国人口４０％的城镇人口中，年收入５．１万元以上的中高收入家庭已经占到了２７％。而收入的增加，正令这部分人群对奢侈品的需求日趋强烈。

据统计，中国的奢侈品市场价值现在约为２０亿美元，约占全球总额的３％，是全球第六大奢侈品市场，全球９０％的顶级品牌已落户我国。而２００４年全国化妆品销售额原预计为８５０亿元，实际市场销售额达１２００亿～１４００亿元。

正因为国外的顶级化妆品都看到了这样一个巨大的市场，在最近一段时间内都纷纷登陆中国。哲·碧卡狄、Christian Dior、香奈尔等等世界顶级化妆品品牌都在各大城市设立的专柜或专卖店。最近哲·碧卡狄登陆重庆，据了解最便宜的一小瓶洁面啫喱，就要卖６８０多元，而一盒普通的眼霜，每盒司售价竟然高达３００多美元，可是捧场的人仍然不少。Christian Dior在上海设立了全球范围内的第三个最豪华的专柜，预计年销售额将达到１５００万元。

正当国外顶级化妆品在日化线谋篇布局的时候，国内的专业美容机构也在大力开发金字塔顶端的消费市场。

一提到"奢侈消费"，许多人都会不假思索地认为，那是一些有钱人，甚至是"暴发户"的烧钱游戏。平心而论，"奢侈"和"烧钱"不是一回事，它们有本质上的区别。一方面，随着越来越多的人变得富裕起来，人们的消费意识出现多元化，再加之以前那种纯粹为生存而战的光景一去不返，人们舍得花大把大把的钱满足自身的精神需求；另一方面，商家为了迎合这些"有钱人"，也大力推出所谓"奢侈消费"项目或产品，"有需求就有市场"，因此，奢侈消费便应运而生。

作为一种经济现象，奢侈消费的存在是值得肯定的，一方面它可以满足一些群体的消费需求，另一方面，它对于丰富并推动化妆品市场，特别是奢侈化妆品市场的全面发展，使高、中、低档产品结构更趋合理，进而充分满足不同消费群体的不同消费需求，都将起到举足轻重的作用。更进一步说，从产品的上游来看，市场内合理的产品结构可使社会资源得到最为优化的配置，减少不必要的资源浪费，从而形成一个更为成熟、健康的产品生产市场。

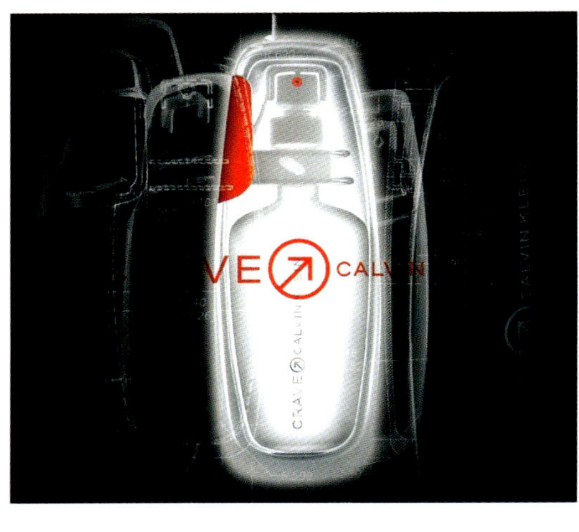

Reviews
2005年日化化妆品回顾

2005年，对于中国的日化企业来说，是喜忧参半的一年。本土企业波澜不惊，几乎没有什么新的亮点，经历了2004年原料上涨，企业的成本依然高居不下。在一轮高歌猛进之后，中国企业迎来了属于自己漫长的调整期。外资企业经历了一些突如其来的风波，在一定程度上，尝到了进入中国市场后第一次全面的打击。

一、外资企业频现“质量门”，产品质量成为日化行业核心问题

宝洁刚夺得央视标王，却立即陷入一场前所未有的质量危机中。2005年1月，国内媒体不约而同报道了宝洁出现的种种质量问题，一时间，舆论哗然。3月7日，江西一女消费者称受SK－Ⅱ关于“连续使用28天细纹及皱纹明显减47%”的广告宣传而购买其产品，使用后导致皮肤灼痛。4月1日，宝洁上交20万元罚金，并向广大消费者致歉。8月24日，南昌市东湖区人民法院作出一审判决，宝洁胜诉。在接受媒体采访时，宝洁称，由于此次风波，SK－Ⅱ在国内部分地区的销量已下滑近三成，SK-Ⅱ未能提前成为宝洁旗下年销售额达到十亿美金的品牌。6月，宝洁旗下以潘婷、海飞丝为代表的4个当家品牌因广告涉嫌虚假宣传被宁波市海曙区工商局“立案调查”。随后，浙江省工商局向媒体发出《行政建议书》紧急叫停潘婷洗发水广告。而北京、上海等地工商局均向当地媒体发出明确指令——对潘婷等宝洁旗下品牌涉假的广告已着手调查。除了宝洁之外，其他外资企业也无法幸免。3月20日，印度传出强生婴儿油、护肤液和洗发液中含有液体石蜡油，而这种物质能够对婴幼儿产生伤害。23日，国家卫生部对其产品的安全性展开了调查，成都市消协则建议消费者暂时停用该产品。与此同时，国内各省市在2005年下半年开始了关于化妆品的专项整治。广东、湖北、浙江、江苏等地陆续曝光一些质量不合格的产品。

过去受媒体追捧、政府器重、消费者宠爱、同行眼红的“明珠”们为何会遭遇如此危机，陷入被媒体、被公众指责的难堪，被动甚至是影响到企业形象的地步呢？中国市场的不成熟是导致跨国大品牌屡屡爆发危机的重要原因。当企业出现危机事件时，只有企业和媒体在引导，根本没有第三方的监督机制，政府也没有出面引导。

2005年，可谓是中国日化质量事故曝光最多的一年。无论这些事故最终定论如何，但“空穴来风，未必无因”，消费者在迷惘中开始谨慎。

二、重组并购风起云涌，协同效应拭目以待

2005年行业并购依然延续着变数与传奇。在国际市场，一连串合并行为引人注目：欧莱雅集团宣布收购美国最大的专业护肤品公司SkinCeuticals，进入美国高端SPA这个发展中的强大市场；联合利华8亿美元将UCI香水业务出售给科蒂集团；屈臣氏继收购法国最大、欧洲第二的香水及化妆品零售商Marionnaud公司的股份后，紧接着将总部设于俄罗斯圣彼得堡的保健及美容产品连锁店SpektrGroup收入囊中，短期拟再购两东欧项目。

自去年失手羽西，宝洁公司十月正式宣告收购吉列，如愿完成该公司历史上最大的一宗收购案，吉列的加入使宝洁的产品增加到21个销售额达到10亿美元以上的品牌，同时还将宝洁引入新的生产领域。

国内，丝芙兰与家化合资，民企新洲集团受让白猫股份第一大股东白猫集团持有的4560万股国有法人

股，成为公司第一大股东。两面针以3000万元整体收购安徽芳草，蓝天被出售，美国联合服装日化公司整体受让华光日化公司全部国有股权，索芙特收购广州市天吻娇颜化妆品有限公司。还有之前的广东飘影集团收购"孔凤春"，杭州广东索芙特收购南京"金芭蕾"，广州立白收购德国汉高位于广西桂林和吉林四平的合资企业。实际上这也是行业发展到资本运营的初级阶段的体现。

三、整合加剧，人事变局频繁

2005年3月，安利公司大中华区对外事务首席代表兼总监何凯立已离开安利，另谋高就。9月，柏亚伦卸任联合利华中国区主席之职，联合利华股份有限公司、联合利华食品（中国）有限公司以及和路雪（中国）有限公司的副总裁也都已易人。此外，联合利华市场部、销售部、人事部、财务部、供应部等部门的最高层也都在"换血"。继宝洁原中国技术副总裁岳江空降两面针以后，人员变动频频。

四、产业集群略见雏形

目前，全球日化厂商兼并成风，强强联合，顺应全球化趋势。中国日化工业也期待大规模整合，走技术与市场结合、企业与资本联姻的道路，以技术为核心，产品为基础，资本为纽带，将有关科研机构、生产企业、闲置资本以创新的模式整合，整合上、中、下游，打造完整高效的产业链，培育和发展我国日化产业集群区域，建立起几个产业基地，以增强本行业的国际竞争力。

2005年9月9日，一年一度的广州国际美容节召开，并推出了首届美容化妆用品OEM交易会。广东目前已经成为全国化妆品的主要生产基地，广东的制造商为全国1/3的品牌贴牌生产。到目前为止，广东已经在清远和汕头分别建立了两个中国最大规模的代工生产基地。

国内日化行业基本已形成两大制造业板块，以广东为主的华南区约占全国70%左右，以上海、江浙为主的华东地区约占20%左右，其它区域约占10%左右。而在华南区汕头日化企业总数占广东日化企业70%以上，几乎占据全国日化行业的半壁江山。汕头地区整个日化产业形成规模化的日化产业链和产业圈，上游核心配套产业集群中，从化工材料、模具、吹瓶、印刷包装等形成大规模的现代化聚集效应。

五、本土企业加快调整，多元化成为首要策略

面对外资企业咄咄逼人之势，本土企业也毫不示弱。丁家宜已经从法国引进知名品牌欧纯作为公司的第二品牌投入市场运作，并逐步向二三级城市的传统商场和专卖店渠道渗透。而"浪奇"也准备进军护肤品、保健品领域。

2005年一个趋势性的战略调整就是很多以洗涤为主业的企业都先后介入或明显加大了对个人护理用品、彩妆及牙膏市场的投入，如纳爱斯、拉芳、立白、名人等。

六、化妆品专营店跑马圈地

2005年3月27日，亚洲最大的化妆品专卖店集团莎莎国际在中国内地首家独资化妆品专卖店开业。总裁郭少明表示：2006年莎莎还预算投入三千万港币，在上海开设三家店，未来三年将继续在北京、广州、成都等地继续投资达到一亿，开出十二家店。在全国开设二十多家门店。2005年4月28日，全球奢侈品零售巨头法国LVMH（路易威登）集团旗下的丝芙兰化妆品专营店，投资额约500万元，在距离"上海莎莎"100米处开业。迪奥、兰蔻、娇兰、纪梵希、雅诗兰黛、倩碧、圣罗兰、克里斯汀·迪奥、安娜苏、碧欧泉等众多一线化妆品牌在丝芙兰店中悉数登场。欧洲三大折扣连锁集团之一的Foxtown（狐狸城）化妆品折扣店"洁茉莉"，也摩拳擦掌，在上海引入其中国首家世界一线化妆品品牌折扣店。而香港万宁集团宣称其30家店的投资计划将在两到三年内完成。从2005年开始，屈臣氏将保持在亚洲每天开一家新店的速度，其中三分之一都在中国。

在传统零售业态中，化妆品专营店门店数量猛增至57000家，门店数量比2004年同期增长28%，成为一枝独秀。其基本特点与优势：商品专业化特色；商品质量及可靠性；信誉和声望；零售品牌；服务质量；与生产厂家关系密切；商品优质优价；适合特许制和垂直结合制。

2005 整形走向成熟规范

如果说2004年是整形界异彩纷呈的一年，那2005年就应该是趋于平静的一年。经过2004年整年的“人造美女”轮番“攻击”，人们已开始有点审美疲劳，当年的好奇和冲动，已降温为现在的无动于衷。

整形消费也趋于理性。一桩桩的整形事故、毁容案随着2004年整形业的“井喷”而产生后续效应，管理法规加紧出台，媒体对整形事故的追踪和报道，求美者自我保护意识开始加强，轰轰烈烈的整形革命开始走向成熟和规范。

聚焦点：广东

【关键词一】管理标准

轰动指数：★★★★

2005年9月，广东省卫生厅医政处有关领导透露，负责起草广东省《美容机构建设与管理标准》的专家组已经成立并正在起草工作中。同时还要大力支持一批有实力的医院办好医疗美容中心，形成市场上良性竞争的格局。《规范》正式出台后，会给一段时间让有关单位整改，达不到要求的，该整顿的整顿，该停业的停业，发现一家查处一家，决不手软。

由于整形美容市场普遍存在着鱼目混珠、良莠不齐的现象，导致了很多医疗事故甚至是严重毁容事件的发生。《美容机构建设与管理标准》出台提高了医学美容市场的准入门槛，把医学美容机构划分为美容医院、医学美容门诊部、医学美容诊所、医学美容科四种不同的类型，每种都有严格的软硬件要求，例如要求美容医院的住院床位就必须要达到20张以上，其他的诸如科室设置、医务人员资质、医疗用房面积、医疗设备等均有明文规定，必须要达到要求，才具备行业准入资格。《美容机构建设与管理标准》还对执业人员资格进行了严格限制，医学美容机构医师必须具有执业医师资格，经执业医师注册机关注册。主诊医师还必须具有6年以上从事美容外科或整形外科等相关专业临床工作经历。

【关键词二】广告监测

轰动指数：★★★

2005年5月17日至24日，广东省工商局对三家报纸、两家电视台发布的广告进行监测，结果发现医疗服务与药品广告同为违法广告的重灾区。本次监测共监测广告6671条，其中违法广告297条，总违法率为4.5%。监测保健食品、药品、医疗、化妆品、美容服务广告共1128条，其中违法广告276条，违法率24.5%。而医疗服务广告以27.5%的比例居各类违法广告首位，其次是药品广告25.7%。一些医疗、药品、美容等广告由于涉及利用消费者、患者、专家的名义和形象作证明，或夸大功能，宣传保证治愈、保证疗效等违规行为被省工商局点名。

【关键词三】行业自律

轰动指数：★★★

广州23家整形机构在新快报的牵头和广州及北京网络媒体的见证下，2005年8月在广州圆桌共谈“自律”。与会的除了各家整形机构的专家代表外，还有来自广东省卫生监督管理所、广州市工商局12315指挥中心、广州市消费者委员会等政府部门的代表。会议以面对公立私营整形机构孰优孰劣的争议，面对消费者诸多不满意，各方代表从医生资质、良心医德和诚信守法等方面提出了自己的意见，政府代表还表达了在2005年打击非法行医专项整治年中的管理重点，如此大规模地对广州整形行业的深入探讨引起了强烈的反响。

对比整形行业凶猛的发展态势（据中国工商联统计，到2004年底，中国内地有美容机构154万家，年产值1680亿元人民币，占中国GDP的1.8%，推动相关化妆品行业消费1600亿元人民币，并以每年20%的速度增长），整形行业的问题也层出不穷，亟待解决和规范。

聚焦点：国内

【关键词一】换脸人

轰动指数：★★★★

为医院里的毁容患者寻找自愿捐献“脸部器官”的志愿者，帮助患者结束“无脸”的日子，2005年12月上海一家医院的专家通过网络发出了这样的启事。这是继法国全球首例“换脸”手术后，国内掀起变脸实例热潮。与此同时，南京军区南京总医院、北京的专家也分别向全国征集“换脸人”，准备做国内第一个换脸的操刀者。这些主动发布寻求“换脸人”、对实施换脸术跃跃欲试的众专家均称，该手术在技术上没问题。据悉，“换脸”的费用大概在20万至30万元人民币左右。

【关键词二】归国整形

轰动指数：★★★

近年来，一些华侨、华裔整形团的影子不时闪现在一些大医院的整形科里，2005年更是有成为一种潮流的趋势。从2004年在广州出现的美国华裔师奶整形团，到2005年类似的归国整形团又出现在广州、北京、上海等地。利用长假（寒假、暑假、圣诞假期等），花一笔钱回国，既能探亲，又能旅游，更划算的是整形！归国整形的华侨们，除了有来自美国、加拿大等国的，更有周边如东南亚一带的印度尼西亚、越南等地的华裔。

据了解，国内整形价格平均仅为国外同类整形价目的1/10–1/4。但是光有价格优势，没有性能保障也难以撑起这么一个局面。国内整形业发展的迅猛态势，近一年来纷纷见诸报端，给留洋在外的人们信心。

但还得承认，国内整形业也很乱，收费、医生医院资质等都存在不少问题。价格和性能相比，最终站得稳脚吸引人的还得靠性能保障。

【关键词三】整形真人秀

轰动指数：★★★★

一位身形较为肥胖的女士侧身躺在手术台上，背后的医生手持抽脂管快速地前后捅动，女士咬着牙面对镜头露出痛苦万分的神情；一把手术刀从白皙的皮肤上划过，立即血如泉涌，顺着背部流下，大把大把的棉球立即塞上止血，血还是不断涌出来，没过五分钟就堆起了一堆红色的棉球……这样赤裸裸的镜头出现在电视屏幕上。这种以现场同步播放、全程呈现、360度全角度拍摄的整形真人秀在国内几个电视台纷纷上映，一些过分血腥的场面仅用黑白画面处理。除此之外，手术后的这些受术者将进入两个多月的恢复期，期间无法接触镜子以及所有能够反光的物体，全封闭地进行治疗。恢复完后，还立即登上舞台和出现在电视观众面前互相PK，只留下一半选手成为优胜者。整形真人秀，无非就是将以前吃腻了的"人造美女"和"人造美女选美"一起下锅，翻炒一遍，再佐以"血腥"作为配料，果然好味道！收视节节上升，某些人赚到盆满钵满。

【关键词四】老人整形

轰动指数：★★★

63岁的湖南籍退休女教师要隆胸，武汉市的73岁老妇隆鼻，同样73岁的福建老汉则要变性！

湖南籍赵女士十年前就想找回日益失去的曲线，唱歌、跳舞样样行，甚为活跃的她一直觉得自己胸部平坦"穿衣服不好看"。早年考虑到技术和安全等因素将隆胸计划搁浅的赵女士今年终于在老伴的同意下一偿隆胸滋味。另一位张婆婆则由孙女的一句整形就像美容一样简单、想变漂亮很容易的话就动了隆鼻的念头。年轻时爱美的她如今在23岁孙女的怂恿下，利用每个月七八百元的退休金积蓄还了隆鼻的心愿。"哪怕生命只剩下最后一天，我也要变性。"厦门一位73岁的老汉，成为了福建省最高龄的变性人。他是一位退休干部，一直对父母逼迫的婚姻痛苦万分，由于对自己原本的性别不认同，他多次要求离婚但未果，在去年其妻得癌症去世后，他压抑多年的易性愿望再次萌生，接受了变性手术。

首先要承认和赞同的是，老年人也有整形的权利。他们也会对自身的美有所追求，这些年来，整形专家处透露整形人群中有1/3为中老年人。

【关键词五】技术更新

轰动指数：★★★

"虚拟整形手术"，所有动作与进行一台真正的整形手术无异。操刀者是现实中的医生，但受术的却不是真人，头是虚拟的、五官是虚拟的，关于"她"的一切都是虚拟的，只存在于电脑中。但此时的操刀者要给"她"进行一台整形手术，这位操刀医生使用的是一把特制的"手术刀"，它能与电脑之间形成互动，每一刀都会作用在电脑中的"她"身上，电脑还会发出手术中例如钻、削等动作的音效。这是2005年9月在广州进行的一场特别的整形手术为的是给日后的真实手术打底。而在四川，一只六岁的母猴子在2005年6月时也被当做人一般准上手术台，接受一项颌面（下巴）矫正的整形手术。整个手术完全模拟人类手术进行，目的是希望对某些人类颌面整容手术后出现的合不拢嘴、咀嚼功能消退、面部肌肉萎缩等症状找出解决办法。因猴子与人类最接近，所以选择以猴子来研究颌面整形。这在国际国内，都是第一次。

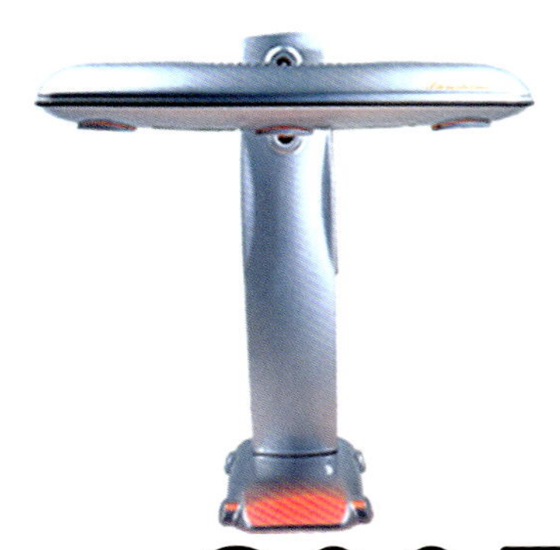

2005美容仪器大点兵

Reviews troops

高科技美容仪器作为一种科技产品最大的优势体现在"高效美容"上，即运用一些科学原理，达到帮助消费者方便快捷实现美容效果的目的。运用高科技的美容仪器，对消费者很快能产生效果，为消费者节省时间，迎合了都市快节奏生活。对于美容院，高科技美容仪器虽然成本较高，但高效的美容效果为其吸引了更多的客源，并对美容院的项目推广产生了一定的促进作用。2005年，结合消费者与美容院双方的需求，高科技美容仪器的出现势不可挡，用仪器来美容已经成为一种时尚。此文搜罗了2005年新引入和应用得比较广泛美容仪器。

Breast FitSystem胸部美容仪器

原理：用电流去刺激胸部的血液循环，主要是美化胸部，提升胸部，其低能量电流可刺激胸部循环，还可预防乳癌。

功能：能够一次性解决扁平、下垂、外散（八字形）、萎缩、乳头变色等多种胸部问题，具全方位改善及保养胸部的美容仪器。

特点：光能面罩、单频光线引发细胞产生"生物刺激"、红光刺激胸部弹力纤维组织、红光刺激血液循环、红光刺激胶原增生。仪器提供不同的电流程式，如溶脂、收紧、按摩、淋巴排毒。

光护理超音波美容仪

原理：根据光谱分析结果，每一个颜色都有一个光谱，不同波长的光照射，对皮肤有不同的效果，利用四种不颜色波段，最具美容效果的光，温柔地作用于肌肤深层胶原质，使肌肤从深层美丽起来。

功能：作用于深层肌肤，刺激纤维母细胞，促进肌肤活化，平衡油脂分泌，有效分解色素沉淀物，令肌肤紧致，有弹性，并改善皱纹、色斑等。高频振动改善纤维母细胞代谢，使皮肤恢复年轻、健康的状态，并提供水分和养分。

特点：光护理、超声波、离子导入三效合一。

细胞动力荧光治疗仪

原理：利用差频式技术及其核心技术控制技术控制仪器同时发出0.95mm，0.46mm，0.916mm和0.313mm波长的纯白色和纯蓝色的荧光，可直接作用于表皮层、真皮层、皮下组织细胞的线粒体、溶酶体、细胞膜及网状纤维，可令皮肤得到人类最有效的护肤品，即自身细胞产生提供一系列必要养分。

功能：修复细胞内部各重要组织，线粒体的修复令自身荷尔蒙合成能力增强，分泌平衡，令皮肤保持娇嫩、细滑，改善各种问题皮肤的根本成因。皮肤纤维网的修复，脸部变紧有弹性，人体微循环变得活跃通畅。

特点：针对不同皮肤类型选用不同程式操作。

光子嫩肤仪

原理：应用生物刺激和选择性光热原理，强脉冲光作用于皮肤后，使真皮层的胶原纤维和弹力纤维内部产生结构变化，恢复其弹性；病变组织内的色素团在吸光后迅速升温，使病变血管封闭，色素破裂分解。

功能：有效清除或减淡各种色斑和年龄斑；去除面部红血丝及红斑痤疮；抚平细小皱纹；收缩粗大毛孔；增厚肌肤胶原层，增强皮肤弹性，消除或减淡痤疮瘢痕。

特点：操作简单，效果明显，所需时间短，每次治疗时间仅为10—20分钟。

光热汽化美容美体仪

原理：利用生物刺激作用，以特定宽光谱的光能选择性作用于皮肤组织，组织吸收光能后产生热能，令深层皮肤的胶原纤维

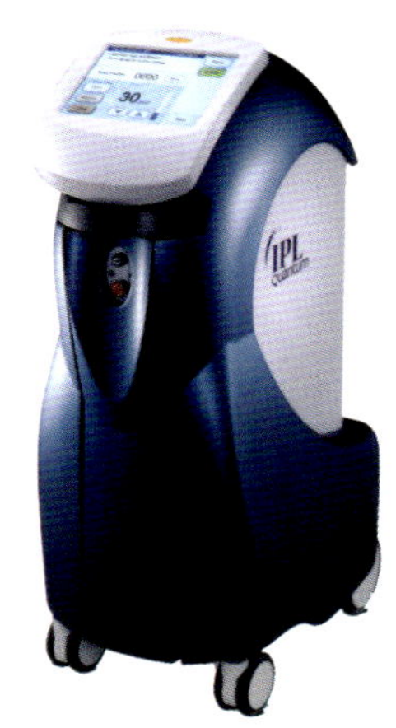

和弹力组织重新排列及恢复弹性，同时改善血管壁的弹性及血液循环，褪黑色素、杀死痤疮杆菌，达到美白嫩肤、提升、去红血丝、消减皱纹、专业治疗痤疮、脱毛等效果。

功能：针对皮肤灰暗、色斑、雀斑、红血丝、微血管扩张，面部潮红及酒槽鼻等皮肤问题，能消除真皮和表皮组织变化所引起的皱纹、毛孔粗大、鱼尾纹、双下巴等，并可作脱毛及各种暗疮治疗。

特点：第三代光热技术是以一组特殊光谱能量瞬间选择性作用在皮肤上，使皮肤产生相应的生物效应，治疗各种问题性皮肤，无需涂抹冷却凝胶，操作简便，节约成本，并能大大降低治疗中的痛楚及危险性。非专业医疗人士均可操作。

元素养肤仪

原理：利用"元素平衡学"理论，基于不同肌肤类型、生长更新的不同状况和时期，科学合理地充分运用物理的、生化的、电子科学的因素对人体进行有益元素的加强和补充，促进有害元素的排出，从而使肌肤达到由内而外健康美丽的终极目标。

功能：去除毛孔污垢、彻底清洁皮肤，改善血液循环，杀菌消炎，改善肌肉松弛、祛除皱纹。

特点：通过铲皮、高周波、祛皱三个环节实现。

减压塑身太空舱

原理：利用远红外线照射加速人体血液循环，促进排汗，从而达到消除人体内积聚脂肪、美体瘦身的目的。

功能：促进肠胃系统功能，调节人体内分泌与呼吸系统，加强人体排毒功能，舒缓抗压、镇定安抚，有效促进淋巴循环，分解脂肪。

特点：种类繁多，既有单一功能型，又有融合了色光治疗、震动按摩、芳香疗法、音乐疗法、蒸汽水疗等诸多功能的综合型。可以配合蜡疗、敷体等疗程来使用。

L6纤面紧肤仪

原理：利用负压吸力配合专利立体设计的活夹机及夹子，于面部作规律波浪式振动，促进并增加真皮细胞的胶原蛋白与弹性纤维数量，重建肌肤组织，对抗老化现象。

功能：快速改善面部线条，提升及重塑面部轮廓；收紧松弛肌肤及双下巴；明显消减皱纹、修复肌肤，令皮肤恢复光泽、弹性；去除眼部浮肿，黑眼圈、眼纹、眼袋等问题。

特点：操作简单、安全有效。

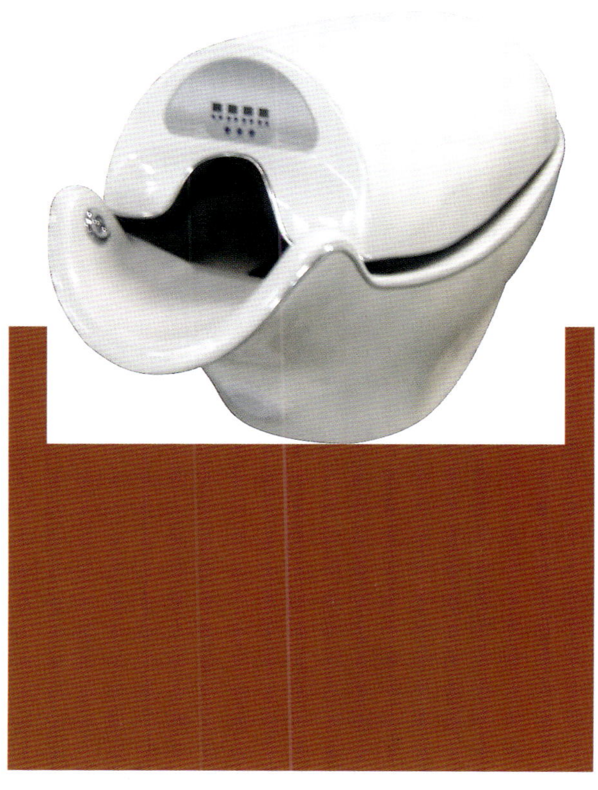

2005国际美发品牌鏖战中国市场

Hair

在各知名国际美发品牌相继进军中国市场的过程中，2005年，中国美发行业也呈现出前所未有的欣欣向荣之态。其间，欧莱雅、沙宣、威娜、Ｔｏｎｉ＆ｇｕｙ等几大品牌为稳夺中国市场这块"蛋糕"，纷纷出新"剑"、发新招，以此博取消费者的"厚爱"，比如应季推新品倡导流行时尚、在全国各地举行发布活动、成立培训机构、设立色彩或趋势奖项、组织创意发型师组合、组织中外发型师交流……如此种种，自然加速了中国美发行业前进的步伐，推动了中国美发行业的发展，同时也使中国发型师水平有了快速提高。这些富有创作激情的发型师们将世界发型流行时尚进行灵活演绎，创造出适合中国消费者需求的发型流行时尚，使国人变得一天比一天美，一天比一天时尚。

回眸7年光阴，这些国际知名美发品牌是如何市场"论剑"，推动中国美发行业发展的呢？

每年发布权威的发型潮流趋势

在春夏和秋冬两季发布发型潮流趋势，是几大国际品牌近几年来每年必上的"主菜"。这些发型趋势并不是空穴来风，凭想象产生的，一般来说，各品牌旗下都有合作的发型研究机构，他们通过长时间的调查、分析各级市场的潮流迹象，对潮流动向进行准确的把握，并从业内最优秀的发型师的工作中，得到形象创意的生命，从世界最好的发型师口中得到潮流的诠释，最后以专业美发视角完成全新一季的发型设计，从而引领全球发型的潮流风向。

２００３年９月底，欧莱雅组织了旗下８人创意小组成员、重要客户代表等４０余人前往法国巴黎观摩"ＨＣＦ２００３～２００４年度秋冬发色潮流发布"，记者对其进行了全程跟踪报道。

除了在春秋两季发布潮流趋势，每年年底发布未来一年的潮流预测也是几大品牌精心"烹调"的大餐。如２００４年下旬，威娜就以"生命之圈"为主题推出了"悟纯真""释叛逆"等４个系列的２００５年发型趋势。

欧莱雅色彩成就奖、威娜国际趋势奖

从２００１年开始，巴黎欧莱雅专业美发将色彩成就奖带到中国，不断地挖掘国内有实力和才华的发型师，并把他们推上国际舞台，给他们更加广阔的视野，引导他们掌握更前卫的流行资讯和更加高超的美发技艺。这一举动，使欧莱雅在国内美发师中的影响力得到前所未有的提升。紧接着２００２年，德国威娜也在中国开始了每年一度的"威娜国际趋势奖"，同样得到了国内发型师的积极响应。几年来，欧莱雅色彩成就奖和威娜国际趋势奖的参赛作品的水准提高之快令人惊喜，在欧莱雅、威娜这样国际大品牌的带动下，中国发型师无论在审美、艺术修养和综合素质上都离世界越来越近，离自己的梦想也越来越近。

走中国特色路线，成绩斐然

无论是以发品为主的欧莱雅、威娜还是以沙龙、教学为主

的沙宣、TONI＆GUY，都是国外历史悠久的品牌，在他们陆续登陆中国市场以后，可谓成绩斐然。特别是1999年～2004年这6年中，他们得到了中国市场的充分认可，各自都有一批忠实的拥护者，他们的一举一动也成为了媒体关注的焦点。相信他们的成功与其所采取的中国特色经营模式不无关系。

2002年8月，欧莱雅挑选出北京、上海、广州、成都四大城市具有影响力的发型师成立了“8人创意小组”，希望他们结合世界最新潮流，创作出适合中国人的发型时尚潮流，并向全国各地的美发师、媒体及爱美人士发布。

2002年7月底，国际知名的时尚大师、美发界先锋沙宣自豪地对外宣布：9名在沙宣接受了长期系统培训的中国发型师已成功通过沙宣国际标准的考核。此次推出的创意小组成员均在极富有经验的沙宣专业人士的带领下完成受训，每位成员都经过两年系统的培训。从培训中，他们学会了如何根据顾客不同的发质、骨架特征及风格为之度身定做完美发型，为顾客提供最高品质的国际专业美发服务及发型设计。

针对中国市场研发的美发品越来越细化

为了不断开拓中国市场，发掘中国消费者新的需求点，国际美发品牌越来越注重产品品质和功能的人性化设计，并对所研发的美发产品进行市场细分，以迎合人们各种各样的美发需求。

欧莱雅推出的专门为亚洲人士设计的专业护理产品——丝泉，可以使头发柔亮如丝，润泽如泉，让头发干枯、易打结者不再为此而烦恼。

2001年5月，欧莱雅在上海向广大尚美的中国女性隆重推出全球销量突破3200万只的创新染色品——纷莹护发染发乳。它能加强发丝对光线的折射力，折射出不同层次的明暗对比立体效果，令发色丰富立体，成就现代女性的百变形象。

2004年春，沙宣推出了首次融入PPT水养彩护因子的新沙宣水凝彩护系列及拥有清爽不粘腻配方的新沙宣垂顺亮口者喱膏，让人们领悟到“超强水养保湿，打造完美秀发”沙宣新理念。

越洋过海培训办学

随着中国美发行业的发展，国内美发师对高水准专业培训的教育需求日渐增多，为了迎合这种需求，帮助中国发型师了解世界最新的发型流行信息，保持对时尚的敏感度，学习更先进的发廊管理经验以开拓更广阔的事业，这些国际美发品牌纷纷有了在中国开设专业美发培训的举措，对中国美发师提供理论知识、技巧、管理等方面的培训，同时还经常组织一些国外知名发型师来中国与中国发型师切磋技艺，这对推动中国美发行业的发展及提升从业者的素质起到了重要作用。

2001年5月，沙宣设立了它在中国的第一家专业美发培训机构——沙宣上海美发研修中心，也是目前在亚洲的惟一一家专业美发培训机构。将沙宣丰富的经验、闻名于世的时尚触感和优雅品味带到中国时尚界。上海作为大都会，有着深厚的文化积淀和悠远灿烂的历史，是沙宣美发研修中心在中国的最佳起点。

2003年10月9日，继北京、上海、广州之后，巴黎欧莱雅在中国开设了第4个培训中心——成都巴黎欧莱雅专业美发学院。巴黎欧莱雅专业美发学院是欧莱雅专业美发产品部门在中国设立的培训中心，其主要任务是向全国发型师提供最专业的产品知识、使用技巧、发廊管理培训以及最新的发型潮流信息。

目前，有25年办学历史，在世界各地已有几十所美发学校的Toni＆guy也在北京创建其美发学院。

2005年彩妆流行色

Popular colors

一、和谐与反和谐

当处于一个时刻变化而且没有什么能占据统治地位的世界时，我们开始寻求充满和谐但同时又回荡着不谐音的调色板。在现今世界中，不存在中间地带，只有两极。一头是柔和的色调，为生活带来宁静的感觉，易于把握和运用，富于变化且让人感觉和谐愉快，这些颜色适合那种不事张扬的、舒适的生活方式；另外一头则是具有冲击力的颜色，它们卓尔不群，令人震撼且充满矛盾感，这些富有张力的颜色引人注目且带有游乐意味，这些颜色属于那种招摇的、寻求众人瞩目的高调的生活方式。

二、天然的白色——表达

白色是永恒的色彩，是智慧与诗意的色彩，带有禁欲主义的感觉，优雅而有力；带有手工加工的感觉，又仿佛自然生成。

三、纯粹的蓝色——宁静

蓝绿色调的叠加带来宁静的感觉，除了镜面银外，没有突兀的对比。

四、欢快的色调——无拘无束

去幻想、感觉、体会蓝绿色、红色、灰黄色……诞生于1960年，无拘无束的自由精神重新回潮，充满力量、生机、希望以及自由、怀疑。

五、矿物和植物色——有机科技

带有有机感觉的科技化外观起源于矿物和植物，或冷或暖的银色作为外来物被引入，可用于表达色彩效果，也可用于后整理。

六、沉默的中间色调——静物

这是一组中间色调的色彩，安宁静温、轻描淡写，低调坦诚，不表达明确的态度。灵感来自于不张扬的、平凡的事物和服饰。

七、金属质感——魅惑

富丽、绚烂的色彩，光彩熠熠，焕发出带有金属感的魅力。强调夸张，强调个体，强调新奢华主义和手工艺感觉。

八、橘色+粉色——橘子的梦

来自橘色和粉色家族的一组顽皮、亲切、爽直的色彩，热烈的花束发生了裂变和变异，成为一组流畅的暖调亮色。这是极度女性化的色彩，同时轻佻、有趣，充满了天真、孩子气。

九、终极亮色——色彩撞击

这是真实的色彩，纯粹、有力、强烈、积极，来自运动世界的色彩进入时装、室内设计、广告和产品设计、化妆品领域。明亮与大胆的色彩变得优雅，以毫不遮掩的方式大胆存在着。

十、深暗色——影调

深暗的，绘画性的色彩组合来自于宁静夜晚的强烈色调和静谧黎明的朦胧影调。这些色彩常常被刻意并置，以获得戏剧化效果。

2005就像一段音乐，充满和谐与矛盾，在这个调色板中，任何一种颜色都相对独立地运用，相互搭配着。

2005时尚发型大变革

嬉皮风尚

立体、蓬松、上方植入立体形状，为发型作出卷筒状，具有嬉皮味道的发型是长短发都适合的造型风格。或者将长发或短发刻意拨乱，搭配多层次穿著的造型，那么Bob刘海的鲁钝，也能成为发型特色。两鬓的头发，则让它呈现自然的曲度，既能修饰脸型，又能增添几分飘逸的魅力。

关键词：凌乱有致

DIY Tips：将头发吹至八成干，挑取小撮头发，用卷发器轻微卷出波浪，无论是束成马尾辫还是自然披下来，都一定要留出鬓间小束头发来修饰脸型。

自然垂顺

自然、垂顺、飘逸的长发为2005年时尚发型的主打，在原有的均等对称修剪中会流行一些不连接修剪，以突出曲线美的发型，精致强烈的层次感和动力感成为主流。在回归自然的基础上，采用倾斜对比、平衡感与穿透力较强的造型，堆积重量或减轻重量、中长不连接修剪的碎发也是越来越流行的风尚。

关键词：平衡光泽

DIY Tips：洗完头发后，用宽齿梳子配合吹风机吹直头发，或是等头发八成干后用直发器拉直头发。

优雅的散漫

那些看上去有些慵懒却不失高贵气度的发型，有着轻微波浪卷松松垂下的长发，不经意中流露出一种慵懒却不失高贵的表情。还可以为卷的直发作盘发，挑出一些细微的发丝，营造出都会的华丽风情，把细致浪漫的路线进行到底。这种优雅散漫的发型不仅在观感上看起来更加迷人，而且容易打理，一举两得。

关键词：高贵慵懒

DIY Tips：首先，剪出有层次的自然卷发发型，需要每次洗完头发后，八成干时，用卷发器制作出小卷和波浪卷混合的不同卷度，并用轻度定型者喱水稍稍固定卷度。

Storm

"红风暴"波及彩妆业 "苏丹红"藏身腮红

2005 年 2 月 1 8 日，英国食品标准署就食用含有添加苏丹红色素的食品向消费者发出警告，并在网站上公布了亨氏、联合利华等 3 0 家企业生产的可能含有苏丹红（一号）的 4 1 9 种食品名单。此后，仅仅一个月的时间，"红色风暴"迅速波及到我国食品市场，被发现含有致癌色素"苏丹红 1 号"的食品多达近百种。

2 月 2 3 日，国家质检总局发出"关于加强对含有苏丹红（一号）食品检验监管的紧急通知"。当肯德基被查出部分食品含有苏丹红一号后，涉"红"趋势似乎愈演愈烈。消费者们关心的是究竟还有多少没有被查出？苏丹红一号之后还会不会有二号、三号、四号？

新焦点：苏丹红三号藏身腮红有危害

3 月 2 3 日，一则引自《竞报》的消息出现在人民网上，标题是"英媒体称化妆品里含有苏丹红三号"。文中称，"日前，英美专家呼吁人们关注'苏丹红'家族中老三——'苏丹红三号'。据称，'苏丹红三号'通过化妆品威胁女性健康。而卫生部早在 1 9 8 7 年制定的《化妆品卫生标准》就限制使用这一染料。"同时，消息对苏丹红三号给女性健康造成的伤害进行了披露："国外专家认为，虽然化妆品中含有的'苏丹红三号'非常少，但是皮肤大量暴露在'苏丹红三号'下，会导致如湿疹或花粉热等敏感症。"此外，消息对苏丹红三号的藏身之所也进行了揭密："'作为着色剂的溶剂红 2 3（苏丹红三号）既然不能用在口红、眼影等与皮肤黏膜接触的化妆品中，那么它就可能出现在腮红等彩妆化妆品中。'中国疾控中心环境与健康相关产品安全所环境化学室副研究员朱英说。"

那么，苏丹红三号究竟是否会重蹈"苏丹红一号事件"的覆辙呢？

中国香料香精化妆品工业协会常务理事尤启辰说："'苏丹红三号'俗称溶剂红 2 3，根据我国现行的《化妆品卫生标准》规定，溶剂红 2 3 不得用于眼部、口腔及唇部化妆品。也就是说，溶剂红 2 3 是允许用于不与黏膜发生关系的化妆品中的，比如胭脂、粉饼。但是，必须强调的是，在实际产品生产过程中，国家对溶剂红 2 3 的使用是有着非常严格而具体的要求和规定的，尤其是对于其中的 5 种主要成分使用量的规定。以苯氨为例，其在每 1 0 0 克产品中的含量不得超过 0 . 2 克。"

相关链接：

苏丹红，有Ⅰ、Ⅱ、Ⅲ、Ⅳ号 4 种，属于偶氮类化工染色剂。用于润滑油，或为溶剂、油、蜡、汽油增色以及鞋、地板等增光。经毒理学研究表明，具有致突变性和致癌性，可使老鼠、兔子患癌症，也可能造成人体肝脏细胞的 D N A 突变。我国和欧盟禁止用于食品生产。

宝洁
570亿鲸吞吉列雄霸世界

2005年1月28日，美国宝洁公司宣布，以570亿美元的大手笔并购吉列公司。至此，世界上最大的日用消费品生产企业正式出笼。

众所周知，美国宝洁在世界80多个国家和地区设有工厂及分公司，经营300多个品牌的产品，畅销160多个国家和地区，其中包括食品、纸品、洗涤用品、肥皂、药品、护发护肤品、化妆品等，旗下品牌有帮宝适、汰渍、碧浪、护舒宝、飘柔、潘婷、佳洁士、玉兰油和伊卡璐、海飞丝、舒肤佳等众多知名品牌产品。据不完全统计，全球大约有20亿人在使用宝洁产品，而中国和俄罗斯是近年来宝洁多品牌战略成功的典范。

但纵观宝洁旗下品牌，可以发现，宝洁的"脂粉味"似乎太浓了，不是女士化妆品就是女士用日化产品，男士品牌已成为宝洁的软肋，因此，宝洁公司对吉列公司觊觎已久。此次收购不仅圆了宝洁的"阳刚气"美梦，也了了宝洁的美好夙愿。

细细算来，此次宝洁迎"郎"收获可不小。根据"婚约"，吉列的所有业务，包括加工、技术及其他设施都将作为"聘礼"为宝洁公司所有。"成婚"后，新公司将继续拥有双方的知名品牌，如吉列剃须刀、金霸王电池、欧乐B护齿用品以及宝洁公司的汰渍洗衣粉、帮宝适纸尿裤和潘婷护发用品等。整个收购预计于2005年秋季完成。

同时最有吸引力的是，按照"婚约"，每股吉列公司股票将折成0．975股宝洁公司股票，全部交易的60%将以换股方式进行，其余40%为现金交易。换股之后，吉列的股票将会从原来的每股45．85美元升值至53．94美元，上升幅度达到18%。这样的预期毫无疑问将乐坏每一位吉列的股东，尤其是吉列的原高层。

毋庸置疑，新公司成立后，宝洁公司的竞争力将大为增加。

首先，与吉列的合并将使宝洁在剃须刀、须后水等男性化妆品市场上如鱼得水。这在很大程度上更易击败联合利华、欧莱雅、雅芳等强有力的化妆品巨头，从而成为日用品市场的新霸主。据预测，"联姻"后的新宝洁年销售额将突破630亿美元，每年可以增加90亿美元的高额收入。

其次，化妆品的超市化销售策略将更易付诸实施。由于宝洁与吉列的"联姻"将根本上改变全球消费品行业的格局，因此在沃尔玛、家乐福等零售商谈判时，在价格上将更具有利地位。

第三，持有两家公司股票的高层和华尔街投资银行将得利更多。并购消息传来，股价的应声上涨就是最好的证明。

就在宝洁公司与吉列公司欢天喜地大办"喜事"之时，她的麻烦似乎也接踵而至了。

人们不禁要问，这是真的吗？不过分析家们头头是道的分析足以让你觉得宝洁的麻烦就在不远处。

再者，尽管宝洁公司和吉列公司合并后在与零售商谈判中将占据更加有利的地位，但监察部门可以透过禁止合并公司与零售商达成长期合约或其他约束条件达到确保竞争的目的。而且，由于两公司的大规模合并，美国宝洁很可能被迫卖掉其中的一些品牌，如吉列公司的除臭剂，也许是牙刷系列，以获得政府反托拉斯监管机构的认可。

2005年，美容市场回归理性

往届美博会上，美容行业有些企业喜欢炒作概念；而23届美博会，概念炒作少了，理性开始回归。概念是附着在产品上的一件华丽的衣服，频繁更迭概念只是不断地更换马甲而已。当市场开始成熟，消费者开始理性的时候，所有的华丽外表都无法阻挡其本身的苍白。部分业内人士尝尽概念炒作的恶果后，开始反醒自己。于是，各类花里胡哨的走秀和噱头几乎逃离了人们的视野，正确的产品宣传及理性引导彰显着各自的个性。

祛斑市场回归理性

曾经盛行一时的"三天美白，七天祛斑"的产品宣传广告语在本届美博会上已经不多见，现在的祛斑产品普遍开始强调产品的安全性、专业性、科技性和功效性，许多厂家在自己的宣传册上特别指出该产品不含有铅、汞、激素类物质等；一些厂家开始在产品外包装上标注产品主要成分；鉴于以往产品出现的一些不良反应和副作用，一些厂家在宣传册上打出了不红、不肿、不长毛等字样；有的厂家还提出了"签约服务，见效（无效）付款"；生产企业普遍打上了"卫妆特字""卫妆准字"……从以上一系列的转变可以看出，随着消费者消费意识趋于理性，市场逐渐走向规范，许多生产企业开始规范自己的经营行为，经营更讲究诚信。

香薰连锁一应俱全

在香薰产品被炒作了多年之后，加拿大树语等家居型香薰系列小店受到了业内外人士的欢迎。这种全新的香薰连锁店在本届美博会上备受欢迎。无论是香薰护肤产品还是香薰香皂、精油等一应俱全，产品系列包括头发洗护、面部保养、沐浴产品、手足保养等。与传统的美容院香薰产品不同的是，这类香薰连锁小店经营的产品包装精美，细化分明，膏、水、液、固体都有，而店面的统一设计及其连锁经营方式独具特色，吸引了众多参观者的眼球。

院装产品家装化

尹姬、慧妮、美素等厂家的展位上所陈列的产品均为家居产品。与往年大瓶小瓶的美容院装产品所不同的是，更多的厂家都推出了各自的小包装家装产品，而目前市场上的美容美发院（店）也向顾客销售这类产品。顾客只需要把自己的护肤、护发产品存放在美容院或美发店里，每次去的时候，用自己的卡片提出产品即可使用。这也避免了产品交叉重复使用过程中的污染，产品的卫生条件得到了保证，这一销售方式受到了越来越多的顾客欢迎。

口服美容内外兼修

以保健、美护和减肥为宗旨的口服美容产品正在迅速崛起，"三分外在护理，七分内部保健"的保养观念，是保健品与美容市场融合的最佳口号。当膏霜类产品难以满足爱美女性更深层次的美容需求时，各种号称可以标本兼治的口服美容产品便应运而生。本届美博会上，不仅有美容化妆品厂家推出的口服胶囊来参与口服美容市场的角逐，更有一些保健品厂家强势出击，推出各种美容保健食品。其产品系列之完整，几乎可以解决目前所有常见的皮肤问题，如：排毒养颜、减肥瘦身、去红血丝、去黑眼圈、丰胸、去眼袋、去皱、保湿、洗肠、祛斑美白、去敏和除痘等。

非手术整形傲立潮头

"为了紧张而隆重的婚礼，我必须订一份美容快餐：10月1日，将鼻垫高0．3厘米，10月5日，把C罩杯变成D罩杯，用美胸迷住爱人，10月15日令双眼微凹，显得更洋气，10月30日，下颌变尖一点点……"现代生活的节奏赋予了整形全新的内容，快餐式非手术整形似乎更符合现代人要求快速改变形象的状况。撇开美容注射的安全性不谈，像一针隆鼻、一针去皱这样的非手术式整形术势必傲立时尚潮头，不必手术和微创以及无痕伤口就能除皱将成为除皱整形的流行趋势，采用微创手术和无痕手术改造眉型也将成为整形新宠。

美容仪器结缘高科技

随着一些医药、高科技企业和资金的进入，美容仪器的功能更加强调多元化，科技含量越来越高。像深圳金威源科技在本届美博会上就展示了多款融入了高科技技术的专业医疗美容仪器，如集修复保养、治疗痤疮、永久性脱毛等多功能为一体的光热气体仪，具有专业眼部、脸部护理功效和减肥瘦身的生物还原美容美体仪等。除了技术含量提高以外，这些仪器在外观的设计上也更加美观。

2005 高温大热 拉动美容经济全线飘红

2005 年夏天，国内众多城市连日持续高温天气，橙色高温预警频发。高温大热，使得中国美容经济全线飘红，化妆品销售额迅速攀升，增幅大大超过往年同期。

北京：增幅４０％

京城多家商场的夏季商品随着气温的日渐升高也迎来了销售高峰，其中太阳镜、遮阳帽、防晒化妆品的销售较前期增长了４０％以上。翠微大厦的化妆品销售区的一位销售人员表示，天热，各种防晒霜的销量也直线上升，许多顾客点名要防晒指数高的产品。

大连：套装受宠

进入夏季，大连各大商场及超市的化妆品专柜，防晒品都被放到了醒目的位置。据了解，目前，防晒品已经成为各个品牌的销售主力。其中，价格在１０～２０几元的知名品牌并以带有修复液、爽肤水等附加产品的套装形式销售，很受消费者的青睐，销量就远远大于那些不知名的品牌。"

太原：随买随送

在高温天气笼罩下，太原许多商场里的防晒化妆品吸引了消费者的目光，在华宇、贵都、巴黎春天等大型商场里，雅芳、欧莱雅、欧珀莱、Ｈ２Ｏ、资生堂等高倍防晒品颇受人们的青睐。而这些专柜也乘机搞起了促销，只要买就有赠品相送。什么试用品、遮阳镜、遮阳伞等都成了赠送佳品。

贵阳：国产货受青睐

近日，贵阳许多商场里到处可见防晒系列打折促销，琳琅满目的防晒品被摆在显眼位置。国贸商场一化妆品专柜负责人告诉记者，近日６０％的顾客是专程为买防晒品来逛化妆品柜台的。在贵阳，比起进口防晒化妆品，国内品牌价格上有着明显的优势，价位在３０～４０元之间的小护士、丁家宜、佳雪等品牌更易为大众所接受。再加上国产品牌各自灵活的促销方式，国产货在今年防晒品市场依旧唱主角。

武汉：组合销售

在武汉汉口的一家大型超市，记者看到许多品牌的防晒护肤系列被放在醒目的位置，一位导购员告诉记者，不少品牌正在推出捆绑组合的促销活动，一些价位在２０～５０元以内的知名品牌的防晒套装尤为受到顾客的欢迎。

重庆：大幅增长

近期重庆的气温超过３８度，并保持艳阳高照的天气。高温带动了山城的夏令消费市场，新世纪百货销售部的一位负责人表示，太阳镜、遮阳伞、防晒类的化妆品入夏以来一直保持着较大的增长幅度。其中，仅记者发稿前７天的增长量就分别达到了６％、５％、３％。

成都：大品牌抢滩

在已发出橙色高温预警的成都，为满足消费者对防晒化妆品的需求，王府井商厦与３０多个化妆品厂商合作，搞了个名为"新美白 新防晒"的专题活动，来店消费，防晒美白小样免费赠送，活动的效果非常好，包括连服装等女性消费品的销售都得到很大提高。

2005将药房专销化妆品进行到底

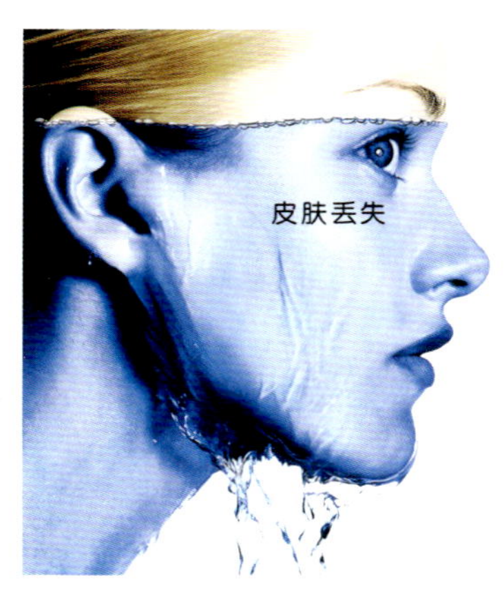

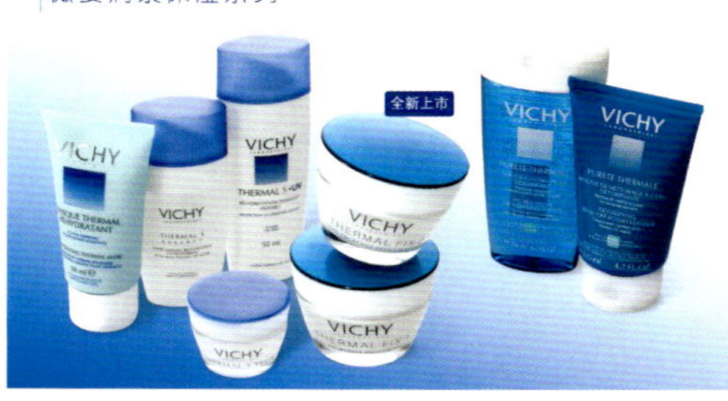

自世界药房专销化妆品第一品牌——薇姿于1998年进入中国市场以来，懂得追求高品质生活与健康、善于保养肌肤的中国都市女性已不仅限于去商场化妆品专柜买护肤品了，到药房选购专业健康护肤品正成为流行潮流。选择到药房选购全进口药房专销护肤品，不仅能得到来自有医学背景药剂师的免费健康护肤咨询，同时还可以享受到专业皮肤测试仪的免费测试和专业的护肤建议。因此，经过几年的启蒙教育，2005年，到药房购买化妆品正逐渐成为都市女性护肤品消费的一大热点。

早几年，当进口药房专销化妆品刚刚进入中国市场的时候，不仅广大消费者对其充满了好奇，即便是那些敢为天下先，首先为其开设了专柜的药房也不见得弄得懂——"化妆品为何要拿到药房去卖？"所以，当年在对待药房专销化妆品的态度上，那些引进药房专销化妆品概念的公司基本上是处于"剃头挑子一头热"的状态，而药房却大多处于被动接受的状态。

但是，到了2004年，这种"一冷一热"的状况却发生了急剧的变化。

通过前五六年的市场预热，如今，越来越多的中国都市女性开始习惯到药房购买化妆品。随着其销售额一年一年地大幅攀升，更多的药房专销化妆品摆进了药房，许多药房从中尝到了甜头……同时，随着医药零售市场竞争的加剧，越来越多的药房不得不尝试多元化的发展道路，尤其是一些连锁药房开始主动与化妆品公司联系，引入"药房专销化妆品"。

所谓药房专销化妆品（简称"药妆品"），也叫皮肤医学护肤品，它是目前国际上非常流行的一种护肤概念。

在欧美、日本等经济发达国家，人们一旦碰到皮肤问题，不再盲目地去百货公司或超市购买各种化妆品来试用，而是马上去见皮肤科医生，由皮肤科医生开出护肤处方，提供针对性的护肤建议，为他们推荐最适合自己皮肤的治疗性护肤品：从清洁产品、保养产品到跟随产品（包括防晒霜、眼霜等）。

药房专销化妆品的特点

药房专销化妆品的配方必须完全公开，所有有效成分及安全性须经医学文献和皮肤科临床测试证明，且不含公认的致敏源。它与普通化妆品的最大不同，就是配方总是尽量精简，不含色素、香料、防腐剂甚至表面活性剂，而有效成分的含量较高，针对性强，功效显著。

以世界药房专销化妆品第一品牌——薇姿为例，每一款薇姿护肤品均含有VICHY温泉水，以及经专利注册的健康活性分子；每一款薇姿产品都是低过敏、不生粉刺配方，通过敏感性皮肤的使用测试，经皮肤专家测试证实了产品的有效性，并且整个生产过程严格按照欧洲药业原则的标准。

目前在中国市场上出售的药房专销化妆品主要有：VICHY薇姿，URIAGE依泉，LRP理肤泉和AVENE雅漾四大品牌。

其中，作为世界药房专销化妆品第一品牌的薇姿，于1998年进入中国，是最早进入中国市场的药房专销化妆品，同时也是市场销量第一药房专销化妆品。

薇姿于1998年进入中国，首先在上海上市，截至2004年底，在中国的61个城市的614家药店开有专柜和67家旗舰店，2004年零售额为4亿元人民币。

美容月票开启行业消费新热潮

Beauty commutation ticket

曾有人将终端促销活动形容为寓言故事里开启宝库的钥匙，似乎一句“芝麻开门”便能迎来滚滚财源。在很长一段时间里，促销成了美容院赖以生存的工具，很多美容院经营者认为，只要打个广告，送个礼品，便能开发到新顾客，给自己带来效益。但现在，很多的美容企业开始埋怨产品难以推销，因为顾客开始变得理智，消费行为也开始从盲目变为理性。

在2005年的美容市场，一种全新的经营模式——美容月票诞生了，它如同公交月票、公园月票经济、实惠、方便。有人说，美容月票的发行，从某种意思上讲颠覆了美容业的二八法则：要让８０%的人能够走进美容院并消费得起，让中国人将美容消费当作一种生活习惯。

美容业２０年的迅猛发展势头给我们造成了这样一个印象——因为我们是专业美容，我们的客户是高端人群，所以行业做不大是一个正常现象。一直以来，美容院都把大多数消费者关在了美容院的门外。要改变这种现象，惟一的办法就是改变以往的思维模式，对市场、对客户群重新定位，要改变只针对高端人群、赚取高额利润的思路，走大众路线，改变大众的消费习惯，美容月票就这样诞生了。

美容月票销售模式是依据产品的特点和顾客的消费心理等，从营销学、心理学角度，经过全新的战略化调整，一改以往卖卡的传统形式，成为销售“美丽”、销售“动态”、销售“精神”、销售“服务”、销售“地运”、销售“自信”、销售“品牌”等新型的概念性销售模式。

美容月票由授权加盟机构按规定统一发售，享有一个月规定项目之美容服务的有效凭证（月票只在发售机构有效）。该月票规定为以下4种皮肤类型所对应的美容服务项目。

A：晦黯缺水性皮肤——美白保湿美容方案

B：敏感受损性皮肤——防敏修复美容方案

C：油性暗疮类皮肤——清爽控油美容方案

D：衰老缺水性皮肤——抗皱滋养美容方案

在一般人的理解上，以现在美容月票的面值来看，美容院似乎没有什么钱可赚。但实际上是顾客多了，生意好了。

从表面看，美容月票比以前的包月卡利润低很多，但从另一个角度来说，薄利多销也是取财之道。更何况顾客来做美容的同时，还可以选购产品，消费基数大了利润自然也就多了。这里面还有一个观念问题，就是这个行业的大多数人已经习惯了赚取高额利润，利润稍微降一点就很不舒服，这是一个误区。有数据显示，目前中国有１．８亿美容目标消费者，而目前有美容消费习惯的人仅６０００万，也就是说还有２／３的目标消费者还徘徊在我们的门外。美容月票的“责任”就是让更多的人走进美容院。

能实现美容院的阶梯式销售，能够针对任何市场中的每个客户群，快速吸纳新的客源，锁定本区域的客源，以老客人带新客人进入消费，使美容院的客源实现增值化，并起到良性循环的消费渠道。

公司每月都发行新型的美容月票，给美容院提供月月新销售空间，旧月票可以换取新月票。

公司给美容院长期提供超值空间，配送空间化、产品系统化、宣传一体化、月月有促销，天天有特价，月月有抽奖，季度有大奖，售后有返点，员工有奖励，市场有利润空间等鲜明的销售手段。

能满足不同消费层次的顾客不同的需求，而且还能捕捉到潜在客源，还可以在同一个时间、同一个地点，使美容人才牢牢地锁定在美容院内。

美容院在销售产品时，可以实现连带销售，在同一个宣传和同一个品牌销售中实现多个项目消费以及长期的促销方案和长期的配送支持，长期的宣传支持，长期的人力支持，长期的市场定位，长期的销售环节定位。

可以实现美容院多元化的销售渠道，可以给美容院直接性的销售，为美容院的销售流动性奠定基础，比如美容院从宣传角度进行。

美容院销售美容月票时，能够使加盟店快速进入品牌市场，即在深度和广度上得到明显的提升。

美容院在美容月票销售中，可实现美容院营业额的百分点的标升化，在管理上得到“长治久安”。

美容院在消费美容月票时，可实现零风险“（３天可帮助美容院回款两三万）”，从而界定市场份额，比如美容院全力的配合。

美容院在消费美容月票时，可实现级别化标准，从产品、人员、门市、可视化卫生，硬件设施、软件设施等方面，使美容院实现打包行业流通环节。

2005多彩多姿的文饰潮

Quality

23届美博会最火的项目是文饰，凡是设有文饰项目的展位都门庭若市。看看2005年推出的文饰项目，就可以知道其火爆的原因了。

经考证，"生活美容"一词源于18世纪的英国学者赫尼。其本意是指美容化妆、美容美发和服装修饰等美化人的容貌和躯体的一类美容手段。

2002年，国家卫生部颁布《医疗美容服务管理办法》（第19号）中明确规定："医疗美容，是指运用手术、药物、医疗器械以及其他具有创伤性或者侵入性的医学技术方法，对人体的容貌和人体各部位进行的修复与再塑。"其配套文件《医疗美容项目（试行）》和《临床技术操作规范和美容医学》，都将文饰和损容性皮肤病的治疗与护理等美容技术归属于"医疗美容"范围，医学美容与生活美容从此有了明确的政策界定。

绣眉：雕琢时尚美丽眉

文眉技术的出现确实解决了一些天生眉形有缺陷，或想改变眉型但又不愿每天花时间画眉的人之烦恼。随着时间的过去，美容业正流行一种新兴的技术，并有取代文眉的趋势，这就是绣眉。绣眉之命名，足以说明其方法犹如绣花，就是以刺青的方法绣出眉毛形状，然后把色素注入皮下组织约0.2~0.3cm，使色素附于皮肤，长期不褪色，达到美容的目的。其与文眉相比，无论方法、工具、效果等都有明显的分别。另外，由于文眉是以多次的单点来刺绣整条眉，所以效果会比较生硬、不自然。而绣眉每次的点数较多，较易造成柔顺自然的效果。但从永久性方面看，文眉可一劳永逸，而绣眉只会维持二至三年，若希望持久，则应文眉，但若想跟随潮流转变形象，则最好选择绣眉。

文唇：轻松击退唇部问题

广告中性感、柔软、润泽的双唇是许多女人所想要拥有的。哪知这么薄薄的两片双唇，却容易因外界环境变化而受伤害。仔细回想，常有因唇纹、干燥、脱皮、撕裂等问题而无法顺利上妆的困扰。面对这些困扰每天的唇部护理是必不可少的，但现在都市的快节奏生活方式，哪有这么多的时间。文唇术可以击退所有这些唇部问题，达到一劳永逸的效果，令双唇整天都保持丰盈光泽，如星光般熠熠闪烁。

耳垂穿刺：将美丽神话进行到底

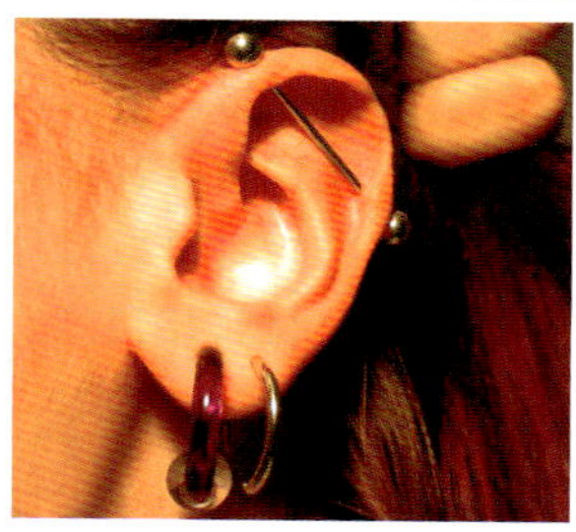

古代耳垂穿刺用以区别富人或穷人，而现在耳垂穿刺是展示自我个性的一种方式。一直以来耳垂是最常用的穿刺部位，时间无法将它取代，从夏日人们耳垂散发的光芒中，你会发现这个神话将会把美丽进行到底。另一方面，耳垂穿刺也是展示穿刺首饰最简单最流行的方法。

最基本的首饰就是BCR（圆环夹一个珠子），当然也可以是杆铃。时下流行耳部穿刺的部位很多，比较常见的就是耳垂和耳廓穿刺，但耳眼穿孔具体部位通常是因人而异的，每个人对美的理解都有所不同，想要穿刺炫出个性，就要根据个人

Quality

的耳垂形态、职业特点和耳环开头大小来决定。

鼻钉穿刺：个性前沿的出格主义

如今，鼻子穿刺正在将极端酷的概念，散布都市的大街小巷。打鼻钉本来就是一种重建，它的美丽始终带着“破坏”前缀和“极端”印象。在阳光明媚的夏季里，它显得更加扎眼。现在漫步街头，留意从新新人类的侧脸上反射过来的光线，不禁发现鼻钉的季节到了！随着越来越多的人平心静气地接受鼻钉，“出格”开始在鼻翼上慢慢融化，并勾起了更多人来一窥鼻钉的究竟。打鼻钉流行的部位可以在鼻孔两翼凹进去的部位或者是鼻孔的边缘，同时还可以是两个鼻中间的软骨。如果想造型更加出位，时下流行的三类鼻钉：弯钩形、半弯钩形和直杆形将给你带来意想不到的惊喜。

舌钉穿刺：又见反逆朋克文化

在中世纪的欧洲，神父在舌头上穿刺是作为与上帝交流仪式的一部分。几千年后的今天，出于不同的目的在舌头上穿刺仍然十分流行，朋克一族都是舌钉的积极拥护者。舌头穿刺的部位一般是在舌头的中央。当在舌头上穿刺时，神经所面临的风险和血管的损坏可以减少到最小。目前，在舌头上使用的饰品是直杆带两个珠子式的，直径为1．6MM粗的，在常规情况下，选择1．6MM是最好的。另外，现在国际上还流行一种可以震动的临时在舌头上佩带的震荡器。值得注意的是在佩带饰品后，一定要将珠子拧紧，以避免珠子脱落吞进肚子而伤害到身体。

肚脐穿刺：我炫故我在

尽管肚脐穿刺是最难愈合的，但是它仍然是世界上最流行的穿刺之一。问其原因，答案便是“我炫故我在”，但凡穿刺一族总是追求一种“出格”的状态，而肚脐穿刺便是最能炫出个性的一种穿刺。在肚脐上佩带造型各异的曲形杆铃式脐环，其“出格”的状态怎能让人释怀呢？

嘴唇穿刺：引发激情

嘴唇是给人以美感的人体部分，它能引发人的激情。过去只有社会高层才会用无瑕的黄金装饰他们的嘴唇以使它更生色。在非洲MalawiR的makololo部落的妇女在她们的上嘴唇佩带一种叫做PELELE金属板来唤醒同部落的男性。最近嘴唇穿刺开始变得流行起来，代表人物有麦当娜和辛迪克劳馥。穿刺嘴唇饰物一般是佩带在下嘴唇红色边缘以下大概3／8处的中间，穿过或者正好在下巴中缝的上方。

慧妮國際美容機構

Huini (International) Beauty Co.

A Special Store of Household & Personal Body Care Products

家庭個人護理品專賣店

招商進行中……

BEAUTY SHOP

萃取86種天然原料，天然環保，呵護全家。導入國際先進的“雙品牌”操作模式——產品品牌、經營品牌。國際標准特許連鎖經營，品質卓越的天然護理品、優質高效的渠道構架；連鎖、直營專賣店+專櫃的銷售模式、連鎖事業管家服務爲您創業一路保駕護航！

Extracted from 86 kinds of natural materials, products of Beauty Shop are of natural and environmental protective to care your family. An International advanced operating system, which attaches importance to the creation of a brand name of both product and operation, has been adopted in Beauty Shop. Being an international standard special train store, with top quality natural body care products and efficient marketing structure, as well as its multi-distributing patterns, Beauty Shop which sincerely expects your cooperation, will safeguard and lead you to success.

吉美國際OEM

Jimei International OEM

慧妮吉美OEM爲您制造品牌、創造財富

吉美OEM——慧妮國際美容機構旗下美容、化妝品外加工服務公司，公司依托慧妮80畝花都國際工業園的强大生産研發能力，及艾麗素、愛卉妮絲、美麗小鋪等知名品牌開發經驗，爲您提供細致入微的産品OEM服務及全面的品牌市場推廣服務。我們堅信：雙贏是您選擇我們的必然遠景

Belonging to Huini (International) Beauty Co., Jimei Cosmetics Factory is a famous professional cosmetics OEM & ODM, as well as the manufacture base of three famous brands of Waliy, Avenis and Janesce. With Huini Huadu Industrial Garden of 53336 square meters as manufacturing base and the powerful R&D capacity, we are dedicating in providing top quality and customized OEM & ODM services to our clients. We strongly hold that win-win would surely be the final result of your choice of us.

Waliy®
艾麗素

法國艾麗素美容品有限公司

法國浪漫嬌寵　呵護愛美女人

艾麗素誠招世界各國代理商

France-originated Classic Beautify Charming Belles

Welcome Cooperations Worldwide To Join "Waliy" As Agents.

艾麗素——一個致力打造國際專業美容王國的著名品牌。作爲慧妮國際美容機構旗下著名品牌之一。艾麗素源出法國的高貴品質、高素質的服務團隊使其榮膺國際、國内多項榮譽。成熟品牌，無限商機

Waliy is a famous brand name, which dedicates itself to establishing an international professional hairdressing kingdom. As one of Huini (International) Beauty Company's famous brand names, Waliy has received numerous glories from both home and abroad, due to its high quality products derived from France, as well as its top quality service. Being a famous mature brand name, Waliy is sure to bring you unlimited business opportunities.

慧妮國際美容機構
Huini (International) Beauty Co.

法國艾麗素美容品有限公司	French"Waliy"Beauty Products (Hong Kong) Ltd.	Tel: (852) 25732461	Fax: (852) 27805505
廣州市美卉美容用品有限公司	Guangzhou Meihui Beauty Co., Ltd	Tel: (8620) 83580761 83580765	
廣州市吉美化妝品廠	Guangzhou Jimei Cosmetics Factory	Tel: (8620) 83580331 83581812	Fax: (8620) 83588221 83581820
廣州市美麗小鋪連鎖有限公司	Guangzhou Beauty Shop Co. Ltd	Tel: (8620) 83581632 83580463	

美妆盛事

Beauty Grand Occasion

2005/06中国美容年鉴

"2005中国美"盛典之夜炫亮京城

China Beauty

2005年10月13日晚，一场盛况空前、规模宏大的晚会——"2005中国美"盛典之夜在北京饭店最具中国特色的金色宴会大厅隆重举行。

"2005中国美"盛典之夜由中外著名造型师倾力打造锦衣华服，特邀中国著名模特机构，以中国传统文化为主旋律，结合国际现代潮流趋势，以独有的艺术表演方式，首次完美演绎中国女性独有的魅力，在"全民创建和谐社会"的大背景和大氛围中，弘扬民族文化、建设精神文明的高度推进美容时尚的健康发展。

全国政协副主席李蒙、国务院侨办主任陈玉杰、劳动和社会保障部副部长张小健、商务部副部长张志刚、国家新闻出版总署副署长柳斌杰、解放军总后勤部周副部长、全国工商联副主席孙小华、全国妇联副主席赵少华、全国总工会副主席黄彦蓉、北京市副市长牛有成、全国工商联美容化妆品业商会会长骆燮龙、中国香料香精化妆品工业协会会长张铁诚、全国政协委员、中国美容时尚报社社长兼总编辑张晓梅、全国政协委员、香港蒙妮坦国际集团董事长郑明明、德国美沙集团CEO MAX等党和国家领导人、政府指导部门、社团组织、国际国内美容行业协会、美容化妆品专业机构以及社会知名人士和新闻媒体负责人等出席了本次晚会。

以"2005·中国美"为主题的"第四届中国国际美容时尚周盛典之夜"，旨在向世界展示中国美容业整体实力，推动中国美容业发展，为中国美容企业构建国际资源共享平台。盛典内容包括："2005·中国美主题演绎"、"2005'中国美'至尊美容大奖"、"美容中国·化妆品传媒大奖"等颁奖仪式。

"2005中国美·主题演绎"是"2005·第四届中国国际美容时尚盛典之夜"的开篇大戏，也是整个盛典之夜的点睛之笔。有人说，最能代表中国文化的是历史，最能代表历史的是建筑，最能代表建筑的是古迹，最能代表古迹的是时间，在时间的长河里，最具灵性和柔美的是女人。顺其自然，"2005中国美·主题演绎"活动以历史、古迹为经，以时间、女人为纬，徐徐拉开曼妙时尚的主题帷幕。

2005年是中国美容化妆品行业创立20周年，在这个具有深远纪念意义的日子，我们对为此做出重大贡献的优秀企业和企业人进行特大盘点，不仅为本次颁奖仪式和项目增色，更使其显得尤为隆重和丰盛。"2005·第四届中国国际美容时尚周大型颁奖仪式"揭晓"中国美"十大美容最具影响力人物、"中国美"十大美容最具推动力人物、"中国美"十大美容最具创造力人物、"中国美"十大最具影响力化妆造型师、"中国美"十大最具影响力美容教育家、"中国美"十大最具影响力美容管理者、"中国美"十大最具影响力美容专家、"中国美"十大最具影响力美发大师、"中国美"十大最具影响力美容营销策划人、"中国美"十大最具影响力美容品牌、"中国美"十大最具创造力美容品牌、"中国美"十大最具竞争力美容品牌、"中国美"十大最具潜力美容品牌、"中国美"十大最具影响力美发品牌、"中国美"十大最具影响力美容仪器、"中国美"十大最具影响力美容连锁机构、"中国美"十大最具影响力美容院校、"中国美"十大最具影响力医疗美容机构等200多个重量级奖项。

整台晚会豪华大气，时尚惊艳，美女淑媛，名流雅士在鲜花与掌声、音乐与美酒中分享了激情四溢的时刻。当身着华服的佳丽、业界名流走过铺着红地毯的星光大道，登上领奖台，手捧金杯时，"盛典之夜"的璀璨光芒炫亮了金秋的首都。

2005"中国美"年度至尊美容大奖获奖名单

十大美容最具影响力人物

靳羽西、蔡燕萍、郑明明、骆燮龙、阎秀珍、彭庆星、马娅、赵振国、孙鸿魁、张晓梅

十大美容最具推动力人物

岳慧、刘宪、徐新军、何毅彬、郑春影、何伟俊、翁子婷、陈燕萍、张丽芳、郭瑞平

十大美容最具创造力人物

孙怀庆、孙沭燕、陈海佳、王德友、江平、余自力、胡兴国、倪佩红、白广才、白延彪、

十大最具影响力化妆造型师

毛戈平、李东田、吉米、于西蔓、唐毅、徐全有、秦怡、刘军、张帅、杨羿

十大最具影响力美容管理者

黄晓惠、黄冰娜、王俊山、祁薇、蒋敏、徐长应、唐亚雷、江彩凤、杨璐、樊文花

十大最具影响力美容院校

蒙妮坦、沙宣、国际标榜、毛戈平、西蔓、百莲达、新仙娜、驻颜、爱知、美琪

2005年两届广州国际美博会生意做大受广泛关注

2005年3月29日，为期4天的第22届广州国际美博会在广州闭幕。美博会期间，到会客商超过29万人次，成交金额达216亿元人民币，参展商、参观人次和成交金额均创下历史新高。从22届开始，有“亚洲第一美展”之称的广州美博会正式与世界第一大美容展意大利COSMOPROF国际美容展两强联手，给美容展会经济注入了新的元素。22届美博会还专门设立了庞大的进出口美容美发展区，扩大了海外势力，海外参展商比上届增加了13%。主办方还推出了中国美容界首个“未来美容世界概念展区”，展区功能主要是对未来美容行业发展趋势、潮流、文化理念，以及色彩、技术、设备等未来理念的一种预测与趋势发布。

第23届广州国际美容节则于2005年9月12日在广州中国出口商品交易会落下帷幕，近2000家美容美发企业参加了美博会，在四天的展出和交易活动中，共展出展位3000多个，观摩者超过27万人次，其中厂家、经销商、美容院等专业观众占总人数的90%，成交额237亿人民币，参观人流量和交易额均超过了历届水平。广州国际美容节已越来越趋向国际化，本届展会就有韩国、香港和澳大利亚的厂家专门组团参展。23届美容节的另一个亮点就是“美容化妆用品OEM交易会”，数十家具有较大规模的化妆品OEM厂家在四楼的OEM展馆集中亮相，显示出中国美容化妆品业磅礴的气势和雄厚的实力。通过广州国际美容节这一行业盛会，必将美容美发业的“MADE IN CHINA”这一牌子打响，让中国真正成为世界美容美发化妆用品的中心舞台。

23届美博会期间，广东省经济贸易委员会刘晓捷副主任等领导专程前来视察，他们对中国美容美发行业小行业大容量、小商品大市场、小企业大发展三个重要特征做出了高度评价，并对广州国际美容节今天的规模和所作的贡献表示认可和赞赏。9月9日晚的“第23届广州国际美容节”答谢晚会上，1500名国内外宾客、省市政府领导、国外驻穗总领事馆和商务机构的官员与各大美容企业及经销商把酒言欢，举杯同庆。并对“第23届广州国际美容节推荐十佳名牌化妆品OEM厂商、第23届广州国际美容节推荐十佳名牌化妆品原料厂商、第23届广州国际美容节推荐十佳名牌化妆品包材厂商”进行授牌。

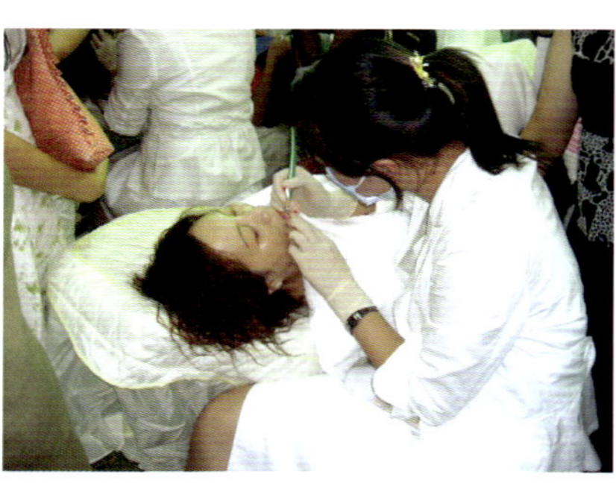

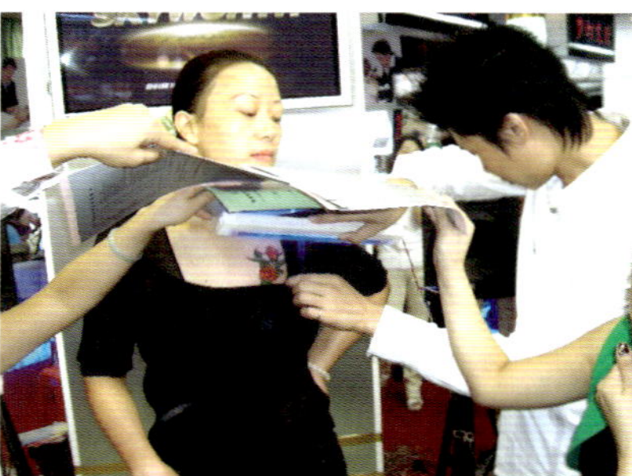

美博会作为美容化妆品企业推销产品的渠道和展示企业形象的舞台，一直以来伴随着高速发展的美容产业而不断壮大。广州美博会从最初仅有的80多个展位逐步成长为现在拥有3500多个展位，总展出面积超过6万平方米的“亚洲第一美展”，仅用了十多年的时间，其发展速度有目共睹。广州国际美博会体现出国际化、规范化、专业化与实效性，已经成为中国美容美发化妆用品行业不可或缺的推广平台，影响力甚为巨大，在国内外已广泛受到关注。

第二届中国美容领袖年会 胜利闭幕

Beauty Leader Annualmeeting

2005年7月31日，备受业内外瞩目的"2005华山论剑·第二届中国美容领袖年会"在西安落下帷幕。来自业内外嘉宾及媒体代表约500人参加了此次盛会。

本届年会由《医学美学美容》杂志社主办，以"中国美容大趋势——看法·想法·做法"为主题，秉承"华山论剑"年会之一贯宗旨，同时融入业内外标杆企业的成功范例、现身说法，旨在开动企业财智思维，探索行业出路，谋求产业发展，加速中国美容业国际化、规模化、科学化的发展步伐，为中国美容业高层搭建一个信息交流的平台。

大会高瞻远瞩，遍邀营销专家、企业管理专家、法律专家等业外高手，就投资管理、连锁经营等专题进行深入探讨。国家发展和改革委员会经济体制与管理研究所微观经济研究室主任齐勇峰，针对企业发展战略和投资融资运营的操作做了精彩演讲；《中外管理》杂志社社长兼总编杨沛霆教授，为企业的领导力加油提速；北京师范大学国际特许经营学院的常务副院长刘文献教授，在特许经营方面的丰富经验与精湛理论令与会代表受益匪浅；企业上市及投资专家郭斌，则为所有希望通过资本运营获得长足发展的美容企业家拨开了心中的迷雾；一些日化企业的大家也来开坛论道，上海家化联合股份有限公司副总经理王茁，针对本土日化企业战略管理缺失的问题与参会者进行了深入分析；北京时间生物科技有限公司董事长兼总经理郭海婴，智慧地为美容化妆品企业指出了提高危机公关能力的关键；著名品牌战略专家李光斗和脑白金营销策划公司总经理孔明臣等人，也都在论坛中作了精彩演讲。

大会特邀中央电视台经济频道著名节目主持人陈伟鸿主持大会的开幕式暨"华山奖"颁奖典礼，开幕式上，业界名流们均发表了慷慨激昂的致辞，预祝本届大会成功举办，对主办方勇于肩负推动美容行业发展的历史重任，给予了高度肯定和鼓励。美容行业的6大权威组织以及全国各省市级美容美发行业协会、商会，也为大会提供了鼎力支持。

而为期三天的第二届中国美容领袖年会暨"华山奖"颁奖盛典也胜利闭幕。本届"华山奖"分别颁发了三大类奖项，第一类为医学美学美容杂志百万读者及美容消费者评选的奖项，包括"中国最受消费者欢迎的20大品牌"、"中国美容业最具市场潜力新秀品牌"；第二类为业内专家通过对参评者和企业的审核，包括"中国美容业最具影响力企业领袖"、"中国美容业最具竞争力代理商"、"中国美容业十佳美容教育机构"，以及针对美容行业终端美容院的"2004/2005年度美容服务十佳明星"奖；第三类奖项为通过全国性比赛产生的优胜奖，包括"首届中国美容业营销策划＼广告创意设计大赛"、"首届中国大学生美容广告／营销策划大赛雏鹰奖"。此外，大会还特别向那些为美容行业发展起到极大推动作用的个人颁发了"推动中国美容事业发展的美学大使"奖。

作为中国美容业的惟一永久性奖项——"华山奖"，创立于2004年首届"华山论剑·中国美容领袖年会"。中国美容发美容协会会长闫秀珍，全国政协委员、香港蒙妮坦集团董事长郑明明，广东省美发美容协会会长马娅，全国工商联美容化妆品业商会会长骆燮龙，中国国际健康美容协会常务秘书长任韵龄，香港植丽素集团董事长陈燕萍担任第二届美容领袖年会的名誉主席，分别为获奖者颁发了奖杯和证书。

“魅力广东美丽行动”火热启动

2005年3月26日下午，中国美容业大型美容盛事——“魅力广东美丽行动”与“第二届中国芳香美容文化节”在广州国际美博会新闻信息中心隆重起航。众多业内领导、名流和嘉宾亲临现场，并对“魅力广东美丽行动”这一充满创意和价值的活动表示高度赞扬。中央电视台《美容中国》栏目组、南方电视台、广州电视台、广州日报、羊城晚报、南方都市报、信息时报、香港大公报、《美容新时代》、《中国美容时尚报》、《医学美学美容》等多家媒体共同见证了这一美丽时刻。

魅力广东，财富模式

活动伊始，此次活动总策划、《中国美容年鉴》主编、广东化妆品投资顾问中心主任周声平先生满怀激情地介绍了此次活动的背景和初衷。随着中国经济的蓬勃发展，中国美容业的飞速发展亦取得了令人惊叹的业绩。而广东以开放包容的精神，毗邻港澳的优越地位，理所当然地成为中国美容业的时尚中心，潮流之都。这里拥有深具潜力的项目，成熟的运营模式，科学的管理方式。为此，广东化妆品投资顾问中心联合中华全国工商联美容化妆品业商会、广东省美容美发行业协会《美容新时代》杂志社等行业机构，推出声势浩大的“魅力广东美丽行动”系列活动，并作为中华全国工商业联合会美容化妆品商会十周年巡礼系列活动之一，以打造广东美容财富强大影响力。

美丽财富大考察

系列活动中，最具特色的“魅力广东美丽财富大考察”赢得了现场嘉宾的一致赞赏，它采用考察、体验、授课和旅游相结合的形式，在全年每定期举办每次为期4—5天的美丽财富考察之旅，带领业界同行畅游广州、深圳、东莞、香港等地知名美妆企业、美容学院、高档会所、美妆生产OEM基地，在考察过程中体味美妆产业最新的营销模式，了解最尖端的工艺和技术，体验最前沿的SPA馆和健康会所，将美丽财富模式一网打尽！更重要的是，它能为业内同行在事业的升级上带来了全新的角度和更为丰富的思考方式。

紧接着，活动以灵活生动的方式介绍了美容院的一种全新的独特赢利模式——魅卡运营系统，当特约嘉宾直通电信有限公司总经理李文、广州直通电信有限公司总经理陈科斌、深圳天妮美容美发学校校长冯华、中山现美美发学校校长麦佩玉、贝斯特国际美容有限公司市场总监李鸣娟等共同手持大大的红色“魅卡”刷过巨大的模拟POS机，全场响起了热烈的掌声！

美妆展示大厅，打造OEM品牌基地

活动中，广东美协化妆品投资顾问中心美博城展示大厅揭牌仪式亦吸引了所有人的目光，展示大厅的金色牌匾在广东美协化妆品投资顾问中心总经理卢润庆、广州蕾丝美容设备发展有限公司总经理郭南萍女士、马来西亚XKL国际集团大中华区热行总裁张辉旋先生等嘉宾的齐声祝福中，随红幅缓缓拉出，我们相信，以整合行业优势资源，为行业创造最佳的投资条件和环境，以增强中国美妆产业综合竞争力为宗旨的广东美协化妆品投资顾问中心，此次在广州美博城设立美妆品展示大厅，这意味着为美妆产品和品牌的拓展，美妆产业OEM的专业化、品牌化、规范化发展铸就了一个坚实而绚丽的舞台。

《2004/05中国美容年鉴》，做行业思考者

由周声平先生，第十五届世界模特小姐大赛全球总冠军阎巍小姐，第十六届世界模特大赛全球总季军张颖小姐掀开的《2004/05中国美容年鉴》首发揭幕仪式，引发了活动的又一高潮。中国美容产业发展史《04/05中国美容年鉴》以年度史录，美容风云，新闻点评，热点回眸，煮酒论剑，思想语录，政策法规等栏目，不仅真实的记录了中国美容行业的年度历史，而且多形式、多侧面的对整个行业做了深层资剖析与思考，为中国美容业各企业与人士提供了重要的参考与借鉴。一部年鉴的故事，引发了在座人潮的一阵阵唏嘘与感叹。

芳香盛宴，“第二届芳香美容文化节”

在众首翘盼中，终于迎来了热烈隆重的“第二届芳香美容文化节”开幕式，周声平先生、香港知库国际集团董事长、知库SPA水疗教育学院创始人、亚洲美容美发协会秘书长彭玉玲女士、珠海安合企业珍妮老师、北京阿贝尔生物材料研究所张志伟总裁、深圳圣丽娜化妆品公司董事长姚逸乐先生、金由美国际（香港）化妆品有限公司培训总监、SPECIAL BEAUTY SPA美容会总裁、中华全国工商联美容化妆品商会疗肤专业李慧女士、菁华园美容用品有限公司董事长袁菲女士、江门宝娜美容美体连锁机构总经理黄冰娜等嘉宾为文化节进行了隆重的剪彩仪式，珍妮教师与彭玉玲女士现场为大家作了精彩的国际芳香美容发展及趋势的演讲。

把握腾飞的希望让名与利一起飞翔

——“魅力广东美丽行动”深圳启动仪式隆重举行

2005年4月19日下午，“魅力广东美丽行动”深圳启动仪式在深圳圣延苑酒店举行，来自深圳及周边地区美容界近百名企业负责人参加了这次活动。

由全国工商联美容化妆品业商会、中国美容年鉴委员会、广东省美容美发行业协会《美容新时代》杂志社、广东美协化妆品投资顾问中心联合推出声势浩大的“魅力广东美丽行动”系列活动，作为全国工商联美容化妆品商会十周年献礼工程之一，于3月26日在广州23届美博会现场举行了正式启动仪式，4月火热登陆深圳。

启动仪式包括广东百佳美容服务机构评选、直通魅卡运营系统启动、美容之都财富之旅深港美容游、中国美容院精英联盟推广会、《2004/05中国美容年鉴》和《港深美容》首发式、中国美容财富论谈等，通过系列活动的推广，主办单位将从深圳上万家美容服务机构中评选出百家最佳诚信服务企业，作为行业表率经诚信承诺公示程序授予“广东百佳美容服务机构”诚信商家称号，并加入由广东美协化妆品投资顾问中心、中国联通、银联、直通电讯推出的“持直通魅卡做美容送联通话费”的营销运营系统，成为“直通魅卡特约商户”，并组成中国美容院精英联盟，在各大众传媒及美容专业媒体中整体推广，树立全新行业整体形象。

本次活动作为美容行业一大盛事，聚集了美容界众多名流、专家、权威人士，大家以交流、学习为目的的共商美容大业。世界美容师协会华人主席宋丽娜女士、香港美容化妆品业总会主席叶世雄先生、亚洲美容美发协会秘书长彭玉玲女士、深圳市美容化妆品业商会会长陈作耕先生、福田区美容美发化妆品业商会会长林飞雄先生、南山区美容美发化妆品业商会会长陈锦卿女士等行业协会领导亲临现场祝贺，亚洲美容美发协会秘书长、香港知库国际集团董事长彭玉玲女士、深圳美容化妆品业商会副会长、中航健身康体有限公司董事长王岚女士就美容发展趋热作现场演讲，梦圆皇宫、玛莎集团、马来西亚XKL、皇家女子俱乐部、香港新健、艾思凯科技、元丰燕莎、燕丽、诗慧、百丽雅、梦怡、馨榕、四海、现代、金由美、金太阳、艾妮佳、伶雅堂等知名企业负责人也到场鼎力支持本次活动，群策群力，万众一心推动“魅力广东美丽行动”系列活动的顺利开展。

本次活动总策划，中国美容业CMO精英联盟执行主席、《中国美容年鉴》主编、广东美协化妆品投资顾问中心主任周声平代表主办和承办机构在致辞中表示，“魅力广东美丽行动”活动，将进一步打造和强化广东的美容财富模式，为中国美容业持续快速发展提供强大的推动力，以配合泛珠三角合作，CEPA粤港合作促进美丽经济良性增长和持续发展。

启动仪式上，梦圆皇宫SPA美容会所、知库专业SPA水疗教育学院、中航健身康体有限公司、XKL向天果生活驿站被授予“魅力广东美容之都深港游定点模范单位，宋丽娜、陈作耕、彭玉玲、李美贞、林飞雄、黄晓惠等6人被聘为《港深美容》名誉理事长、《中国美容年鉴》特邀顾问，广东美协化妆品投资顾问中心专家顾问。两个多小时的活动一直充满温馨和激情，把深圳璀璨夺目的美丽事业衬托得淋漓尽致。

“中国美容看广东，广东美容看深港”。CEPA的实施促进了深圳在美容行业的交流平台作用，“魅力广东”系列活动的举行凸现深圳在中国美容业的重要地位。

加强资源互补　推进财富共赢　撑起美丽蓝天

"魅力广东深港芳香教育行"考察团赴深考察

行业顶尖巨头云集知库展开SPA学术研讨

2005年9月13日，"魅力广东深港芳香教育行"考察团一行百余人借助第23届广州国际美博会强劲东风来到深圳参观考察香港知库专业水疗教育基地。亚洲美发美容协会会长赵振国先生、中国美容业CMO精英联盟主席、中国美容年鉴委员会主任周声平先生、法国"华裔小姐冠军"、"亚洲小姐"宫雪花小姐、香港美容业总会主席叶世雄先生、亚洲SPA第一人彭玉玲女士等行业巨头云集知库专业水疗教育学院，就SPA水疗发展态势与未来出路举行学术研讨。

SPA水疗作为美容领域最具竞争优势、最有发展潜力和代表美容时尚潮流的行业，随着市场的重组和细分，越来越凸显其领军地位和重要作用，占据着美容业绝大部份生存空间，受到人们空前热捧与青睐。但SPA水疗作为美容业最具时尚性的学科，它的风起与片面传播，也严重让众多爱美人士和经营管理者流于形式浮在SPA水疗的表层，没有最大化甚至没有实质性的发挥SPA水疗的无穷魅力，体现其无穷的价值，也制约了企业的良性发展。

由亚洲美发美容协会、中国美容年鉴委员会、《美容新时代》杂志社、《芳香美容》杂志社、中国美容文化网主办的"魅力广东芳香教育行"考察活动，旨在通过参观学习、研讨交流、信息发布等形式，资源互补帮助广大爱美人士、SPA经营者深入认识SPA文化精髓，共同携手开创美丽事业新局面。

此次"深港芳香教育行"考察活动选择香港知库专业SPA水疗基地作为第一站，主要有两方面因素：一是知库SPA水疗是深港地区的一面旗帜，具有典型性和代表性；二是知库SPA水疗以传播技术为主，其技术设备均走在世界前列，前卫性和指导性强，在技术和人才方面可以为众多SPA经营者提供参考范

例和资源互补。

在深圳上梅林知库SPA教育学院，考察团参观了知库专业SPA水疗基地，深入感受有异国特色的SPA水疗世界，享受纯天然的SPA海洋龙宫之美。研讨会上，赵振国会长就"水疗业发展态势与未来出路"、彭玉玲女士就"SPA水疗教育与创新发展"、宫雪花女士就"美丽人生 美丽生活"发表了主题演讲，周声平先生就"SPA水疗品牌构建与拓展策略"作了精辟论述，现场严肃又活泼，充满了浓郁的学术交流气氛。

香港美容业总会主席叶世雄、深圳市福田区美容化妆品业商会会长林飞雄、深圳市美容化妆品业商会副会长王岚、王俊荣、李沫，深圳市职业训练学院主任吴志清、戎华，安和集团总经理珍妮，广州医学院现美医学美容培训中心副校长礼秋佚、浙江花都美容美发培训中心校长夏国生等行业知名人士也参与了学术研讨，各抒己见分析行业未来发展趋势。

据中国美容业CMO精英联盟主席、中国美容年鉴委员会主任周声平先生介绍，魅力广东深港考察团考察深港大型美容机构，是"魅力广东 美丽行动"系列活动之一，希望能以考察学习为契机促进美容企业之间互惠共赢，共同发展。他表示，考察学习和投资论坛将是"魅力广东 美丽行动"的两大主题，广东美协化妆品投资顾问中心和广东省强势媒体《美容新时代》、《芳香美容》及中国权威网站中国美容文化网将持续并声势浩大的开展同类活动，以商务交流活动为推动力，加速中国美容全球化进程，促进美丽经济持续快速增长。

此次考察交流活动不仅吸引了珠三角及东北、华南、华东地区众多SPA经营者，也吸引了深圳香港地区近500家美容院负责人，大家通过参观知库SPA水疗基地，观看最新SPA技术演示，聆听权威人士SPA市场走向分析判断，均认为此类活动不仅有无限的商业价值，而且有良好的社会意义，希望主办方能长期组织提供学习和提升的机会，引导行业改进混乱格局，创造良好的投资环境。

上海“中国国际美容展”5月移师浦东新馆

经历八年精心打造的中国美容业展会——第九届中国国际美容展，汇集众多知名品牌，承载八个春秋的美丽精彩，鸣笛起锚，东渡浦江。

2005 年 5 月 1 1 日至 1 4 日，“2005 第九届中国国际美容化妆洗涤用品博览会”在一流展馆浦东上海新国际展览中心，以 2500 个国际标准展位，4.5 万平方米的大展示规模亮相中国美容化妆品业界。

“明眸”见证 “秀发”掠影

自 1998 年以来，中国上海美容展规模连续 5 年以 30% 的速度稳步递增。以“明眸秀发”为靓丽标记的中国国际美容展，经历了七年的风雨，创建了跳跃式发展的辉煌。

世纪之交的 2000 年 5 月，中国（上海）国际美容化妆用品博览会开始以“国际化、专业化、规范化”的办会目标，追求不断超越和进步，大步迈进。

2001 年 5 月，跨入新世纪的上海，中国（上海）国际美容展在展示规模、功能开发、社会形象等整体上提高了一个档次，在“因为美丽，我们相聚”的主题下，依托遍布全国的商业网络最大限度地组织参会，借助上海这一国际大都市的综合优势，使展会规模获得重大的突破，吸引了 5 万多人次的批发商、零售商、百货连锁销售代表、专业人士及消费者进场观摩、交流。汇集了来自法、美、意、日、韩，以及我国港、澳、台等 10 个国家和地区的知名品牌，其中韩国化妆品参展客商，首次以国家组团形式在会上统一亮相，成为本次展会的一大亮点。

2002 年 5 月，这一“美丽的盛会”与“首届上海国际美容节”同期拉开帷幕，在国内经济活动中率先采用了“网上开幕”的新招，别出心裁的开幕庆典，使与会宾客印象深刻。来自德国威娜、英国发典、日本成宣、我国台湾女子美容商业公会联合会等国际专业名师大师，展示了 2002 年时尚潮流、趋势。参展企业的市场影响力和数量是美容行业的新亮点，展会参观者达到 8 万人次。

2003 年中国（上海）国际美容展，展位扩张到 1500 多个，展示面积达 32000 平方米，容纳了 15 个国家和地区 700 多家品牌商的香水、彩妆、护肤、洗涤、包装、机械产品和原材料，首创了“中国 SPA 第一馆”，形成了产销互通的融合趋势。轰轰烈烈、盛况空前，专业观众突破了 10 万人次！

2004 年 5 月的中国（上海）国际美容展，45000 平方米展示面积汇集了一千余家参展商。展会成熟运作的专业论坛，邀请行业权威人士，解读市场热点，预言市场走向。全国工商联美容化妆品业商会副会长杨志刚教授为代表的一流专家，发布了“国际美容化妆品最新资讯以及新政府对市场的影响”；中国品牌竞争力年会顶尖营销专家和成功品牌代表，进行市场分析和策略指导，吸引了不少专业买家，进场观摩、交流、交易，覆盖了中国各省市销售渠道，参观人次上升到近 15 万。

探班浦东新展馆

“2005 第九届中国国际美容展”从上海光大会展中心移师浦东的上海新国际展览中心，将成为其发展史上的一个里程碑，它标志着中国国际美容展朝着国际化方向迈进了一步。

浦东，是上海作为国际化都市的新地标，这里有浦东国际机场、陆家嘴金融中心，高速的磁悬浮交通工具……世界 500 强企业的中国区办公大都选定浦东。地域的优势在于信息的流畅，交通的便捷，这两点无疑是讲求速度的年代企业制胜的法宝。坐落在国际化地域的浦东新国际展览中心，拥有先进、功能完善的展览馆，堪称亚太地区一流的展馆。

煮酒论剑

Talk about History

2005/06中国美容年鉴

本土日化企业目前面临的困惑和出路

一、成本费用空前的增加的困惑

每个老板都觉得钱不够用：.A、化工原料的成本增加B、运输费用的增加C、媒体成本的增加D、营销运作费用的增加E、人员费用的增加

出路：没有捷径,别怨天地,成本节约就靠你自己：

1、走进仓库、走进你的车间别老坐在大方台上抽烟翘腿，看看你的老货库存、你的原辅材料、看看你的包装物有多少耗在那里？这些东西你统计过吗？你知道数据有多少吗？你靠率过处理或者是激活变现这些东西吗？

2、你花了几百甚至上千万进来的设备真正在发挥作用的有多少？

3、你的那么多的条码能给你带来利润和创造销售究竟有多少，你成千上万个品种能带来利润能持平能保本究竟有多少？

4、你一夜之间想到的、还沾沾自喜的、一拍脑袋开发出来的、无数个所谓"新、奇、特"的产品概念能在市场呆上一年半载的有多少，昙花一现的又有多少？

出路：成本节约应该要作的第一件事情就是，好好清理你的库存、好好优化你的产品结构，改良你的条码资源；让你的单品效益最大化！

二、广告成本费用的一路高涨

1、广告费用猛涨的时候，你请了一个上千万的大腕制作了一个广告，投入了几千万的广告，最后招商还是一无动静的时候，你在想些什么？现在是2005年，日化行业想靠"我请个明星，拍个广告，选择在"洗头台"——广东卫视砸个千儿八百万的广告"就想圈钱、骗钱、套钱的日化辉煌岁月已经黄鹤一去不复还了，你就别做这种痴情梦了，看看什么赢科、丽彤、什么馨逸、法莱雅老板和经销商日子好过吗？

2、宝洁现在的封杀手段越来越多，早期的渠道封杀、到前期的价格封杀到最近的媒体封杀，你就别想跟他正面较劲，那只能是鸡蛋碰石头，没戏，人家可以在中国亏个十几亿还有全球其他市场撑着你根本也玩不起，一年哪怕有十亿的销售人家还是当你小儿科，当然与宝洁较劲我们中国本土企业也不是黔驴技穷，到了无招的时候了，你得有点IDEAR的东西跟他玩，宝洁的的媒介封杀，不能正面较量，就算你上了央视人家还是标王。

出路：创意性的投播、策略性的投播、教育营销、活动营销售、文化营销［会议营销：经销商（指名进货）、活动营销：消费者（指名购买）］会议营销启动渠道、活动营销激活终端

飘影安徽台的超级秀发美少女、广东台的明日之星、湖南的影视歌手，飘影2005年的几次活动（南京、上海、杭州地面的促销有机结合）运作这些活动得自己要懂和有班底运作，还要有经验去把控，不能单靠广告公司，另外我个人对目前有些企业请大明星我觉得很可惜，现在你请个明星就是拍广告的而已，拍完了就走人，几百万上千万，明星应该是要帮企业宣传，面对面告诉消费者你用了怎么样，你就有义务帮我卖货，帮我传达我的品牌信息，我觉得很多品牌不知是不懂和没有人才会运作，很可惜。你把超市卖场关系，促销小姐的热情都调动起来了！你何乐而不为呢？巧用明星和用巧明星，明星是服务品牌和机器。

三、本土日化品牌面临渠道的困惑！

A、"通路环节产品积压、二线品牌渠道饱和、渠道矛盾日益明显；经销商无利润、终端代价庞大"。现在虽然通路已经积压的二线品牌很饱和了，但是还是有出路，一线有终端，二线三线同样有终端，本土日化不要谈终端色变。中国日化市场没有绝对的流通，我觉得"最终洗发水打开了瓶盖，有人使用"就是有终端，现在在中国广大的三四线市场，宝洁虽然广告的信息传递到了，然而覆盖到了吗，还没有，直接覆盖的吗？也不是。你现在如果直接启动三四线的覆盖比你在大卖场跟卖场的经理3千5千讨价还价争个陈列面还得实惠很多，三线市场，你一家小店在没进你产品前一家给个100块钱，保证50家店365天天天拼着老命给你卖，而且还天天能卖货，你可以算这笔，另外对于通路矛盾经销商无利润，不烦可以学学国外不要做简单的利润递级分配，和让经销商简单的加价或是返利，可以学学人家制定全方位科学的价格规范保护体系，导入经销商的服务佣金制"把经销商当作你产品价值链实现的一个纽带，他为你付出劳动和提供资源，你要给他佣金，而不是他掏钱和你进货，然后再加价卖出去。

四、价格战的困惑——飘柔9.9元

面对降价，别跟风。中国消费者还是有理性的，宝洁降价也只有一个，宝洁降价——飘柔9.9元，看看海飞丝、看看潘

婷、沙宣有低价吗？你也不要盲目降价或是推出低价位的产品，看看一些案例走低价有成功的吗？美王、现代美、碧爽出路：同质化、低价位的东西不要玩了，提高产品性价比！

五、品牌定位的困惑！

“不要相信你的品牌天生就是做什么的？”不要相信你的品牌要专业，要讲品牌印象？要讲什么品牌联想？这些留给广告公司给你做提案的时候再说，你看飘柔不也出香皂了，我觉得份额、消量、利润在中国的日化市场永远是硬道理，我们吃过一次亏，我们飘影做了膏霜，当年我的概念不清，当年销售了几千万没有任何退货和库存，后来有个空降兵和广告人接触我们的总裁，告诉他你要怎么的，飘影不能出膏霜不专业，要怎么怎么的？

到现在我们停了2年，丢了多少份额大家可想而知？

六、行业洗牌的困惑

目前很多同行应该可以说是闻“洗牌色变”，其实我认为，中国市场每个行业洗牌是一种自然的客观的经济历史发展现象，前几年电器行业，近年来通讯行业，啤酒行业，洗牌不用太过于当心和畏惧，每个企业都在面对这个问题，你要回避也回避不了，目前我看到很多企业的经营者面对这个行业的现状都很无策，很迷茫很无助，甚至很恐慌，其实我认为大可不必，行业洗牌不要紧，关键你的思想你的策略洗牌，有可能你的这些先进性洗牌没洗散你，你先把自己洗得一干二净了，比如我有很深刻的体会：

有个企业在参加了一个什么所谓的行业洗牌的高峰论坛回来之后特别困惑，对一些所谓的专家的预测和建议老在揣摩，头脑开始洗牌，公司的策略开始洗牌、公司的管理也进行洗牌：

我的品牌定位面对洗牌也应该先洗牌调整调整

我的产品结构是不是也应该洗先洗牌调整调整

我的推广行为广告投放也先洗牌调整调整

我公司的人员是不是不行了要换血了洗洗牌

我的代理商渠道是不是不行了也要洗牌

一下子自己公司内部进行了很多一次性的产品改造，新商标注册，人员换血，渠道调整，呼啦啦一拍脑袋进行自己的所谓翻转大洗牌到最后的代价可想而知，

行业还没洗掉你‘你先把自己给洗死了

出路：沉着冷静、思维清晰，蓄势待发！

七、品牌运作手段的困惑

品牌形象树立是炒出来形象是做秀出来，就是要要善于借势造势

日货国货（带孔凤春昨天新闻发布会）

非典火了威露士公关

SKII、高露洁都有问题，是我们本土日化来说是机会，看你怎么做，看你的思维？有想法看你怎么实现？我我们不主张抵抗什么货，我们不主张政治，我们不也要人家交流技术学习；但是在中国本土化的品牌，我们有责任和义务去考虑我们中国本土的消费者的消费情感！

（这是树立本土品牌的最好机会）孔凤春，家化！

八、销售业绩的困惑－出口就是出路

拓展新的业务出路是增加销售的最好方式：OEM、出口、走出去拓展国际市场，不是出个货柜就OK了，一定要有MARKETING的东西去运作，为什么鬼老做中国市场是可以渗透我们的文化，我们也可以当地的包装媒体，当地的班底来运作，我们可以当地设工厂，当地媒体投广告成本底、到国外做市场而不是出口贸易、抢国外的日化市场的容量；俄罗斯，]泰国！

同行也是可以合作的——OEM加工，你的优势我跟你分享，我的弱势你来弥补

几个观点送给老板：

1、要将你的经销商、员工当品牌来树立，名牌之所以成名牌就是因为你的品牌有一群有名的人在运作，（一个名牌是由知名的供应商知名的媒体知名的经销商零售商知名的员工和一起组成的要珍惜）要感恩、要博爱、要爱你的代理商，要爱你善待您的员工、要相信你自己的团队

2、要冷静、要清晰、要把你的员工当做事业的合作伙伴、不要在相信这个行业有神话、有高人可以一下子让你一步登

作者简介：

黄帮赐

2000年－2002年12月，任汕头飘影洗涤用品有限公司市场部经理；

2003年－2003年12月，任广东飘影实业有限公司总裁助理；

2004年至今，任广东飘影集团策划总监；

中国十大杰出营销经理人

中国美容业优秀品牌策划人

2004中国最佳策划师

2005洗涤化妆品行业十大营销策划经理人

中国美容业CMO精英联盟副主席

广州国际美容节组委会副主任

"飘影"

洗发露中国二三线市场完全攻略

"植物精华、绿色护发"——绿色环保的产品概念贴近消费者的心灵

21世纪是崇尚"绿色消费"的时代，在安全环保和绿色洁净的环境中回归自然、体验绿色；全新飘影植物精华系列正是迎合了21世纪国际消费的主流趋势，在策划飘影洗发水的产品概念时，黄帮赐果断坚定的确立全新的飘影洗发露系列品种全部采用"天然绿色植物"作为产品功能的概念支撑！在现时众多产品功能概念鱼目混珠、冲刺着中国洗发水市场的今天，消费者对众多洗发水的各种功能诉求已经模糊麻木；而"源于天然、绿色、安全、无刺激"的天然植物对消费者来说还比较容易接受和产生信任。而飘影为了增加自身产品"天然、环抱、绿色"的专业形象和可信度，专门在春城——昆明成立了"飘影国际绿色植物科研中心"，将各种天然植物对头发作用做了最科学的研究和提炼，选择了"天然芦荟\黑芝麻\海藻\银杏\绿茶\人参"等成分，采用了现代"超临界提取技术CO_2"提取各种对头发有护理作用的天然成分并应用到产品配方中，真正实现了飘影植物精华洗发水这一"植物精华\绿色护发"的产品理念！

巧用明星和"有记忆点"的广告创意快速抢占了消费者的眼球

用当红明星拍广告、作代言人，这是日化品牌宣传的最常用手法，从品牌营销的角度来分析，明星到底能给品牌带来什么？回答是，如果用好明星，他将给品牌带来个性，注入活力。

具体来讲，首先，明星能在短时间内迅速提高品牌的知名度，虽然用明星投资很大，尤其是请国际、港台巨星，费用甚至是天文数字，但收效也的确非常明显；其实次明星本身有自己独特的魅力、性格，如果能选择和自己品牌吻合的明星，那你的品牌性格就很容易通过明星让广大消费感受到；第三，明星一般都会有一大批追随者、欣赏者，他们可以因为喜欢这个明星，从而喜欢这个明星代言的产品，继而喜欢上这个品牌。对于飘影这个新品而言，以明星为突破口宣传自身品牌，是最有效不过的手段了。为加速产品入市和加快产品被广大消费者接受的速度，经过多方调查，飘影洗发露选择了大陆新生代阳光健康明星陆毅作为产品形象代言人。陆毅是国内较具潜力的偶像艺人，无论在大陆或港澳台地区都有极强的亲和力和号召力。在一部轰动一时，创造国内收视新高的电视剧《永不瞑目》里，他出色地塑造了敢爱敢恨的男主角"肖童"的形象，并以此在大陆影坛脱颖而出，锋芒毕露。2000年，他获得了中国电视金鹰奖最佳男主角和观众最喜爱的男演员奖。其阳光健康、青春率真的大众形象，更成为无数青年女性的偶像。

会议营销和活动营销两把利刃同时出击，一把牢牢刺中分销商的心，一把紧紧刺中消费者的神

飘影品牌的全方策划者近年来在日化圈里有"会议营销和活动营销售策划和执行高手"之称，在飘影品牌前期的入市阶段和后期的洗牌阶段，这两招起到了使飘影品牌延年益寿，健康发展的关键作用：黄帮赐通过精心策划的一系列独特的"会议营销"方式，快速启动通路进行产品的前期渠道覆盖；通过精心策划的一系列巧妙的"活动营销"的方式直接激活终端网点销售；为飘影近年来在激烈的渠道竞争中开创了新的销售局面，独特的会议营销是飘影品牌进行快速渠道覆盖和网络渗透的绝招，"飘影的会议营销"实现了飘影品牌在3小时内在同区域集中同时铺货；从2001年飘影植物精华洗发水上市以来，飘影每一年都结合市场环境，并结合通路渠道的现状，精心策划和周密组织了针对中国2线城市的网络颠覆和渠道革命的会议营销，特别是在新品出街，概念升级和包装更新的市场周期中，飘影会议营销则是起到了同时对全国几千家2、3级分销网络集中洗脑的作用；煽动能力极强、潜能激发能力极强的黄帮赐在每次会议营销中都亲自大展身手，在掏了分销商口袋的资金后也成了经销商心目中的偶像；

与媒体强强联合、借势造势，创意性和策略性

的广告活动使飘影品牌知名度迅速攀升！

一个品牌的成功，特别是在目前广告费用一路攀升的高成本的时代；在巨额的营销费用中广告费用是每个品牌心头永远的痛；纵观目前的国内的二线品牌的洗发产品，广告投播策略同质化也颇为严重，几个稍微有点影响的品牌，广告投放都是大同小异，无外乎进行"黄金时段的高密度平播"；而飘影，在广告投播中，黄帮赐可以说是第一个吃螃蟹，敢为人先。而事实上，这些人无我有的广告策略，也是飘影品牌成功的原因；从2002年的湖南电视台"飘影杯星姐选举"，到2003年"飘影全国影视歌曲歌手大奖赛"，还有2004年安徽卫视《超级大赢家》的"超级秀发美少女大赛"，到今年的日化行业的明日之星－飘影和广东卫视共同打造的世界级大型赛事——"飘影杯明日之星"大型赛事等，已经形成了"冠名活动前期飘影品牌预热，活动中期飘影品牌发力，活动后期飘影品牌升温"的有机传播链条，实现飘影品牌形象的空中传播、飘影的产品功能电视屏幕诉求、飘影的企业文化的舆论传播，飘影产品的地面销售"一个有机的营销链条，快速的建立了飘影品牌的良好社会形象，当然，促进销售才是硬道理，一切广告活动最终是要看能否提升销售，而实际上，飘影品牌在这些赛事的举办同时也实现了良好的销售业绩；

针对代理商和分销商进行的"教育营销"和"文化营销"迅速燃点飘影网络的合作热情和品牌忠诚度！

2000年12月30日，飘影公司在全国20个城市举行的洗发水市场调研工作正式结束，通过系统深入的市场调研，飘影对所取得的有效调查信息进行了深入分析，得出了目前市场上各品牌的竞争、分布态势：

处于一线市场（各大省会城市和直辖市）领导品牌第一团队的主要是宝洁公司和联合利华公司的系列品牌（飘柔、潘婷、沙宣、海飞丝、力士、夏士莲）。

处于一线市场领导品牌第二团队的主要是丽花丝宝公司的舒蕾、风影品牌。

处于二线市场（市级市和农村市场）的主要品牌有：好迪、拉芳、柏丽丝、亮妆等。

针对以上情况，飘影洗发露把目标市场锁定在二三线市场，目标消费群确定为原来对飘影香皂比较忠诚的大众化工薪阶层。

为了更有效地利用飘影香皂原有的分销渠道，同时培育新的有潜力的经销商，飘影洗发露在二线品牌中第一次导入了"教育营销"和"文化营销"。

针对众多二线品牌的经销商个人素质较差、营销观念落后、管理水平低的情况，飘影公司开展了走进经销商，指导经销商的教育营销活动。飘影意识到，面对市场格局的变化，各级经销商要想谋取更大的利润，就必须得到更有效的指导，以提升管理和营销水平。

飘影公司派出一些综合素质较高，拥有多年日化市场实战管理和品牌运营整合策划经验的营销精英，由黄帮赐挂帅带兵布阵，深入市场一线，针对时下日化行业经销商所面临的问题和困惑，以及经销商如何生存、立足和发展等话题，给分销网络（一级和二级经销商）带去了先进的营销管理思想，并与他们进行了互动性的思维碰撞。同时还帮助它们分析未来市场的趋势及格局，确定战略，制定对策，提高经营管理意识。"授人以渔不如授人以鱼"，这一招在飘影上市阶段在同行中的确是超人一步。

几百场轻松活泼、风格各异的"新世纪、新飘影、绿色希望之行"的研讨会、培训会、互动会的举行，使飘影公司与各级分销商思想密切互动，信息深入沟通，实现了完全的资源共享，同时也拉进了飘影和各级分销网络之间的距离，加深了后者对飘影品牌经营理念的认识，加强了双方合作的信心。

"终端促销1+1组合"、全方位、全年度导入"流通渠道促销"

在通路建设的促销组合中，飘影打出了"终端促销组合"拳。除了宝洁、联合利华、丝宝等一线品牌的常规终端促销会在特定的销售周期（主要是节假日短期）针对某一个单一品种，采取"1+1"产品促销组合策略之外，二线品牌还没有使用这种促销手段的。"飘影"开创了在二线市场通路促销的先河，在二线流通市场的通路促销中采取了"全系列、全年度、全周期的1+1绿色护发特惠套装"产品促销组合方式，使产品在通路建设中迅速以一种"健康亲和、朴实诚信"的形象获得各级通路分销渠道的青睐和认可，这种"以消费者为核心的终端促销组合"对新品迅速渗透到二线市场的各级渠道起到了十分直接的作用，广泛的网络覆盖更刺激了二线市场终端的销售，满足了消费者"求新"和"求实"的心理。**文／黄帮赐**

2005年及以后几年 美容医学整形外科发展趋势和走向

Plastic

从1949年~1979年的30年中，我国的整形外科在外科领域中是一较小的专业，而美容外科在整形外科范围内又是一个较小的分支学科，但是在美容医学大发展的今天，这种观点应该结束了。自从经济发展以来，美容医学的发展是最为活跃的学科之一，经过20多年的发展历程，美容外科和美容医疗，已成为整形外科范围内的最主要业务内容之一，美容外科的手术数量已占各地整形外科专科手术总数的70%~80%以上；美容外科不再是以前局限于重睑、隆鼻等美容手术的局面，高难度的美容外科手术日益增多。

1994年，"中华整形外科学会第二届全国学术交流会（上海）"的总结报告中曾提出："用整形外科技术、颅面外科技术、显微外科技术和内窥镜技术，开展面部轮廓整形、美容，开展面部年轻化手术"，仅仅过去了10年，言犹在耳，这些项目已在全国许多城市普及；近20余年来，在美容外科范围内开展的乳房再造手术，另外，在手指、拇指再造和美化等手术中，虽属于"高、精、尖"的整形外科功能修复手术，但也不无美容外科的内涵，因此，再把美容外科视为"雕虫小技"已是错误不当，是阻碍美容外科和美容医学发展的言论。

2004年是医学美容得到长足发展的一年，一大批人造美女与人造美男的公开化，让医学美容概念不再陌生。有了良好的势头，以后的发展又该怎样呢？

在较长的一个历史阶段里，世界学术界范围内，把美容外科视为雕虫小技。近年来，美容外科在世界范围内，发展迅速，无论在美国，或在欧洲，有关美容外科和整形外科在学术发展上，是沿着同一轨道前进。虽然美容外科手术在我国每年数以百万计，但在学术界，美容外科被称是"雕虫小技"的论述时有所闻，这不利于美容外科的发展。整形外科被划分为若干次一级专业，如显微修复外科、颅颌面外科（含颅面轮廓外科）、手外科和四肢修复外科、泌尿生殖器整形、烧伤后畸形整形和美容外科等专业。

在当今从事美容外科的医师，有的冠以整形外科医师，有的自称美容外科医师，其实，从事的业务包括整形和美容两方面。美容外科的发展是整形外科在经济发达时期的必然结果，同是一个学科体系。

美容医学、整形外科有巨大的科学发展空间，是竞争中发展的科学技术。在当今世界上美容医学、整形外科也和其他学科一样，追求最好，美容外科和美容医疗要求整形外科医师必须在新的时期里再学习和扩展研究空间。一名优秀的从事美容

Plastic

外科的医师，应具备显微修复外科、颅颌面外科、手外科和四肢修复外科等基础整形外科知识和技能；并对于人体形体美学，结构美学和再塑造的不断学习和研究，才能在从事美容医学的征途上，不断扩大研究和创造的空间，达到追求美的人们所期望的最好境地，这样才能使我国的美容医学、整形外科的发展，在世界美容医学、整形外科发展中，树立中国的形象。

美容外科并不追求复杂，以能达到美容效果，又能持久的方法为最佳，诊疗过程越简单越好，因此，能采取内科方法达到目的者，就不要采取外科手术的方法，在今后的发展进程中，开拓“整形内科”和“美容内科”是美容医学发展的重要手段。在人体美学的研究中，应深入到人体代谢和人体美学的关系研究，基因遗传和人体美学的关系研究，以及用基因工程的方法改善人体美学的研究，组织、器官代用品及美容生物制品的研究，其他尚有人体结构美学研究，延缓老化、保持年轻化的研究，皮肤色泽和色质美学研究，美学评定和判断研究，以及美容心理学研究等。

美容医学、整形外科是我国当今社会大发展的学科，正因为如此，在我国现今的美容外科和美容医学的发展中充满了竞争和挑战，在发展中既有龙飞凤舞，又有鱼目混珠，各种形式表演的浮燥，功利，虚假和欺骗正在冲击着我国整形、美容外科业的健康正确发展方向，这不得不引起全整形、美容学界的高度重视和坚决对抗。任务的完成靠我们自己，靠真正属于我们的学会：“维权，整顿队伍，树立高尚的医德医风，建立规则，发展学术，加强交流；揭露虚假，欺骗，树立权威！”只有学会在治理上具有竞争力，才能维权，才能使整形、美容外科健康发展。

美容医学、整形外科学科体系的发展，其起决定因素的是从事该学科事业的科技队伍，而医师队伍的素质又是该学科发展的中心环节，在世界美容医学、整形外科这一学科体系中，较多的发达国家学术界认为：一个从事美容、整形外科的医师，应受过完全医学专业本科高等教育，经过外科专业 2 年～4 年的基础训练，并参加有指导下的 3 年整形、美容外科专科实践的医师，不但训练有素，还应素质优秀，才具有独立参加美容、整形外科实践的资格。

在未来的日子里，挫败和挑战共存，从事于整形、美容医学的医师们，只有刻苦努力，虚心学习，吸取全世界优秀的整形、美容医学的成果，和相关的科学成果，创造性的发展整形、美容医学事业，才能在未来的发展中夺得空间，永远立于不败之地。

亚太美容未来概念

Future concept

21世纪进入了科技经济年代，知识作为一种世纪资源，到了能够帮助创造价值的时候，自然就转换成能够创造丰厚利润的商品。

创造有价值的商品，越是科技发达的时代，越是离不了科技含量。那种刚刚推出新品转眼仿冒者无数的现象，终究会不成气候。在上海新国际展览中心举办的第九届中国国际美容博览会上，推出的“亚太区美容业未来概念”展区，具有科技含量的新品展示，就是旨在用强大的科技力量来推动中国美容行业的高品质发展。

生物芯片技术

在医学美容领域，将大量运用生物芯片技术。先把各种皮肤问题的特异性序列制成探针，然后有序地点阵到芯片上，再与处理后的样本进行杂交，这样，一次就能够检测出多种皮肤问题并能鉴定出亚型。

治疗性克隆技术

当克隆技术得到广泛运用后，只需要从人体的体细胞中克隆出早期胚胎，经过培养后提取出干细胞，然后以细胞内端粒较长的年轻细胞核置换出原有衰老细胞的细胞核，使各种衰老现象消失。

基因技术

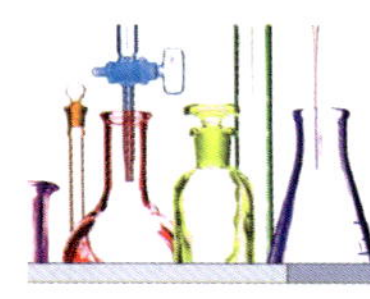

凭借这一技术将先天遗传不良基因通过后天转入外源基因，将不良基因去除，然后再植入改良后的基因，彻底解决由于遗传所带来的先天缺陷，从而达到一次终身受益的美容效果。

纳米工艺

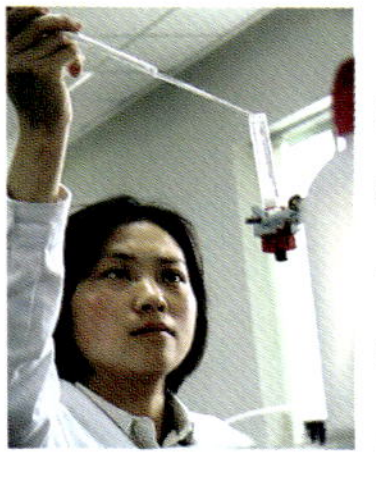

这一科技成果刚问世不久，一些美容护肤产品原料标识中就出现了“纳米”字样。然而其真假与否，只有让使用效果来证实。不过，科学家认为，未来化妆品原料完全可能采用微纳米技术。如果将微纳米颗粒注入美白、祛痘、抗皱和防衰精华素中，再与生物保鲜液融合后，确实非常容易被皮肤吸收，从而有效提高美容护肤的效果。

生物保鲜液

为了有效保证化妆品原料的“新鲜”程度，利用生物保鲜液来进行保鲜应该是最为科学、最为安全的。这样，无论在什么时间、什么地方，都能保证最大化地实现美容产品的功效。

植物炭灰合成物

在中国古老的传统习惯中，有一种原始方法：磕碰出血的伤口，只要抓一把香灰敷上就能愈合。也许是由此受到启发，科学家们经研究发现，植物炭灰合成物在未来有可能运用到治疗痤疮的美容产品中。

端粒生长剂

古时候，多少帝王将相、神道术士寻求长生不老之术。当今世界，人们企盼延缓衰老。如果运用后现代生物医学技术，通过端粒生长剂将人体体内的DNA细胞端粒延长，从而使人类延缓衰老成为可能。

用于保鲜的瓶材

人们对现在的美容化妆产品，在是否含有防腐剂的问题上

Future concept

往往争论不休。可以说，美容护肤产品中含有的营养成分越高，其保鲜要求就越高。试想，一瓶极富营养的内容物，如果在炎热的季节里究竟能够存放几天呢？

为此，科学家们设想，未来化妆品的容器（瓶材）本身就含有某种防腐因子成分，使得容器中的内容物真正无需含有任何防腐添加剂，即可保证化妆品的“新鲜”程度。同时，为满足不同人群对化妆品的需求，这种本身具有保鲜功能的瓶材，可能会是一种极小的容器，不但方便携带，而且这类瓶材将成为时尚、奢华的标志。

绿色环保的瓶材

在全球重视环保的今天，各厂家在化妆品瓶材的选择上也将越渐趋于环保，未来化妆品容器使用过后，将会在一定时间后自动降解，减少污染。此类包装将会成为人们瞩目的焦点。

ＤＩＹ调节的瓶材

功能性包装瓶材在未来几年中将会广泛地运用到化妆品行业中，人们可根据使用习惯，自动调节瓶口大小，避免用量过多或过少现象出现，ＤＩＹ调节型的包装瓶材，将会是未来化妆品包装材料发展的另一方向。

多层塑料复合瓶材

应该说，塑料瓶材在未来化妆品舞台中仍将占主导地位。先进的多层塑料复合技术能使多层不同种类塑料复合在一起，并且能够一次塑成根据任何可以想象的色彩、形状设计出的各种容器。除此之外，这类塑料瓶材可根据不同的光源照射，来改变容器中内容物的功效，提高内容物的再生使用率，从而满足不同需求。可以预见，未来多功能复合型包装瓶材是高端生物科技产品的首选容器。

经皮吸收的美容护理

人们都知道，身体要获得营养，必须经过摄入食物，经过人体消化系统的消化过程后，才能吸收所需的营养成分。那么，人的皮肤究竟能否吸收美容护肤品所提供的营养成分呢？一些科学家认为，美容化妆品中的营养成分仅用手工导入，其实是难以渗透进入人的表皮的。

在日本美容界首创推出高科技美容仪器“超音波美容仪”的ｉｎｔｅｒ ｆａｃｅ樱得飞公司，为使高质量的美容产品发挥出最大的美容效能，产生最理想的美容效果，做出了前卫科学的专业贡献。这一科技成果，来自于樱得飞公司与日本九州工业大学１２年的科研合作。该大学的东条教授以无数次的医学试验和研究，不断进行着总课题为《经皮吸收》的科研论文，论证了用仪器进行皮肤营养导入，表皮吸收将比手工导入效果增加１５～３０倍，而最新的研究成果更表明了用高科技美容仪作营养导入，表皮吸收将比手工导入效果可增加２００倍。由此，无疑对未来美容护理方式带来巨大影响

时尚复合型美容院

当今市场日趋专业化、细分化，而未来美容护理的专业化将朝着医学美容方向进化。无论超星级的美容院、保健会馆，甚至在五星级酒店，都将会出现装修超前、硬件设施先进，提供美容与健康、亚健康修复、保健品调理的综合一体化的美容护理服务，以及亚健康治疗和疗养，有效调节人体平衡。

未来概念的美容院将以高级医院的整洁、卫生和星级宾馆的时尚典雅为结合点，让消费者能在舒适的居所般的美体室接受护理；在特种玻璃的透明工作室，消费者一边置身于日月相彰的大自然，一边享受高级精湛的美发打理。从而使这类具有先进元素的复合型美容院，能够给人们带来全身心保养。

NITONTH
除痘专家 技术连锁

新闻回眸

Reiew of the news

2005/06中国美容年鉴

“2005 中国日用化工市场年会”北京成功召开

为深入探寻适合中国日用化工市场发展思路，剖析市场发展趋势，2005年1月18日，主题为“理性创新，完全营销”的“2005中国日用化工市场年会”在北京友谊宾馆成功举办。国家统计局、中国轻工业联合会及相关行业协会等有关领导，日化领域专家、企业和媒体代表300余人出席了此次年会，共同就我国日化市场现状与趋势，原材料上涨背景下的日化企业成本战略、品牌营销战略、新兴市场进入机会等议题进行了热烈研讨。

会上，中国轻工业信息中心作了“中国日用化学工业发展现状与趋势研究”的主题报告，国内著名的管理咨询机构赛迪顾问股份有限公司推出了2004-2005年《中国日用化工行业研究年度报告》、《中国护肤品市场研究年度报告》、《中国洗发护发品市场研究年度报告》、《中国美容用品市场研究年度报告》、《中国洗涤剂市场研究年度报告》、《中国口腔清洁用品市场研究年度报告》等，宝洁、天狮、北京章光101等企业介绍了市场营销的成功经验和体会，技术和营销专家分别介绍了技术创新和品牌营销策略等专题。同时，欧莱雅、宝洁、隆力奇、温雅、天狮、北京章光101等企业被评为“2004年中国日化市场年度成功企业”。

高级美容人才难觅　整体素质待提高

根据部分城市的抽样调查显示，目前城市的消费人群占人口的14.2%，2004年全国的美容消费大概在800—1000亿元，并且保持在30%—40%的增长速度。而到目前为止，全国从事美容行业的人员只有620万。这个巨大的市场，无疑为我国城乡居民提供了众多的就业岗位。然而，正是由于这个行业的飞速发展，也同时存在着很多问题。管理人员素质普遍不高，缺乏完善的管理措施；从业人员技能水平普遍较低，服务水平和服务质量跟不上社会需求等等，都是该行业所面临的问题。很多人只是经过几天简短的培训就匆匆上岗，真正称得上优秀的美容师很少，因而行内专家不禁感叹：美容美发高级人才难觅。因此，进一步提高美容行业人员的整体素质，已经是一个迫在眉睫的问题了。

我国美容护士的需求增加

由于我国的整形美容业迅速发展，美容护士成为最热门的职业，“美容护理”专业的学生成为护理专业中就业率最高的人群。

我国医护比例不高，在国际上都属于比较低的水平。2005年1月，据我国最新的调查显示，医护比例为1：0.678，而作为新兴的医学美容其医护比例还要更低。根据世界卫生组织的统计，我国的香港地区、日本、泰国、英国等地的医护比例都超过1：4，加拿大更超过1：6。由于当初我国美容业在发展之初的进入门槛比较低，造成整个行业从业者的平均水平不是很高，接受过专业培训的人很少。如今美容行业经过快速发展之后，竞争也越来越激烈了。要想在激烈的竞争中脱颖而出就必须提高服务质量。作为后来者的医学美容更对专业人员青睐有加。现在整形医院的护士大部分都来自传统护理人员，几乎没有接受过专业的美容培

训。在服务越来越专业化后，医学美容业对专业的美容护理人才需求也越来越大。美容护士的工作要求，不仅要具备基本的医学常识，还要懂得人体美学，对时尚文化有一定了解，能够正确引导消费者对美的追求，使消费者放松心理压力。

日化线和专业线销售渠道日渐融合

化妆品行业通常分为专业线和日化线，在渠道模式和产品结构等诸多方面，两者都有很大的不同，然而，随着市场的发展，这两条原本“井水不犯河水”的市场却有融合的趋势。

赵先生是江苏扬州一家化妆品经销商，他目前代理海的化妆品公司的产品，而这家公司的产品不仅走日化线，也走专业线。“专柜销售主要是树立品牌，建设形象，而传统的专柜销售缺少配套的售后服务，因此，我们开辟专业线的服务连锁机构，达到更加满足消费者需求的效果。”

事实上，扬州的一些专业美容院也有经营日化渠道产品的现象，比如扬州比较有名的宝丽莱美容院的店面里就设有美宝莲专柜。赵建伟创立的雅仕贸易有限公司已在扬州开设了七八家连锁服务机构，据他介绍，与扬州人休闲的生活方式相关，美容院在当地发展相当红火，加上现在美容院也可以拿到日化线的货，并且也是前店后院的模式，所以从某种意义上说，前店完全可以理解为一个化妆品专卖店或者理解为一个专柜。

第三届“天龙杯”纹饰技艺国际邀请赛在穗举办

2005年2月23日，由广州天龙美容化妆品有限公司主办，广东省美容美发行业协会、中国卫生部《健康与美容》杂志社等单位协办的第三届“天龙杯”纹饰技艺国际邀请赛在广州美博城隆重开幕，吸引了来自中国、美国、韩国、日本、加拿大 中国台湾、香港几百名专业选手参赛，规模空前，世界华人美容美发联盟主席、广东省美容美发协会主席马娅女士，中国政协委员、香港蒙妮坦集团董事长郑明明女士，天龙梭绣技艺的创始人吴翠岗先生，香港植丽素美容机构董事长陈燕萍小姐，著名纹绣大师David（魏元郡）等亲任评委或嘉宾。

本届大赛分眉、唇以及身体纹饰等三大项目，选手们都由不同的纹饰派别及专业的纹饰美容精心挑选高手，经过一番激烈角逐，来自青岛的王丹以娴熟的技法，独具匠心的构图创作，完美的整体效果征服了几乎所有评委，一举夺得了全场总冠军。

阳光海南心灵之约，2005年财富之旅
——山兰玉2005海南阳光美容文化周启航

2005年2月26日至3月1日，山兰玉2005海南阳光美容文化周在美丽的三亚正式启航。来自大江南北的几百家美容院院长与众多媒体齐聚三亚天福园温泉大酒店，在碧海椰风中共同感受2005文化财富之旅。

广东省美容美发行业协会会长马娅女士，广东美协化妆品投资顾问中心主任、《美容新时代》执行总编周声平先生均亲自出席了此次活动，并做了精彩讲话，对山兰玉组织的此次美容文化周表示赞赏，在四天的活动中，更有殿堂级讲师阵容为大家带来了丰富的财富大餐。包括著名形象咨询顾问、色彩专家、中国文化部一级艺术形象设计西蔓女士带来的“感受色彩时尚文化为美容院带来的强大冲击”，资深美容院资源整合专家、著名演讲导师简锆铭和温广行先生的“美容院实战管理与快乐营销模式”。

直通“魅卡”运营系统启动新闻发布会

持直通魅卡作美容消费送联通话费活动在广州启动

2月2日下午两点，亚洲国际大酒店会议厅，广东美协化妆品投资顾问中心、直通电讯、银联好易联、中国联通主办机构负责人和广州电视台，南方电视台、广州日报、羊城晚报、新快报等新闻媒体聚集一堂，“魅卡”与直通积分卡上市新闻发布会暨魅卡广州启动仪式正式在召开，热烈的现场一扫近日广州天气的寒冷。

会上广东美协化妆品投资顾问中心总经理周声平作了热情洋溢的讲话，表达了广东美协产业对于新的营销模式的渴望和探索，以及对于魅卡这一新的营销工具前景的充分信心。周先生表示，此次广东美协化妆品投资顾问中心与中国联通、直通电讯、广州各商业银行、广州银联合作推出这张时尚女性消费积分卡，在广东隆重启动“持魅卡作美容消费即送联通电话费”的公众营销运营系统，主办机构将从广东数千家美容化妆品企业中推出百家最佳诚信服务企业，指定为“魅卡特约商户”，并通过媒体共示程序审核，联合中华全国工商联美容化妆品总商会，授予“广东百佳美容服务诚信机构”荣誉称号，以协助广东省美容服务机构进行有竞争力的营销活动，

“2005年广东消费者最喜爱的洗涤/美发/美容化妆品十佳品牌评选”活动隆重开幕

经由广州日报、广东香精、香料、洗涤化妆品专业协会强强联手，全力主办的“2005年广东消费者最喜爱的洗涤／美发／美容化妆品十佳品牌评选”活动，于2005年3月1日配合主流媒体隆重刊出。此次广东十佳品牌评选活动的举办将进一步弘扬广东省美容美发文化，促进美容美发日常用品的消费透明化，推动广东省美容美发事业的健康发展。

本次十佳品牌的评选共设立了四个类别，即洗涤十佳、美发类十佳、美容化妆品十佳及最活跃产品类十佳。洗涤类象我们熟知的威露士、澳雪、舒服佳等行业知名品牌自然榜上有名。美发类十佳的入围品牌自然也少不了海飞丝，飘柔、潘婷、雨洁、柏丽丝等。而属于美容化妆品类的雅芳、玉兰油、欧莱雅、SK－Ⅱ、资生堂等国际巨头入围美容化妆品类十佳也顺理成章。此次十佳品牌评选活动，有众多的专业线品牌入围，这说明专业线在以良好积极的态势，迅猛稳健的发展着，在美容化妆品行业占有着越来越大的市场份额。为推动整个行业的发展扩张，起着举足轻重的作用。

“SK—Ⅱ被诉含腐蚀成分”案大事记

3月7日，“三·八”妇女节前一天，全国各大媒体引用“据新华社电”称，日前，江西一位女性消费者听信知名化妆品牌SK—Ⅱ关于“连续使用28天细纹及皱纹明显减少47％”的广告宣传，购买了一支SK—Ⅱ紧肤抗皱精华乳，结果使用28天后非但没有出现上述效果，反而导致皮肤瘙痒和部分灼痛，为此向法院提起了诉讼。

3月7日，江西吕姓消费者状告SK—Ⅱ含“腐蚀成分”。从事保险业的吕萍今年1月在江西南昌一家大型百货公司花840元钱，购买了一支25克包装的SK—Ⅱ紧肤抗皱精

华乳。但一个月过去后，吕女士没有发现自己的“肌肤年轻１２年，细纹减少４７％”，反而在使用中出现过皮肤瘙痒和部分灼痛的情况。

３月７日晚，宝洁公司联系新浪财经，就ＳＫ—Ⅱ含腐蚀性成分报道发表声明。３月８日，南昌工商局暂扣涉案产品。

南昌市工商局执法人员在接到消费者投诉后，于３月８日下午到该市的太平洋购物广场进行调查，发现被状告的产品ＳＫ—Ⅱ紧肤抗皱精华乳依然在销售，而相关SK—Ⅱ广告宣传手册也摆在相当显眼的位置。执法人员看到，该宣传手册印有：“连续使用２８天细纹及皱纹明显减少47%，最多还可以使皮肤看起来年轻12年”的广告词，认为该广告违反了我国的《反不正当竞争法》，涉嫌虚假广告宣传，于是对该产品和宣传手册进行暂扣。

连锁是美容行业第一赢利模式

——2005赛莱拉国际集团举行“赛莱拉论坛”

3月27日下午，赛莱拉国际集团在广州东方宾馆国际会展中心举行了一年一度的赛莱拉论坛。本次论坛以“美容对话”的形式进行，特别邀请了中国十大策划人李光斗先生主讲。行业领导全国工商联美容化妆品业商会会长骆燮龙先生，全国工商联美容化妆品业商会副会长、赛莱拉国际集团总裁陈海佳先生，知名媒体《美容新时代》杂志社主编周声平先生，《医学美学美容》杂志社社长辛映继先生，《中国美容时尚报》社长张晓梅女士，《美容新地》杂志社社长王伟民先生及行业知名代理商代表，供应商代表出席了本次论坛。广东省美容美发行业协会马娅女士因参加政协会议不能出席，也为本次会议发来了贺电。

本次论坛以美容行业的发展方向为主线，探讨当今中国美容行业连锁经营模式的环境和运营条件，行业领导骆燮龙会长对中国美容行业的现状与发展方向进行的详尽的分析和预测，他指出，目前国内美容化妆品品牌已多达15000个，行业资源整合迫在眉睫。经过与会专家及行业代表的共同讨论，本次论坛认为：连锁是世界商业模式发展的方向，也是一种业已证明的最佳赢利模式，中国美容行业要走出一条可持续发展之路，连锁是必然的选择！

欧莱雅、宝洁等9大化妆品牌遭美FDA警示

３月２２日，ＦＤＡ（美国食品药品管理局）要求美国境内的化妆品生产商在产品包装上应注明“警告——该产品未经安全鉴定”字样，否则将受到查处。此次遭到美国ＦＤＡ警告的９大品牌分别是：欧莱雅、伊丽莎白·雅顿、妮维雅、美宝莲、多芬、联合利华、宝洁、圣伊芙、杰根斯。

据称，ＦＤＡ下发这一通知，主要是基于独立研究机构“环保工作小组”的调查结果。这家机构针对美国境内７５００种个人护理产品的调查显示，其中所含９９％的原料成分未经公共部门安全检测。

第三届 中国国际医疗保健美容产业博览会在京召开

2005年4月27日至29日在北京中国农业展览馆隆重召开"第三届中国国际医疗保健美容产业博览会暨第五届医学美容、专业美容品牌连锁加盟招商会"。

本次展会因为参展企业档次高，专业性强，科技含量精，而闻名全国。在2003年8月3日和2004年2月17日隆重召开的第一届、第二届中国国际医疗保健美容产业博览会均受到相关政府职能部门和行业主管单位领导的关心和支持，并亲临现场参观指导。展会现场人潮汹涌，吸引来自全球36个国家、地区及全国各省市区观众6万余人参观洽谈，总成交额近亿元人民币。

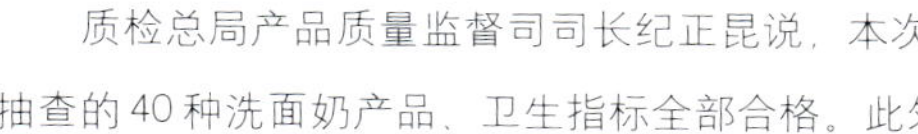

国家检总局:洗面奶9成合格

2005年4月，国家质量监督检验检疫总局对洗面奶产品质量进行了国家监督抽查。10日公布的抽查结果显示，在北京、上海、天津、江苏、浙江、广东、湖北等7个省市40家企业的40种抽查产品中，洗面奶抽查合格率为90%。

质检总局产品质量监督司司长纪正昆说，本次抽查的40种洗面奶产品、卫生指标全部合格。此外抽查还发现，目前国内大中型化妆品企业生产的洗面奶产品都能达到或超过国家标准要求，而小型企业的产品质量存在一些问题。本次抽查中，大中型企业抽样合格率为96.4%，而小型企业抽样合格率为75.0%。

本次抽查中有4种产品不合格，原因均为销售包装标签标识不符合国家标准的要求，存在的主要问题有五：一是"净含量"三个字使用英文，二是日期标注不规范，三是制造者地址与其营业执照地址不符，四是包装上缺少制造者地址，五是特殊用途化妆品产品无特殊用途化妆品卫生批准文号。

卫生部着手清查 美容美发店、化妆品批发市场

国家卫生部于4月初发布了关于开展化妆品卫生的专项整治工作的通知。目前，这项工作已经正式在全国范围展开了。

据了解，本次专项整治工作是为加强对化妆品生产和经营环节的监督管理，卫生部要求卫生部监督中心、中国疾病预防控制中心联合各省、直辖市、自治区卫生厅局及新疆生产建设兵团卫生局共同开展。整治工作将从4月底持续到年底。

本次整治工作面对已发放卫生许可证的化妆品生产企业，按照《化妆品生产企业卫生规范》进行全面的监督检查。检查的重点将是各企业的原料库、原料进出记录和投料记录。如果在原料中使用了《化妆品生产企业卫生规范》中规定的禁用物质或没有按照《化妆品生产企业卫生规范》中的要求使用限用物质、防腐剂、紫外线吸收剂和着色剂，将对违规企业进行严肃查处，对违法行为将追究法律责任。

11部委联合整治虚假违法广告

2005年4月26日，国家工商总局、中宣部、公安部共11部委在京召开全国整治虚假违法广告专项行动第一次部际联席会议，由11个部委联合进行的全国整治虚假违法广告专项行动由此拉开序幕。化妆品、美容服务、保健食品、药品、医疗领域虚假广告是此次重点严查对象。

此次国家工商总局、中宣部、公安部、监察部、国务院纠风办、信息产业部、卫生部、国家广电总局、新闻出版总署、国家食品药品监督管理局、国家中医药管理局共11部委联合制定了《虚假违法广告专项整治工作方案》，并建立了整治虚假违法广告专项行动部际联席会议制度，联络办公室设在国家工商总局，将在每季度定期召开，协调查处重大虚假违法广告案件，对整治中发现的薄弱环节和突出问题，研究具体应对措施，提出治理虚假违法广告的对策以及有关政策、法规建议。 国家工商总局刘凡副局长表示，此次以惩治虚假违法广告为重点，严厉打击欺骗和误导消费者的商业欺诈行为，特别是保健食品、药品、医疗、化妆品、美容服务虚假违法广告，以及利用互联网发布的虚假违法广告。

男士化妆品市场“金矿”开采未成熟

2005年5月举行的中国（上海）国际美容化妆品洗涤博览会开幕式上，中国香料香精化妆品工业协会副理事长桑敬民预计，05年男士化妆品的市场份额将达到4亿元，到2010年将发展到40亿元。这个预计与近年来业内人士所说的“男美容发服务行是一座金矿”不谋而合。

但不少商家普遍认为，男士化妆品是金矿之说言之过早，至少在两三年内它的开采条件仍未成熟。 大概两年前，男士化妆品市场被商家看中，如上海家化集团重金请来影星梁朝伟作为旗下“高夫”品牌的形象代言人；一些国际知名品牌纷纷推出男士专用系列护肤品以抢占市场，花王、资生堂、欧莱雅、迪奥、妮维雅等相继加入战局；今年3月份，专业线男士品牌悠兰举办首次男士化妆品市场研讨会；做面贴膜做出成绩的采诗也推出男士系列产品并请明星大作宣传；以做润唇膏出名的曼秀雷敦去年也加大男士系列投入力度，产品不断多元化。

在众人眼中，男士化妆品市场似乎是越来越热闹，于是越来越多的业内人士对这个市场充满信心。有预测说，未来5年，国内男士对化妆品的市场需求将每年以96%的速度递增高于整个化妆品市场80多个百分点的增速。

美容“奥斯卡”闪耀中国

2005年的5月31日，在全球美容界最具权威的“marie claire美容至尊大奖”终于与中国有了“第一次亲密接触”。由marie claire中国版，《嘉人marie claire》主办的2005年“marie claire美容至尊大奖”颁奖酒会在中国时尚地标的上海外滩揭开神秘面纱。

"marie claire 美容至尊大奖"由在时尚界享有盛誉的"marie claire"杂志创办，迄今已辉煌 20 年，成为"marie claire"读者和美容业界的里程碑，其结果也成为每年众人翘首以待的盛事。对美容化妆品牌来说，"美容至尊大奖"代表着闪亮的光环；对时尚女性来说，"美容至尊大奖"是她们新季采购的方向标。这次在上海 Laris 举办的颁奖典礼是"marie claire 美容至尊大奖"在中国迈出的第一步。

上海化妆品专柜销售满意度仅 24%

上海市高端化妆品销售终端的客户服务表现亟待提高。博茂咨询的最新调查显示，任意一位前往化妆品专柜的顾客得到完美客户服务的机会仅为 24%。

2005 年 5 月，博茂咨询在上海各大百货公司的 89 个专柜对 178 名专柜销售人员进行了终端客服调查。被调查品牌主要包括，香奈尔、娇韵诗、倩碧、迪奥、雅顿、雅诗兰黛、娇兰、兰蔻、资生堂及 SK－Ⅱ等。

此项调研运用了博茂咨询的评价工具———完美客户服务指数。调研结果出人意料。所有高端化妆品品牌的完美客户服务指数得分平均为 24%。也就是说，任意一位前往专柜的顾客得到完美客户服务的机会仅为 24%。表现最好的品牌得分也仅为 34.9%。

首届中国国际美容造型师大赛正式启动

打造真正具有艺术美感和艺术品位的中国造型师，让中国的美容造型时尚与世界同步。首届中国国际造型师电视大赛组委会宣布，湖南赛区比赛正式启动，湖南造型界将掀起一场海选造型师风暴。

本次大赛设有个人奖项和团体奖项，其中所有入围总决赛的选手均可获得"中国先锋造型师"称号；各单项的前十名选手分别获得"中国金剪发型师"、"中国妙手化妆师"、"中国天使美容师"称号；大赛前 30 名均可获得"中国旋风发型师"称号，并可与大赛组委会签约；同时设有冠军一名，亚军二名，季军三名。

据了解，首届中国国际造型师电视大赛湖南赛区比赛正式启动报名工作，入围总决赛的 30 名优秀选手通过为期三天的培训，于 19 日进行决赛，参加决赛之后的优秀选手于 8 月 20 日赴北京参加总决赛。

国际传统医学美容大会召开

2005年6月25日—27日，宜人的海滨城市厦门迎来了"第四届国际传统医学美容学术大会"的开幕。本届大会由中华中医药学会主办，并得到国家中医药管理局和厦门市人民政府的鼎力支持。

除继承以往重学术研讨的特点之外，更令人瞩目的是本届大会将引领传统医学美容行业的深刻变革。此次大会召开之际正值因美容事故频频发生，美容产品原材料的安全性倍受质疑的行业低谷；而美容机构的管理体制松散，行业整体信任度明显降低；中医院更是急需引进新的经营理念和开拓新的业务领域，改变目前的营运现状。因此本届会议将立足于学术交流、技术推广，对商业推广、渠道建设和人才培训等行业关注问题进行全方位探讨，为行业各方搭建起充分沟通和拓展绿色美容商机的平台。

天津市美容院评星级

2005年6月，由天津市工商联美容美发化妆品商会等部门联合评出的天津市首批星级美容美发院出炉。参照酒店和医院相关标准评定的星级美容院从营业面积、管理系统、美容技师数量、卫生状况等十五项内容出发，为天津消费者评出了像星级酒店一样的星级美容院。

据天津市工商联美容美发化妆品商会秘书长李彦冰介绍，美容行业这个朝阳产业在创造产值和解决就业问题上都做出了很大的贡献。但目前存在着良莠不齐、不规范化操作现象时有发生的状况。为了规范美容业市场，重塑市场形象，天津市管理部门历时四个多月的时间，参照国家《关于美容美发行业管理办法》及其它省市的地方标准，邀请五星级酒店和甲等医院的专家进行了评定。比如，营业面积达到600平方米以上、符合有四名高级美容师、五名中级美容师、有设备齐全、先进的消毒间等条件的才可评为五星级美容院。

天津发型化妆美甲赛6月开始

经天津市市商务委、市劳动和社会保障局批准，由天津市商业联合会、天津市美发美容行业协会主办的2005年度美发美容节暨美发师美容师职业技能形象设计大赛于6月16日举行。据了解，天津市美发美容大赛自1999年以来每年举行一次。为近年来，随着广大消费者对美的追求日益强烈，该项赛事也受到各行各业的广泛关注。尤其是女士时尚整体形象设计更是以其实用性、生活化、个性化的特征，颇受消费者的青睐。

中消协等会诊美容化妆品行业

针对目前美容化妆品市场存在的突出问题和广大消费者的需求，中消协启动了美容化妆品消费调查和消费教育活动，旨在对该行业进行全面"会诊"，推动相关标准和制度的建立，配合政府有关部门对市场秩序予以整治和规范。

美容化妆品市场从总体上规范程度还不高，假冒伪劣商品和虚假宣传屡禁不止，从业人员的总体素质仍不适应产业发展要求，缺乏规范性的行业管理制度和服务标准，加之消费者缺乏真实信息和必备常识，导致消费者因使用化妆品和接受美容服务而引起的纠纷日渐增多。仅2004年，全国各级消协组织就受理美容化妆品投诉2.8万件。这种情况既损害了消费者的权益，也影响了人们对美容化妆品市场的满意程度和消费信心，制约了产业的发展。

为此，中消协、中国健康教育协会和中国市场学会信用工作委员会，决定联合在全国范围内开展美容化妆品消费调查，并同期开展消费教育活动。此外，还将联合46个副省级以上的消协组织，深入分析美容化妆品市场存在的突出问题，了解消费者对美容化妆品的意见和建议，揭露美容化妆品的虚假、夸大宣传，公布损害消费者权益的典型案例和消费者对美容化妆品市场的满意程度。通过对该行业的"会诊"，推动相关标准和制度的建立，切实维护广大消费者的健康安全权。

要放心美容　先上网查询

6月起，西安的消费者在美容前可先上网查询哪些是具有资质的正规医疗美容机构了。西安市民王女士前不久做了隆鼻手术，可没想到做完手术后，鼻子不但没有隆起，反而比以前更塌了，当她再去找那家医疗美容中心，却已关门了，电话也联系不上了。

为了正确引导医疗美容服务行业健康有序发展，西安市卫生局对市区内的医疗美容机构进行为期4个月的整顿。6月起西安市卫生局对辖区内的医疗美容服务机构进行备案，下个月在网上进行公示。市民可上网查询在西安市卫生局登记备案的医疗美容机构，以及经卫生部门审核可开设医疗美容科室的医疗机构。

河北省美容与整形修复援助中心落户石家庄

6月28日，中国医师协会美容与整形医师分会之美容与整形河北修复援助中心落户石家庄市雅芳亚，整容失败者可求救该援助中心。

据不完全统计，现在河北省内医疗整容机构不少于500家，光石家庄就超过200家，但市场很不规范。石家庄一业内人士透露，目前无证经营者多于有证经营者。

据石家庄雅芳亚的负责人王文明介绍，美容与整形河北修复援助中心成立，专门针对整形失败者制定修复方案。其专家委员会由中国医师协会、雅芳亚、河北医大四院、石家庄市第二医院、石家庄市第三医院以及唐山、沧州等地部分医院的整形美容专家、心理专家组成。据悉，该援助中心还将为严重工伤、见义勇为者免费进行整容手术。

29届亚洲发型化妆大赛上海选手丰收

第29届亚洲发型化妆大赛在中国香港举行，6月25日，上海选手在亚洲大赛上勇夺

三个项目的冠军。据介绍，本次大赛是亚洲地区美发美容业的一项重大赛事。上海华安美发厅杨韵获"晚宴化妆"

冠军；上海开开美发厅郑春娇获"新娘化妆"冠军；上海名发美容美发公司陈建分获"男士剪吹"冠军。

北京市工商等四部门联手查违法保健医疗美容广告

6月，北京市工商行政管理局在答复市人大代表建议办理情况时表示，2006年，北京市工商行政管理局等4部门联合执法，加大查处违法保健食品、化妆品、医疗美容广告的力度。

05年初的市人代会上，市人大代表吕晓霖提出建议，要求市政府整顿保健食品、化妆品、医学美容市场秩序。市工商行政管理局在建议办理报告中表示，今年，他们将与市卫生局、市中医管理局、市药品监督管理局联合执法，建立综合治理机制：一是建立违法保健食品、医疗、药品等广告监管制度。二是建立医疗广告监管协调沟通制度，每季度相互通报医疗广告出证及监管工作情况，加大对医疗广告综合治理的力度。

消除审美歧视 "铜锤"敲打美女经济

6月26日上午，中国经济可持续增长国际研讨会暨2005中国留美经济学会年会的最后一场主题演讲，充满了笑声和掌声，把整个论坛推向了高潮。

主讲人是世界著名劳动经济学大师、美国奥斯丁德克萨斯大学经济学教授丹尼尔斯·哈莫梅什博士。他说："我的名字是从祖父的祖父那里传下来的，意思是铜制的锤子。因此，我给自己取了个中文名，就叫铜锤。"全场掌声雷动，笑声不断。

哈莫梅什的研究领域主要包括劳动力需求、时间分配、社会项目，以及劳动力经济学的特别应用（如自杀、睡眠与美感）。他出版的《工作与报酬经济学》被誉为世界劳动经济学领域的"圣经"。他所研究的美感经济学，被人们认为是美女经济学。

哈莫梅什认为，许多国家都存在一种劳动力歧视，而这种歧视不是种族歧视、性别歧视，而是一种于法律与制度之外的"视觉歧视"或"审美歧视"。

他说，2000—2003年他曾经在上海做过一次实验性研究，发现许多企业和政府机关，在相同的教育背景下，容貌美丽的女孩在就业、加工资、升职等方面总要比容貌差的女孩具有优势。虽然她们并没有容貌丑的女孩工作努力，但是总是会受到上司的青睐。也许正是这种客观存在，中国的美容业才如火如荼。

美容经理人也要资质认证

针对健康美容行业高层经营管理人才缺乏的状况，为帮助企业培育职业经理人，推动健康美容行业的健康有序发展，职业经理研究中心于6月启动了全国健康美容企业职业经理人资质评价项目。

此项目将通过培训、测评、认证，搭建健康美容行业企业管理人才储备平台。通过认证的企业经营管理者将获得《企业职业经理人证书》或《企业高级职业经理人证书》，并纳入"健康美容企业经营管理人才库"管理。

作为改革开放以来发展最快的行业之一，健康美容行业目前吸纳了１２００万人就业。

据悉，此项目管理机构将陆续在全国各省市区建立指定培训基地，使职业经理人资质评价成为健康美容企业中高层经营管理人才核心能力认证和诚信度评定的规范。

2005 河南美容美发大赛举行

6月16日上午，由河南省劳动和社会保障厅、省美容美发协会、省财贸金融工会联合主办外"金莎杯2005年河南美容美发大赛"在郑州举行。近200名选手在美发、美容、美甲、纹艺、形象设计等5大类13个小项上展开了角逐（见图）。数百名观众在大赛现场一饱眼福，选手们精湛的技艺和新颖的创作灵感给人们以美的享受。

大赛总裁判长、河南省美容美发协会副会长张和恩告诉记者，本次大赛是继2002年首届全省美容美发大赛之后，河南美容美发界的又一次盛会，本次大赛将通过竞技把健康的美、艺术的美带给人们，同时为展示行业技艺、交流行业技能提供一个平台，引导行业健康发展。

全国首批百名"文绣师" 6月底上岗

6月底，在全国范围内招收的100名学员经培训后，成为全国首批文绣师并持证上岗，在具备一定条件的生活美容院中进行文绣操作。

以往，根据《医疗美容服务管理办法》规定，包括吸脂、隆胸、穿耳洞、文眉、去皱等项目在内的美容手术，只有美容医疗机构才可以进行。但在实际经营过程中，大大小小的生活美容院或明目张胆打出"吸脂""文绣"的广告，或偷偷摸摸店后"暗箱操作"，而真正到医疗美容机构文眉、绣唇的人却少之又少。

而现在"文绣"这扇大门向生活美容院打开了，是否意味着地下转到地上，不合理的变成合理的？"其实这扇大门是有条件打开的。"据文绣专家吴刚伦介绍，"可以经营文饰项目的美容院必须有持证上岗的文绣师，有独立的可以进行空气消毒的操作室、准备间、消毒间，还有一系列严格的操作流程必须以店堂告示的形式悬挂，让顾客一目了然。"

两部法规实施 2000 企业难自保

7月1日，关于规范我国保健食品市场的两部法规——《保健食品广告审查暂行规定》和《保健食品注册管理办法（试行）》开始实施。其中明确规定7月1日起保健食品广告未经审查不得发布，不得使用明示或者暗示治疗作用的文字，同时答引入了GMP认证制度。此外，直销法即将出台，将会大大提高保健食品进入直销领域的门槛。

中国保健协会副秘书长徐华锋表示，目前我国大大小小有4000余家保健食品企业，经过一番法规规范以及市场竞争以后，真正存活下来的难以达到2000家。同时，他表示，严格的管理办法出台后，申报批文至少要30万元以上，而GMP将迫使企业在生产规模上加大投入，要达到认证标准，保健食品企业最少要具有400万元左右的实力。

直销一直被保健食品行业视为救命稻草。2004年，安利在中国的销售额达到170亿元

人民币，这无疑给中国的保健品企业注入了一剂强心剂。目前相关部门将严格的准入制度列入直销法，规定企业的注册资金不得低于8000万元人民币，并且必须缴纳营业额的20%且最低不得少于2000万元人民币的保证金。

中国消费者协会与四川省消委举办讲座——美容维权

针对消费者在进行美容化妆品消费时权益易受损等问题，中国消费者协会等单位在全国范围内开展美容化妆品消费调查，并同期开展消费教育活动。7月1日，中消协将和四川省消委一起，举办美容消费知识和维权常识讲座，请专家为消费者答疑解惑、开展信息甄别等消费教育活动，提高消费者理性选择、科学使用美容化妆品的消费知识，增强自我保护意识与依法维权能力。

据了解，在对美容化妆品市场的消费调查时，中消协还将联合四川省消委，深入分析美容化妆品市场存在的突出问题，了解消费者对美容化妆品的意见和建议，公布损害消费者权益的典型案例和消费者对美容化妆品市场的满意程度。消费者对美容化妆品消费市场有什么意见和建议，可以向消委反映。

全国美容业发展高层研讨会7月召开

国家商务部颁布的《商业特许经营管理办法》于2005年2月1日起实行。特许经营作为一种全新的现代商业模式，对经济和社会发展贡献日益凸显，企业通过导入特许经营，逐步实现规模的扩张和品牌的塑造。

为全面推动我国美容美发和化妆品业健康、稳定、快速的可持续发展，国家商务部培训中心于2005年7月12日至15日在深圳举办"特许经营——全国美容美发与化妆品业发展高层研讨会"。

国内首次推出 美容师责任险

7月26日，国内第一款美容师职业责任保险产品由中国人民财产保险股份有限公司推出。

据介绍，中国人民财产保险推出的"美容师职业责任保险"专门为依法登记注册成立的美容医疗机构和生活美容机构提供保险服务。投保了该责任险的上述两类美容机构的美容师在开展美容业务时，如果由于过失造成接受美容服务人员的人身损害，保险公司会对受害人进行赔偿。

权威人士预测 粤3年内成全球化妆品生产基地

随着广东化妆品生产能力的不断增加，2005年7月广东省美容美发行业协会会长马娅表示，三年之内，广东将成为国际众多知名品牌主要的代工生产基地。

据了解，广东目前已经成为全国化妆品的主要生产基地。作为中国美妆行业的发源地和最大集散地，广东美妆企业占全国企业总数的2/3以上。据广东美容美发协会提供的数据，广东的制造商为全国1/3的品牌贴牌生产。马娅表示，“由于门槛不高，化妆品工厂近10年来大量出现，广东作为化妆品生产及原料的主要集中地，类似露华浓等许多国际知名品牌已经开始在广东设立制造基地。”到目前为止，广东已经在清远和汕头分别建立了两个中国最大规模的代工生产基地。广东省美容美发行业协会表示，目前中国化妆品市场销量每年约为500亿元，到2010年，将可达到800亿元，每年有数百个化妆品新品牌问世，广东化妆品代工生产潜力巨大。

“中国女性形象工程”正式启动

7月15日，全国妇联“心系女性”——中国女性形象工程教育活动在京启动。此项工程旨在通过对中国女性进行内在修养、礼仪文化、美容化妆、服饰搭配、健美运动等多方面的综合系列教育，帮助更多的女性成为“内外兼修完美女人”。

这一活动是中国婚姻家庭研究会等单位发起的“心系新人”活动的组成部分。活动共分为三个阶段，女性形象“流动课堂”第一阶段2005年—2006年将走进北京、上海、杭州、成都、沈阳五个重点城市，此后，女性形象“流动课堂”还将陆续走进全国30多个城市，专家将为各地女性传播科学、实用的美容护肤、形象礼仪等知识，帮助广大女性成为自己心中美丽与内涵统一的现代都市女性。

第三届银川国际美容文化艺术节落幕

7月10日，第三届银川国际美容文化艺术节在缤纷的色彩中落下帷幕，银川及周边县区美容化妆品业十余家商会参加了美容节。

本届美容节期间共举办了8项大型活动，分别是第四届银川国际美容美发美体化妆品博览会；第五届宁夏化妆发型形象设计精英大赛；第十六届全国化妆发型大赛宁夏地区选拔赛；全区行业“创业之星、优秀、十佳美容美发师、名师”表彰大会；全区行业“诚信店、最佳美容美发院（中心）、知名企业”表彰大会；第三届美容美发化妆品行业人才招聘及招商洽谈会；第四届“中丽美业杯”宁夏现代艺术摄影大赛；西北五省美容文化、职业教育、行业管理论坛会。

展会吸引了来自韩国、香港、台湾、北京、上海等国家和地区的客商前来参展、参观，并全方位、多角度展示了国际上最新、最IN的高科技含量美容专业产品。此次美容节还分别举办了新娘、晚宴、彩绘的化妆组、男士、女士和晚宴的发型组以及美甲艺术、公仔头发型和形象设计等项目比赛。

7月1日起新生产的化妆品禁止宣传“抗菌、抑菌、除菌”作用

2004年，卫生部发布《关于禁止化妆品进行抗菌宣传的公告》称，一些化妆品及沐浴露声称其具有“抗菌、抑菌和除菌”的疗效，属于“暗示疗效”和“虚假夸大宣传”，2005年7月1日起新生产的化妆品禁止宣传“抗菌、抑菌、除菌”及其他医疗作用。

然而，记者在市场调查中发现，消费者对于除菌沐浴露、洗手液的需求不断上升，市场空间广阔。不少生产企业表示，卫生部的公告有利于规范除菌产品市场，但可以考虑其

他办法，如纳入特殊化妆品范围来管理等。卫生部发布公告称，自2005年7月1日起，新生产的化妆品禁止在其包装、标签、说明书及其他相关宣传材料中宣传或暗示"抗菌、抑菌、除菌"及其他医疗作用。2005年7月1日前已经生产的此类化妆品可以销售到产品有效期截止。

北京医疗美容全面整顿　严重者将停业

2005年，北京市卫生局将配合卫生监督部门全面整顿医疗整形美容市场，对不合格的医疗美容单位限期整改，而违规情节严重的机构将被责令停业。

无照经营，漫天要价，乱做虚假广告，误导消费者，甚至个别美容院存在色情服务……市卫生局在回复政协委员关于"北京市的医疗美容行业亟待整顿"提案的报告中称，针对美容院非法行医，导致医疗整形美容市场混乱的现象，北京市已成立全国首家"北京医疗整形美容业协会"、北京市卫生局医政处成立北京医疗整形美容业质量管理委员会。协会根据国家《医疗机构管理条例》及相关法规，制定了一系列行业规范，并即将下发执行。

市卫生局表示，北京医疗整形美容业质量管理委员会、北京医疗整形美容业协会将配合卫生监督部门全面整顿医疗整形美容市场，对本市的医疗整形美容机构进行全面的质量评估，合格单位颁发市卫生局监制的证书和牌匾，对暂不合格单位限期整改，对违规情节严重的机构责令停业。

上海明确指出整形外科禁做美容手术

上海市卫生监督所明确指出，设整形外科科室，却做起医疗美容手术的行为违反了卫生部关于"医疗机构必须按照核准登记的诊疗科目开展诊疗活动"的规定。

整形外科科目涉及动骨头的手术，如O形腿的矫正。而医疗美容科目，是涉及到隆胸、隆鼻、重睑术、开双眼皮等人们所熟悉的"美丽"手术，所以整形外科与医疗美容是两个截然不同的科目，不能混为一谈。

然而，时下一些设有整形外科科室的医院，为了经济效益，擅自开展各种"美丽"手术。殊不知，由于科目不同，其专业水准要求也不一样。

上海市卫生行政部门7月正在对高风险、高隐患的医疗项目开展专项治理，尤其是查处擅自扩大诊疗项目的医疗单位，以保证市民医疗安全。

中国质量万里行发出警示：未满22岁不宜吸脂手术

中国质量万里行促进会发出警示，提醒学生等年轻消费者，如果决定整容，一定要到正规大医院的整形美容外科。同时建议：面部的双眼皮、内眦赘皮、上眼睑下垂、隆鼻等整形美容手术，无严格的年龄界限，只要年满18岁都可实施手术。但对吸脂、隆胸、下颌角去除、高颧骨去除等手术，未满22周岁的人群不宜。

中国美容创富投资论坛暨广东百佳美容诚信服务机构授牌仪式在深举行

由中华全国工商联美容化妆品业商会、中国美容年鉴委员会、广东美容美发行业协会、《美容新时代》杂志社、广东美协化妆品投资顾问中心联合推出的"中国美容创富投资论坛暨广东百佳美容诚信服务机构授牌仪式"于7月17日下午在深圳投资大厦隆重举行。

此次"中国美容创富投资论坛暨广东百佳美容诚信服务机构授牌仪式"活动是"魅力广东美丽行动"的延续，论坛活动在中华全国工商联美容化妆品业商会、中国美容年鉴委员会、亚洲美容美发协会、香港美容化妆品业商会、广东省美容美发行业协会、深圳福田区美容化妆品业商会、深圳南山区美容化妆品业商会的鼎力支持下，在深圳市中航健康康体有限公司、梦圆皇宫SPA美容健身会所、中国艺术形象设计深圳馨榕培训学校、玛莎集团、香港知库国际集团等知名企业的全力协办下，汇聚了行业众多成功领军人物和权威专家，就美容投资展开演讲，探讨行业发展趋势，寻求行业发展商机，扩大合作与交流，共同谋求美容财富。

龙潭男子健康养生国际连锁机构获"京城十佳美容院"殊荣

炎炎夏日，灼人的骄阳和"桑拿天"也无法阻止人们对美的追求和向往。7月30日下午，在中国国际科技会展中心十五层，搜狐与北京美发美容协会、全国工商业联合会美容化妆品企商会、太乙非成广告有限公司等联合举办了2005搜狐 "京城美容风云榜"颁奖典礼，全力打造京城美容业的一次年度盛会。这次盛会与众不同的是"十佳"奖项由消费者在网上投票评选产生，龙潭男子健康养生国际连锁机构作为专业男子健康养生机构力压群芳荣获 "京城十佳美容院"称号在颁奖典礼上格外引人瞩目，龙潭在男子养生领域的发展和服务得到了消费者的肯定，同时也说明了美容养生不再是女人的专利，如今的男士越来越关注"面子问题"和自身的"亚健康"问题。

深圳馨榕学校师生向南粤灾区捐款表爱心

7月5日，深圳市馨榕职业技能培训学校举行"情系灾民、水火无情、奉献爱心"捐款仪式。全校师生捐款2300多元，向灾区人民献爱心。

捐款仪式上，一首《感恩的心》贯穿整场，打动了所有在场的教职员工和学员的心。此刻，灾情不光牵动着所有"馨榕人"的心，更重要的是牵动着亿万人民的心。校长王俊荣动情的说："弘扬爱心，奉献爱心，呵护爱心，是馨榕学校的'传统'。关爱，不仅是社会和谐的润滑剂，也是衡量一个单位文明程度的标尺之一。 '馨榕'是一所爱心融会的学校，希望我们的一点爱心能与全社会人民的爱心一道，为实现灾区人民重建家园尽一份心意"。

美容高新成果亮相深圳美交会

7月16日下午，中国国际美容高新成果发布会在深圳高交会馆与深圳美交会同天举行。会议以信息发布、专家论述、专题演讲、互动交流等形式发布国外最新高新美容成果信息。全国工商联美容化妆品商会SPA管理专业委员会主任章寅初、CBC美容高新技术专业委员会主任、微创美容专家徐卫争、韩国著名药妆美容专家河润子、美国M.L.Y医学博士皮特等权威专家就"美国活体细胞生长因子"、"美容纤体大成"、"青春定格术"等主题作论述演讲，引起了与会人员的极大关注，成为深圳美交会引人注目的一大亮点。

2005华山论剑·第二届美容领袖年会开幕

美容江湖重磅出击，英雄毕至名动天下。随着WTO进程的不断加快，无论是国际还是国内的市场环境，都已经为美容行业的发展提出了更高的要求。为此，经过近半年时间紧锣密鼓的准备之后，由中国美容第一刊——医学美学美容杂志社所主办的、倍受美容行业所瞩目的"2005华山论剑·第二届中国美容领袖年会"，于2005年7月29～31日在古都西安隆重举行。

剑无侠则无气，侠无剑则无力，剑侠合一方能傲立江湖。在探讨交流中求知，在碰撞裂变中求智：本次华山论剑汲取美容万剑之光芒，招招精妙，步步奇巧，通过客观的分析，专业的探讨，深入的反思，直击阻碍美容业纵深发展的死穴，为中国美容业实现质的飞跃奠定了坚实的基础。本届年会的主题为"2005中国美容大趋势——看法·想法·做法"，秉承"华山论剑"年会之一贯宗旨，将力邀政府主管部门、经济研究机构，业内外著名企业家、营销管理专家、经济学者，以及美容业界大腕共聚一堂，就行业发展的大经济环境、小市场状况展开更高层次的交流、讨论。同时融入业内外标杆企业的成功范例，现身说法，各热门领域的焦点话题，旨在开动企业财智思维，探索企业出路，谋求产业发展，加速中国美容业国际化、规范化、科学化发展的步伐。

据悉，届时大会还将举行盛大的颁奖典礼暨高峰论坛，隆重揭晓中国美容行业百强企业权力榜，中国美容惟一永久奖项"华山奖"的2004～2005年度得主，以及百万读者评选的20大最受消费者欢迎品牌。并对医学美学美容杂志社举办的三大赛事——中国美容业营销策划大赛、中国美容业平面广告创意设计大赛、中国美容产品市场卖点金点子大赛等活动进行专家现场点评及优胜者颁奖。隆重的盛会、权威的评选、耀眼的光环，将让您再次领略中国美容业的辉煌与荣光。

中韩整形美容新技术交流会在北京举行

7月28日，中韩国际整形美容新技术交流会在北京饭店举行。会议展示了一种最新的美容仪器。

此次交流会是由国际美容院俱乐部、中国健康美容抗衰老协会主办，韩国兆一医疗整形美容仪器专业机构联合协办的。邀请了汉城大学、以色列耶路撒冷大学的著名教授、专家，吸引了国内多家行业协会领导人等相关人士200多人，现场还演示了韩国兆一医疗整形美容仪器专业机构提供的最先进的美容仪器。

8月 2005 August

北京启动美甲师资制试点培训与鉴定

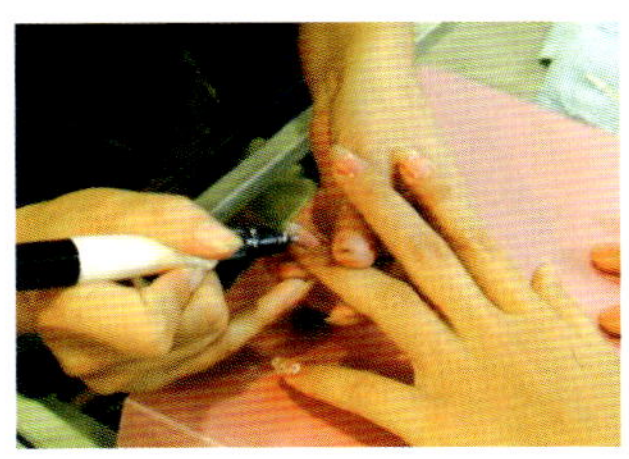

全国工商联美容业商会美甲专业委员会主任、北京市佳丽美甲职业技能培训学校校长武志红3日披露，自7月正式启动试点培训以来，短短几天已经有近百人报名。8月13日，通过培训的学员将参加考试，成绩合格的将由劳动和社会保障部统一颁发美甲师国家职业资

格证书。根据北京市职业技能培训指导中心《关于开展美甲师国家职业资格试点培训鉴定的通知》，佳丽学校是该项目目前惟一的试点培训机构。

武志红说，我国美甲业从1995年的数人从业发展到现在近20万人，营业额上亿元，每年仍以10%的速度增长。为推动美甲业的健康发展，规范从业人员技能水平，北京市决定开展国家美甲师资格认证。

长发美眉京城竞青丝

8月14日，14名长发女齐聚京城，参加由中国美发美容协会主办的"飞彩杯"中国长发风采大赛总决赛，比赛结束后，铜奖得主浙江选手祝景现场将秀发剪下拍卖，并将拍卖所得4万多元捐赠给广西红瑶山寨的贫困教师和失学儿童。此次比赛参赛选手中年龄最大的47岁，最小的18岁，头发最长的2.7米，最短的1.1米，最长留发时间20年。

金奖获得者、山东的亚方（中）、银奖得主、天津选手刘萍（左）和获得铜奖的浙江选手祝景（右）手举奖杯，向观众致意。

美丽十年—中国美容化妆品行业10年主题精英大赛开幕

作为中华全国工商业联合会美容化妆品业商会成立十周年庆典系列活动之一，2005年8月9日，"中国美容化妆品业10年主题精英大赛"在京开幕。大赛由三部分组成：中华文饰大赛、中华美甲大赛和中华形象设计大赛。本次大赛阵容强大，评委均为国家级专家，意在借大赛东风，搭 建展示技能、信息交流、技术交流的平台，提升行业整体素质，向正规化、专业化、国际化、艺术化方向发展迈进。同时慕名而来的韩国选手，将与中国选手展开较量，并搭建起两国选手之间的情感之桥。

成都首家国际除皱联盟诞生

成都美容界第一家国际性的除皱事业联盟成功诞生，来自德国的整形外科协会学术管理委员会主席Constance女士为"华美·爱贝芙国际除皱联盟"授牌，来自北京、上海及深圳的美容专家们见证了这一历史时刻。

据了解，爱贝芙除皱美容在欧洲已经风靡多年，"华美·爱贝芙国际除皱联盟"成立后，四川华美整形医院成为爱贝芙在四川的惟一合作伙伴，这意味着成都已经拥有了具有世界一流整形美容技术、服务和管理体制的医疗场所。

为了庆祝成都的首家国际除皱联盟诞生，Constance女士与9位爱贝芙国际总部"钦定"的中国专家在8月6日至12日，亲临华美现场，为成都的市民提供精湛的除皱美容服务。

三千美容机构聚深议"美"事

《深圳晚报》、《羊城晚报》、《珠江晚报》三大中国媒体将联袂珠三角3000家美容企

业齐聚深圳，就如何塑造具有核心竞争力、顾客放心的美容机构展开一次空前盛大的行业高峰论坛。据了解，在此次高峰论坛上，某知名数据公司将阐述和分析目前广东美容行业的现状和发展走向，为品牌美容机构传播如何获得突破搭建一个平台。3000家知名品牌美容机构将就自己先进的管理经验进行相互交流，规划广东美容经济发展面临的新问题。各与会专家还将对中国美容经济进行专业的指导。

深圳美容界对此次高峰论坛充满期望。玛莎纤体负责人欧小姐告诉记者，三大媒体联手，众多知名美容机构参与，将大大提升广东珠三角地区美容行业整体竞争力，优化广东美容行业品牌，整合广东商业资源，每一家有实力的品牌美容机构都将在其中捕捉到自己发展的机会。

“魅力课堂”开进象牙塔

如何塑造芭蕾形体、步入职场如何化妆……这些充满淑女味儿的女性魅力课程，假期里受到不少女大学生青睐。记者了解到，不少大学生在假期中补上这特殊的一课，为的是日后就业时能增加女性魅力砝码。

2005年8月，在南开大学的All’s女生社团开办了几场女性魅力学堂，专门讲授芭蕾形体课、化妆课、礼仪课、美容讲座和女性成长系列讲座，没想到出现了场场爆棚的现象，受到女大学生热烈欢迎，甚至连一些大学男生也走进淑女课堂去旁听。

记者在一节礼仪课堂上看到这样的场面，一位专家正在给大学生们示范女性在职场中正确的站姿和坐姿以及该如何恰当地待人接物，并邀请现场学生进行日常生活模仿，该如何打电话，该如何吃西餐等，还提出一些被忽视的“社交缺点”。在女性成长系列讲座中，大学生们的问题更是一个接一个。“女性该如何在日常生活中找对自己的位置”，“如何在未来工作中建立良好的工作和社会关系”等问题都成为大学生们关注的焦点。

第三届中国十大化妆师评选活动举行

中国十大化妆师的评选至今已进行了两届，历来中国十大化妆师的评选活动都是中国国际美容时尚周的重头戏，经国际、国内专家评委严格评选出的行业内最优秀的人才，其中有毛戈平、李东田等著名化妆师。

中国十大化妆师的评选活动不仅推动了整个化妆业对专业人才的培养，促进从业人员专业素质的提高，其评选的公正性、权威性更是得到业内人士的肯定。第三届中国十大化妆师评选工作已经启动。此次中国十大化妆师报名条件与以往要求相同，目前已报名的化妆师，都可谓是业界的高手，各个身怀绝技，各有高招。

“送货上门”美容新时尚

随着天气一天天的炎热，上门服务也随之“热”了起来。记者在采访时发现，北京的部分美容院也推出了上门美容服务项目。

今年的上门服务与往年有所不同，“送货上门”不再是餐饮业的独享蛋糕，继超市加入送油、米、面等日常生活用品的上门服务后，美容行业也紧随其后推出上门美容服务，成为今夏的新时尚。

事实上我们不难看出“懒人经济”所带来的巨大诱惑。这不仅给商家带来了巨大利润，同时也方便了消费者，真正是商家挣的开心，百姓消费的惬意。 据某美容院负责人称，尽管由于仪器设备等条件的制约，上门美容只能局限在面部美容上，但是可以看出，这种新的服务形式正在被越来越多的消费者所接受，究其原因，一是方便，不用在下班后再去美容院，可在家轻松享受服务；二是节省时间，在美容院做美容不仅要提前一天预约，而且还要等侯其他顾客做完才可以做美容。所以上门美容服务的推出，对于生活节奏快，时间宝贵的都市女性来说，无疑成为她们日常美容的最佳选择。

南方时光走廊 SPA 会所周年庆典隆重举行

8 月 13 日，著名超大型美容健康会所——南方时光走廊“纯美之约”周年庆答谢晚会在东莞虎门举行。来自东莞市人大、政协、关工委领导，虎门镇政府及妇联、计生、财政、环保、工商、公安、税务、劳动、文化、银行相关负责人与美容业界，虎门爱美人士相聚一堂，共祝南方时光走廊周年生日。

南方时光走廊位于东莞市虎门镇，场地面积九千余平方米。这家以设备、产品、技术等指标经中国美容美发行业协会及其他权威机构鉴定均达国际标准，被评为国内第二、广东第一的中国十大五星级 SPA 明星店。南方时光走廊自去年 8 月 4 日隆重开业至今，以其独特的设计、颇高的文化氛围和先进、完善的设施、时尚一流的服务及超大容量，广受消费者的青睐！

美维雅：财富之旅超越颠峰论坛

炎热夏日，作为避暑胜地的庐山清爽如往，却更加激情飞扬。2005 年 8 月 8 日，备受业内瞩目的“终端王中王——美维雅：财富之旅超越颠峰论坛” 在此隆重召开。本次会议由广州维观生物科技有限公司与世科技术（加拿大）研究中心主办；由广东美容美发协会，《美容新时代》、《健康与美容》、《中国美容时尚报》、《医学美学美容》协办。来自全国的几百位美容院精英们聚集在此，共同研讨美容行业制胜终端的秘诀。 本次 “终端王中王——美维雅：财富之旅超越颠峰论坛”以“终端、财富、快乐”为主旨，以全球闻名的庐山为演绎平台，以国际知名护肤专家美维雅为背景，汇聚了政府、媒体及业内专家、知名人士，给美容院带来了操作方法和远景规划，可谓前所未有的终端王中王！

金秋佳节 天骥教育结硕果

9 月 2 日至 8 日，天骥集团教育培训基地多功能大厅座无虚席，气氛热烈。天骥 2005“四级十二阶销售精英特训营”在这里隆重举行，来自全国代理商、美容院的代表齐聚一堂，接受知识甘霖的洗礼，现场刮起了一阵阵智慧旋风和激情旋风。

在为期 7 天的教育训练中，学员们系统接受了“职业生涯规划、企业品牌文化建设、激情演讲、中医诊断、美容院店务诊断、终端会赢家策划”等课程的培训，著名美容实战专家、天骥集团总经理樊晓红女士亲自出马，率集团金牌讲师及业界知名专家为学员指点迷津，释疑解惑，被学员誉为“精彩而实用的培训会”。

2005 中国整形美容大师峰会山城

2005 中国美容与整形医师大会经过 4 天的议程在重庆闭幕。此次会议由中国医师协会美容与整形医师分会主办、第三军医大学西南整形美容外科医院承办，该院院长李世荣教授也成为本次大会的主席。原卫生部副部长殷大奎也在开幕当天亲临现场讲话。

据了解，此次会议不仅是重庆地区整形美容行业的一次盛会，也是一次全国性的顶尖级峰会。共有来自全国各地的美容外科、美容皮肤科、美容口腔科、美容医疗技术、美容应用材料、激光美容治疗、美容化妆品研究以及美容医学基础研究等方面的医师、技师、护师、教师、研究员等 300 多位专家学者参加。中国医师协会美容与整形医师分会主任委员彭庆星、副主任委员高景恒等人士也参加了会议。此外，大会还邀请了两位分别来自韩国和日本的国际整形美容大师举行讲座，并现场进行手术实况演示。

专家呼吁：隆胸不要盲目

随着西方文化对亚洲的影响，越来越多的中国女性开始注重对形体的塑造，追求曲线美。在深圳，做隆胸手术的女性在 5 年内就上涨了 5 倍。很多女性求美心切，甚至不顾手术后遗症的危险。

根据整形美容业界的专家介绍，正常的隆胸手术，会使 20%的人患有后遗症，虽然在手术前医生都有提醒要接受手术的女性术后可能会遇到的问题，但是多数人都愿意冒险尝试。而对美的追求，以及男士的眼光也是大部分女性走进手术室的原因。

由于西方文化的影响，使原本胸部平坦的亚洲女性，开始追求丰满的曲线，但是盲目的追求也可能会造成终身的遗憾。因此有专家建议，爱美的女性，要从自身的角度出发，追求健康的完美身材。

男士美容用品杭州消费出现连级跳

从只有一支洗面奶到眼霜、防晒霜、保湿露一应俱全，从挤在女士护肤品当中作为陪衬变成拥有独立展示台，男士护肤品的销售终于开始连级跳。从去年到今年，商场里的男士护肤品种类迅速增加，去年，在杭州大厦化妆品商场，男士护肤品只占到总销售额的不足 5%，而今年 1—6 月份，这个数字迅速增加到 15% 左右，男士对护肤品持续而有后劲的消费力渐渐浮出水面。

碧欧泉是杭州大厦众多男士护肤品中做得最齐全，业绩也最好的一个专柜，今年 1—6 月的业绩增长非常快，与去年同期相比，增长幅度达到 229%，几乎每个月的销售都在 18 万元左右，占到总销售额的三成左右。"男士护肤品中，最好卖的是净化洗面奶和须后露，每款产品一个月能卖掉 200 多瓶，男士护肤品也有针对特殊需求的顾客，比如针对啤酒肚的紧腹霜，令很多男人大感兴趣，其他像去烟味、祛痘、抗衰老的产品也有各自针对的客户群。"碧欧泉的小姐说。

"色彩中国" 2005 系列活动将正式启动

"色彩中国"新闻发布会日前在北京举行，2005 年度中国色彩大奖评选暨颁奖典礼，中国行业色彩应用示范企业 2006 产品流行趋势发布，中国科学技术协会 2005 学术年会——色彩论坛和中国流行色协会第七届会员代表大会等"色彩中国"系列活动将陆续举办，标志着一年一度的色彩狂澜将再次席卷中国。

第二届2005中国创业女性魅力风尚盛典在京举办

"第二届2005中国创业女性魅力风尚盛典"在北京举办。据了解，目前中国成功的创业女性人群已经达2000多万之众，她们所掌管的企业资产从几十万至几十亿不等，正在形成中国市场经济发展的主力军。

伴随着市场竞争的加剧和频繁的商务往来，创业女性人群尚需求在内心修养、商务礼仪和整体商务形象方面得到进一步的提高与完善。本届盛典活动就是为了引导成功创业女性、女企业家群体在创造财富、拥有财富的同时，能够关爱自身，并从身心两方面彰显新时代经济女性的风貌与神采；推动其进一步塑造内外兼具的品质和形象，尤其是更深一层地促动她们追求更高品质的生活，把自身打造成具有超凡气质、美丽仪容、时尚脱俗的商界红颜。

盛典上，来自全国各地十几个省份及港、澳、台地区的获奖女企业家，成功的女性创业者，纷纷登上颁奖舞台，彰显出新时代创业女性的魅力风范与神采。

香港照燕集团启动心泉"SPA项目投资专家"项目

2005年9月14日，香港照燕集团旗下姿燕莎美容化妆品有限公司心泉"SPA项目投资专家"项目在东莞启动，照燕集团高层与数位业内专家出席了会议，《美容新时代》、《医学美学美容》、《美容时尚报》、《中国科学美容》等各大专业美容媒体也早早等候在此，预备为行业提供一道"SPA文化工程·世界SPA之窗"的丰盛大餐。

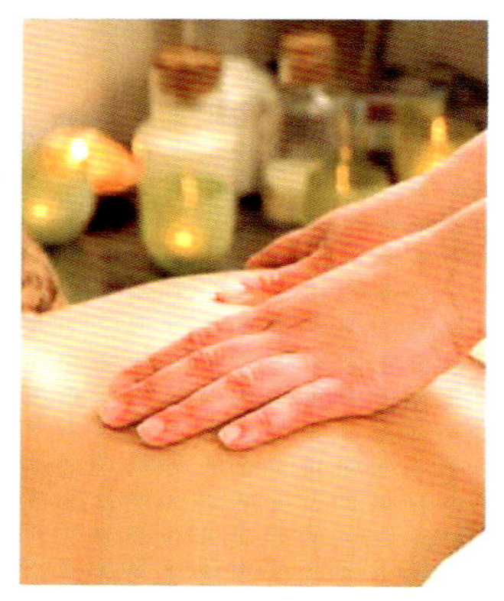

作为一家集研发、生产、销售、美容美发、SPA、教学于一体的集团公司，香港照燕集团拥有姿燕莎SPA美学养生馆、姿燕莎美容中心、姿燕莎美容美发学校、姿燕莎SPA投资顾问有限公司、姿燕莎化妆品研发中心、燕姿化妆品有限公司等全资公司。占地3000平方米的姿燕莎（国际）SPA养生美学馆，并以其超大规模和独具特色的印尼巴厘岛风情被称为"中国SPA引航之母"。

广东化妆品OEM交易会暨2005年中国化妆品产业OEM高峰论坛新闻发布会召开

首个以探讨中国美容化妆品OEM为主题的中国美容化妆品行业盛会——"首届中国制造·广东化妆品OEM交易会暨2005年中国化妆品产业OEM高峰论坛"将于今年9月的第23届广州国际美博会上隆重召开，7月19日在广州美博城会议厅召开的新闻发布会正式揭开了活动序幕。

新闻发布会上，广东省美容美发行业协会会长马娅一鸣惊人，按照目前情况来看，广东已经形成了全国化妆品OEM（代工）集中地，三年之内，必将成为全球化的OEM基地。

据悉，由广东省工商联化妆用品制造业商会、广东省美容美发行业协会主办，中华全国工商联美容化妆品业商会、柏美国际制造、《美容新时代》杂志社协办的"首届中国制造·广东化妆品OEM交易会暨2005年中国化妆品产业OEM高峰论坛"即将在九月份举行，届时将邀请并汇聚来自世界各地美容化妆品领域的政府决策者、企业领袖人物、跨国采购公司总裁、知名OEM企业领导人等资深专业人士就中国化妆品OEM现状及问题、机遇与挑战、发展趋势与规模、企业日常运作管理、品牌化和专业化建设、如何有效参与国际竞争等方面展开交流与合作。并集中开辟展区，面向美容行业推出一批具有影响力和值得信赖的OEM生产企业和机构。

"美容市场消费警示及美容行业诚信经营服务倡议"新闻通气会

9月28日，由2005诚信兴商宣传月活动组委会办公室主办，商务部商业改革发展司主持，中华全国工商业联合会美容化妆品业商会发布的"美容市场消费警示及美容行业诚信经营服务倡议"新闻通气会在北京举行。

此次美容市场消费警示，主要针对目前美容行业存在的热门现象而引发的问题公布警示；"美容行业诚信经营服务倡议书"则是美容行业响应"2005诚信兴商宣传月活动"向全体美容行业从事者发出了号召。

全国工商联美容化妆品业商会秘书长潘晓明在会上发布此次"美容行业消费警示及美容行业诚信经营服务倡议书"内容，并回答了现场记者的多次提问。

商务部商业发展司副司长王德生也在会上指出：美容业在迅猛发展的同时，也存在着一些问题。对于美容行业的规范问题，国家相关部门一直高度重视，在制定了管理办法后又在组织标准化制定工作。今年还特别把打击美容服务中的欺诈行为，作为了打击商业欺诈专项行动中的重点。

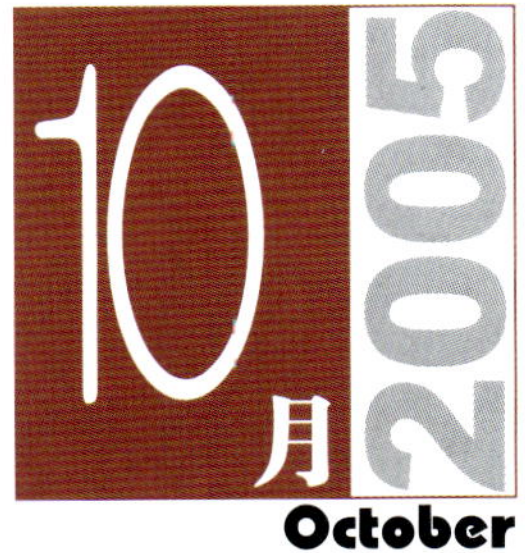

2005第四届中国国际美容化妆品博览会

"2005第四届中国国际美容时尚周"是中国美容化妆品行业最具影响力的品牌活动之一，也是具有代表性的、涵盖美容、美发、表演、科技、展会、商务、竞赛、教育等内容的行业综合性盛会。

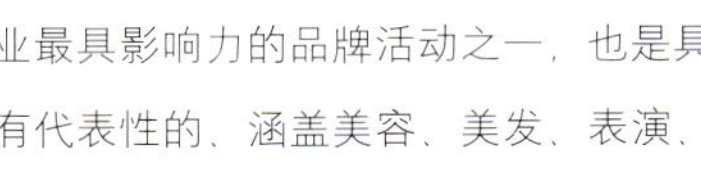

2005年10月13日至16日，由国家商务部和北京市政府批准的"2005第四届中国国际美容时尚周"将于北京隆重举行。以"2005中国美"为主题的本届国际美容时尚周，将再次成为中外媒体聚焦中国美容时尚业的亮点，2005年金秋的北京将再次掀起热烈而激荡人心的"中国美容时尚风暴"！

本届博览会在常规美博会特色基础上，特别增设中国美容美发连锁特许加盟展览、国际医疗美容展区、国际美发技术展区三大主题。

中国美容行业首办选美大赛

"2005年首届中国美容皇后大赛"日前在广州正式宣布全面启动。该赛事由中国影视技术协会化妆委员会、广东省美容美发行业协会等单位联合组办，目前全国已有2000多家美容机构推荐选手参赛，总决赛将于今年12月在引领我国美容业发展潮流的广州市举行。这是中国美容行业首次举办选美赛事，也是我国第一个真正带有浓厚行业特色的全国性选美赛事。据组委会人士介绍，"美容皇后"选美大赛今后将每年举办一次，总决赛地点将永久落户广州，这将使广州市继"美在花城"、"明日之星"、"白领之星"之后新增一项常年性的选美赛事品牌。

内地美容市场逾3000亿 TDC呼吁港商攻中档市场

香港贸易发展局(TDC)助理首席经济师邱丽萍认为，香港厂商凭借CEPA的优势，走中档产品的路积，进入内地美容市场发展，尤以护肤品市场，成功机会率最高。

贸发局发表《中国美容市场》研究报告指出，内地美容市场规模庞大，单是15至64岁的女性人口已达4.2亿，去年化妆品销售达850亿元(人民币，下同)。而美容服务更达2200亿元。经济学人情报单位(EIU)预测，中国化妆品市场未来5年增长平均达10%，为全球增长最快市场之一。

研究报告把内地化妆品及美容市场的现状主分为高、中及低三个档次。由于国际品牌的化妆品公司均历史悠久及具强大实力背景，而且进入内地市场亦已有较长的日子，实为本地品牌难以竞争。随着中国社会进入"小康"，中档化妆品市场近年有强劲增长。售价方面，以润肤霜为例，由20多至50元等已为市场大大接受。

进口化妆品增势强劲

按照加入世贸组织的承诺，今年我国对化妆品的进口商品关税进一步下调，从去年的14.2%—19.2%下调至今年的10%—16%。关税下调后，经广东口岸进口化妆品呈现强劲增长的态势。据海关统计，2005年1—6月，经广东口岸进口香水及花露水、美容化妆品及护肤品的金额达到1650.3万美元，比去年同期大幅增长27.2%。美国、日本和欧盟是经广东口岸进口化妆品的最大来源地，上半年分别自以上三地进口化妆品858.6万美元、429万美元和180.6万美元，同比增长59.3%、12.5%和67.7%。

第三届中国美发美容校长论坛在苏州举行

作为中国美发美容教育的一大盛会，第三届中国美发美容校长论坛于11月3日至5日在苏州举行。

本届美发美容校长论坛由中国美发美容协会主办，江苏省美发美容协会、金莎连锁有限公司、江苏金莎美容美发学校承办。这是一次集论坛、表彰、表演、比赛、交流、观赏为一体的活动。届时，来自全国200多所知名美发美容学校校长、专家将齐聚一堂，为进一步加强中国美发美容教育界的交流与联系、推动美发美容教育事业的发展、为美容行业人才素质的提升、教育培训机制的完善规范共同出谋划策、交流经验。

论坛期间还将发布"2006发型化妆潮流趋势"，评选"中国美发美容专业示范学校"。

北京：2005中国香料香精行业大会圆满结束

2005年12月8日－9日中国食品土畜进出口商会香精香料分会在北京九华山庄组织召开了"2005中国香精香料行业大会"，香料香精行业的专家、技术人员、生产商、经销商、贸易商等近130人参加了本次会议。中国食品土畜进出口商会副会长倪如林、中国食品土畜进出口商会香精香料分会理事长——中土畜三利香精香料有限公司董事长、总经理李德明分别在会上致欢迎辞，分会理事长和监事长—昆山天银香料有限公司董事长施至隆共同主持了会议。

中国科学院昆明植物研究所孙汉董院士、北京工商大学孙宝国副校长、清华大学化工系周荣琪教授、中国香精香料化妆品协会郭振艺高级工程师、重庆市日用化学工业研究所杨德军所长、昆山天银香料有限公司王鸿儒顾问、厦门涌泉科技发展股份有限公司贾卫民博士、上海爱普香料有限公司胡勇成副总经理、原欧洲精油协会主席Thierry DUCLOS先生、上海求信公司张睿先生等九位发言人就我国香料的现状、面临的问题、发展趋势、技术、加工方法、欧盟对香料类产品的品质要求及相关法规等专题进行了演讲。发言结束后，与会代表们踊跃提问，就本企业在实际生产过程中遇到的困难及问题向专家进行咨询。

在专家发言结束后，会议还安排了两个专题论坛：一个是"中国薄荷脑的种植和销售前景"，另一个是"香料企业的盈利模式和管理方式"。这两个专题论坛深受代表欢迎，有超过50人参加。

通过为期两天的会议，代表们纷纷表示已经很久没有参加过这样专业性的会议了，本次会议使大家受益匪浅，希望这样的会议能够继续办下去。参会的原欧盟精油委员会主席Thierry DUCLOS先生还表示，会议非常成功，希望明年能够办成国际性的会议，他会动员欧洲的相关企业来参加。

化妆品国标：明年出台一成多企业面临淘汰

2005年12月11日，《化妆品生产企业卫生规范》和《化妆品卫生规范》的修订工作将于明年完成。2个化妆品国家标准修订后，将大大保护消费者的知情权，同时也提高了化妆品生产企业的准入门槛。而根据江苏省卫生监督所最新的调研结果，如果参照新标准要求，一成多的江苏化妆品生产企业将面临被淘汰的危险。

化妆品使用成分将明示

去年对SK—Ⅱ化妆品进行诉讼的唐伟曾向记者表示，SK—Ⅱ宣传的“pitera”的化学成分到底是什么，他到现在也不清楚。而到了明年，这个谜底就会自然揭开。某化妆品生产企业的技术专家告诉记者，和老标准不同，新的化妆品卫生规范最大的特点，就是将明确要求化妆品生产企业在生产的化妆品外包装上，标示产品中含有的所有化学成分。参与新国标修订工作的江苏省卫生监督所监督二处有关人士表示，除了要求在产品上标示化学成分外，新的化妆品标准还将要求生产企业对监管单位公开其产品的配方表，每种化学物质的含量都必须符合国家标准。

业内人士表示，眼下化妆品行业内，专有概念、专有名词泛滥成灾，甚至连许多国际品牌化妆品也都在产品上标示自创的英文或中文单词，大打伪科学擦边球，从而误导消费者。新化妆品标准的出台，就是要给这些行为上“套”。

我国美容职业培训师培训启动

近年来，我国的美容行业发展迅猛，作为主导美容行业发展的基础技术力量，美容师供不应求。如何满足美容行业的供求平衡，如何真正保证美容师的培训质量，是关系到我国美容行业发展兴盛与否的关键。治标先治本，美容师资是重中之重。

由教育部职业技术教育中心研究所和"中国国际美容教育网"合作开展的"美容职业培训师培训(BPTT)项目"，就是针对我国美容师资职业资格的培训认证需求而启动的。该项目旨在通过提供规范权威的美容师培训认证服务，满足适应我国美容行业的发展需求，全力打造美容师的权威培训品牌，以此保证和提高美容业的服务质量和水平，并为我国美容业向国际化发展提供一个最重要的保障。

据统计，我国美容院已有154.2万家，美容从业人员高达1120万人。目前正在从事美容师资工作的主要以美容学校的美容老师、美容院院长、顾问、主管和美容导师为主。她们都未接受过专业、系统的美容师资的培训，而且，目前美容行业也没有美容师资的机构，也就是说，中国美容行业起步至今没有对美容师资的培训、考证。因此，美容师资的专业水平、综合素质、授课能力的参差不齐直接影响到她们所培训出的美容师的技术水平。

现今，美容师的职业资格认证由劳动和社会保障部管理，美容产品的三证由卫生部管理，美容院开业注册由工商部门管理，另外，商务部正在制订美容院服务标准的管理办法。而对于行业中的美容师资仍处在管理盲区，非常需要教育部门对其进行相关培训、考证。

广东：口岸化妆品出口稳步增长产品创新有待提高

据12月的统计，今年1－11月广东口岸化妆品出口稳步增长，产品创新能力成为阻碍化妆品产业进一步发展的主要因素 。

近年来，广东化妆品（包括美容及护肤品，下同）产业发展迅猛。海关统计数据显示，2001年广东口岸出口化妆品0.8亿美元，到2004年出口额已超过2亿美元。而据拱北海关最新统计，今年1－11月，出口2.2亿美元，比去年同期（下同）增长18.9%。

今年1－11月广东口岸以加工贸易方式出口化妆品1.6亿美元，增长6.4%，占同期出口总值的74%；一般贸易方式出口0.4亿美元，增长82%；此外，保税仓库进出境货物出口0.1亿美元，增长66.1%。 广东口岸共向66个国家和地区出口化妆品，其中对美国、香港、欧盟和澳大利亚分别出口化妆品1.4亿美元、0.2亿美元、0.1亿美元和0.1亿美元，分别增长9.5%、9.5%、38.5%和58.2%，对

上述国家和地区累计出口值占同期出口总值的81.8%。出口化妆品1.9亿美元，增长15% 占同期出口总值的68.2%；私营企业和国有企业分别出口0.1亿美元和516.3万美元，分别增长1.8倍和34.2%；此外，集体企业出口499.3万美元，下降16.4%。广东口岸共有321家企业从事化妆品出口业务，企业数量增长21.6%。但1－11月累计出口值在500万美元以上的企业仅5家，与去年持平。

直销细则正式下达 申牌大战一触即发

直销申请细则正式下达，曾一度搁置的牌照申请大战终于将正式开打。商务部已向各地的商务主管部门下发了"红头文件"，对保证金的存放、服务网点的定义等多个问题进行了详细的解答。

2005年12月，这份商务部系统12月中旬内部印发的"商资函（2005）98号"文件，主题为"商务部关于答复直销业有关问题的函"。该函开头称，"各省、自治区、直辖市、计划单列市及新疆生产建设兵团商务主管部门，《直销管理条例》及相关规章颁布以来，各地商务主管部门认真学习，并做好各项前期准备工作。由于直销是一种全新的营销模式，各地商务主管部门对条例实施时明确的操作事项提出了一些问题。"

这份"红头文件"中，保证金缴存银行已经确定为建设银行，该函称，"申报企业应与中国建设银行总行签订保证金专用账户管理协议后，按《条例》相关规定，将保证金存入到中国建设银行指定的账户。"此外，关于服务网点，该函明确称，"企业申报时，应提交其在拟从事直销地区的服务网点具体方案，方案应能满足不同地区最终消费者，直销员了解商品性能、价格，并便于退换货的要求。"同时，"经批准可从事直销的企业应于批准文件下发之日起6个月内按其上报的服务网点方案完成服务网点的设立"。

在这些疑惑迎刃而解后，各大直销公司都加快了牌照申请的进度。据悉，美国如新已把申请正式递交到了上海外资委，并送达了商务部。而雅芳、安利、日晖、康宝莱等企业也都在根据最新的要求积极展开申请。

马娅获2006年度世界杰出华人奖

为表彰世界杰出华人对社会所做出的贡献，由世界杰出华人会和世界华商投资基金会联合主办，为世界华人圈所瞩目的"世界杰出华人奖"颁奖暨美国哈姆斯顿大学"荣誉博士"学位颁授典礼于2006年1月14日在香港会议展览中心演讲厅隆重举行。

广东省美容美发行业协会会长马娅女士，因其事业上的卓越成就，荣获世界华商投资基金会颁发的"2006年世界杰出华人奖"，同时获得美国加州哈姆斯顿大学荣誉博士学位。

"世界杰出华人奖"是为表扬世界杰出华人对世界各地华人社会所做出的贡献，获此殊荣者同时获得哈姆斯顿大学颁授的荣誉博士学位。奖项设立机构——世界杰出华人奖评选委员会，是由世界华商投资基金会联同世界华人协会、世界华商促进协会、世界文化总会、光华公益基金会、中华工商管理协会、香港文化教育及运动国际交流协会、世界华商报、华商财富杂志及美国越华报等联合组成的。

思想语录

Thought Quotation

春 Spring 之希望

又是一年芳草绿，新年新岁新气象。在2005年，让我们大胆预想——随着国家宏观经济飞速发展，美妆产业正在高歌向前。我们将看到美妆行业的整体素质在不断提升，浮躁的空气正在变得清新，市场环境在国家对行业投入更多的关注下正在不断改善。

英国大哲学家培根曾经说过：知识就是力量；伟大革命导师列宁也教导我们：忘记过去就是背叛。正在走向小康的我们不需要革命，但对于热衷记载历史的中国人来说，记录一个处于螺旋型上升阶段的行业历史，让大众得以回味光辉的片段，又或者默默地舔一舔伤口，绝对是一件有百益而无一害的事情。

一年之计在于春，春天是决定这一年的命运的季节。在春天勤劳种植，才能在秋季收获！有人在春天起早贪黑，用双手在大地播下一粒粒优良的种子，以便秋季能获丰硕成果。让我们铭记2004年发生的几个小片段，发掘出这一段段蕴涵着的深刻意义。

2004年2月，日中美容交流团的访华，意味中国美妆产业的蓬勃生命力正引起世界的关注，外资大规模投资中国美容业显山露水。

在两会召开之际，全国工商联美容化妆品业商会邀请全国工商联、商务部、国家食品药品监督管理局、美容化妆品业政协委员共聚一堂，共商创新、诚信、就业、行业发展大计，美妆产业的高速发展为社会提供了大量就业机会，向国家上缴了巨大的税金，行业的发展已引起国家的重视与关注。

再到每年被称为“行业风向标”的两届广州国际美博会的隆重揭幕、第三届中国国际美容时尚周的瞩目召开、华山论剑、首届中国美容领袖年会的热闹举行……这一件件盛事，仿佛一粒粒珍珠，串在行业的发展历程上，也象一块块坚固的踏脚石，支撑美妆产业迈向一个个新高度！

如果说任何事物都有一个从婴儿——童年——少年——青年——壮年——老年的过程的话，那么，中国的美妆产业就正处于由童年过渡到少年的时期，尽管还是个懵懂少年，但是孕育着春天的希望，他朝气蓬勃、敢闯敢干，虽顽皮也欠老成，但是创新正是他的优点和精神所在。

今非昔比，也许2004还有很多想做却未曾实现的梦想，现在还保留在心间，只等春天的号角，把它催醒，这个期限，不会太长，至少，我们现在已经在播种了。心怀大志，目标清晰，就象这明媚的春光，将照耀中国美妆产业的前行之路！

美容丝绸之路
Road

广东兼容开放的风气历史悠久。在古代的江河交通经济和海洋交通经济时代，"越人善作舟"，最早开拓了海上"丝绸之路"。汉代的广州已是全国九大都会之一；唐代《广州通海夷道》称广州为东方第一大港；明代的广州是我国朝贡贸易第一大港；清代的"十三行"、"一口通商"，独揽全国外贸，广州一支独秀。当时的广州在世界大城市中位居前列。

中国的美容文化源远流长，在有甲骨文的时代就有了个人使用的石制装饰品。改革开放20年来，中国的美妆产业正在迅速的发展，速度远超想象，已发展成我国第三产业的重要组成部分，成为国民经济中产值增长最快的行业之一。

广州，一座拥有2200多年悠久历史的文化名城，既有现代时尚，又能寻找历史的足迹，犹如一块熠熠的瑰宝散发无穷的魅力。广东也是中国美妆产业最大的集散地，在这里，催生了世界第二，亚洲第一大的专业美容展会——广州国际美博会，作为中国美容化妆品、个人护理用品的科研中心，制造中心，销售中心，广东有着巨大的空间和潜力。

在广东，可以看到的，不仅仅是流金溢彩，繁荣似锦更有财富后的秘密——深具潜力的项目、成熟的运营模式、科学的管理方式……让人思索与回味的很多很多。这就是我们选择广东作为源头，开始一次美容文化之旅的主要缘由，为中国美容行业开通一条融会贯通，彼此借鉴的丝绸之路。

应该说，目前中国美容业的民营企业已走到了一个新的平台，整个产业规模庞大，正面临迎接更大挑战的调整，也正在积极寻找新的商机。为整合行业资源，提升行业综合竞争能力，广东美协化妆品投资顾问中心联合中华全国工商业联合会美容化妆品业商会、广东省美容美发行业协会、《美容新时代》杂志社等机构，推出声势浩大的魅力广东美容之都系列活动——"魅力广东，美丽行动"，旨在邀请广大同业共享广东经验，提升广东平台，让广东美容产业的财富模式得到更广泛的借鉴与推广。

在我眼里，"魅力广东，美丽行动"是一项庞大持久的美丽工程，具有全局性意义，不仅对广东，对全国都可谓举足轻重。我们将网聚各方资源，强强联手，从客观上刺激广东美容经济发展的步伐，拓展美容业新的发展思路，从而有效促进中国美妆产业经济的可持续发展。"魅力广东，美丽行动"将持续在全国掀起热浪，她将为广东美容美发企业创造一个品牌推广和形象展示的新平台，使众多美容企业、美容院真正走向全国乃至世界！

如果把眼界拉得更远，从更长远，更宽广的历史角度去看，两千多年前，中国经由丝绸之路向西方世界拓展贸易，历经这两千多年的时间，时代变迁，中国终于在经贸活动上，与西方接轨。同样，中国美容业将以更正规更高调的姿态与世界接轨，互动互通，共赢财富，共享优势资源，吸收最新的科技成果，让商品得以更快速的流通。这与丝绸之路意义相通，即通过交流——不断更新与发展。而如同古丝路文明一样，美容业在为社会创造财富的同时，也必然带动的区域间文化交流、信息交流与观念碰撞，同样为社会生成财富。

希望有这么一天，当人们闭上双眼，能从历史的广角镜去回看，中国美容业今天所迈出的这一步，是铿锵有力的！

服务 service 就是控制力

狼吃羊是天道自然规律，羊没有狼的凶猛与武力，羊看起来似乎世世代代都逃不脱被狼吃命运，在商场上，羊如何不被狼侵略并谋求长远的胜利？羊只能在悟性、韧性、耐力和毅力上与狼比拼，最终用坚韧不拔的意志力与智慧摧毁急功近利的狼。羊比狼胜出的地方在于，羊懂得利用她的亲和力以及比狼更长远的目光。

一个民族的文化是怎么形成的？是靠慢慢地累积和沉淀。一栋旧宅，一座老城，一棵古树，若仅从功利的价值观考量，它们仅仅是一段历史的某个记号，但从文化沉淀的视野来看，这些简单记号蕴含的文化价值却厚重丰润。

一家企业的文化同样具有历史继承性，她在企业发展经过漫长的孕育与磨合过程中形成。服务是企业文化的核心，企业文化的优劣通过服务表现，企业的精神价值，行为价值都在影响着服务质量观。

随着美容市场上商品同质化的趋势日趋明显，如今的经销商、美容院、消费者更看重美容产品的服务价值。但许多美容企业放在第一位的往往是产品质量，而服务质量只排在第二位、第三位甚至更后，殊不知，当前推行服务营销已成为美容企业营销工作的重中之重。

中国传统的“酒香不怕巷子深”的老话在今天日新月异的经济时代已被完全更新。美容业的商业模式正在发生明显的变化——“服务是获得利润的主要来源”正在取代“服务是为了让产品卖得更好”的旧模式。美容市场的竞争战略也由“以产品为导向”转向“以服务为导向”。提升经销商、美容院、消费者的服务满意度，已成为美容企业增强核心竞争力的重要途径。

服务不仅是有形产品的附属品，而且是一种独立存在的商业功能，它像有形产品一样可以出售和盈利。美容厂商之间的竞争，从早期的产品技术含量、价格的较量，发展到以服务和品牌美誉度为制胜法宝的阶段！

羊儿的聪明之处在哪里？用足够的耐心与亲和力不断地服务好顾客，这才是一个品牌生存的长久之本。让金质服务永存，就是让企业永续！

锁定执行力 executive force

进入WTO后，有人曾一度惊呼："狼来了"。其实与狼共舞并不可怕，可怕的是永远做一只见狼就逃的羊——这样的企业无论多大，相信都有被狼吓倒的一天。与狼共舞虽然疲惫难免提心吊胆，但同时也是最好的机遇，是企业做大做强跻身于一流竞争舞台的关键。令人遗憾的是在国内美容市场，我们仍看到一些化妆品企业挤在中、低档的独木桥上互相拼挤，并没有几家企业有幸真正与狼共舞。

强到底是什么？

虽然至今没有经济学家能给企业的"强"定一套放之四海皆准的标准，或说是下一个确切的定义，但可以肯定的是，强是企业内涵和生命力竞争力之所在，执行力的快、准、狠，就是化妆品企业发展做强的核心。

2005春夏之交，美博会的硝烟逝去，有人欢喜有人愁，赚得盘满钵满者正忙得不亦乐乎，而血本无归者暗自消愁。没人知道，谁将是明天的胜者。变化，速度与危机是今天美容行业的特征，此种环境，企业如何快速发展，实现自己的目标？答案是执行力，这是一切有效战略的关键要素，是企业发展做强的核心。

从风靡一时的《谁能把信送给加西亚》，以至更久远开始，"执行力"一词早已深入人心。许多美容企业在会议时总强调执行力，但是往往一个自认完美的营销政策出台后，从市场人员策划、到销售人员传达，再到渠道贯彻，这中间，有多少执行的谬误！缺乏贯彻到底的任务最后变成面目全非。原来完美所知是执行力，只是一点粗浅的皮毛而已。执行力是一整套行为和技术系统，它能够使企业形成自己独特的优势，并不易复制。

执行力是什么？简单的说，就是让企业的员工朝一个方向走。

执行的根本目的是企业的发展，执行应该成为一家企业的战略和目标的重要组成部分，它是目标和结果之间"缺失的一环"。目标没有客观地共同认真讨论，就很难形成共识，作为一名领导者，如果不知道如何去执行，它的所有工作都将无法取得预期的结果。

"绝对的权利，导致绝对的腐败"。法国哲人孟德斯鸠说过。同理，在企业经营运行过程中，绝对的"独断"，终究难逃绝对失败的厄运。对管理者和被管理者来说，决不是简单的领导说一句话，就去做一件事，领导布置任务，就去完成一项任务。执行不是为领导而做，而是为企业的最大利益而做。如果坚定执行的只是领导的一句话，而不顾企业根本利益、企业的发展和对企业带来的负面影响，那么这种"执行"得不到遏制的话，最终受损的是企业利益。

执行力是企业的竞争核心，执行力控制得当，我想民族品牌"与狼共舞"的自信也将大增几个砝码！

美容业的圈地运动

movement of enclosures

做生意若把市场圈起来，甚至在圈上筑上高墙，声明圈内的市场是自己的，并不一定会成功；外面的市场进不来，侵犯不了圈内生意的利益，亦不能说是成功。因为，圈内的消费者都会想方设法地跑出去。没有圈起来，没有围起来，人家可能不跑；一旦堵住了，人家便会惦记外面的风光。最后，生意人得到的，可能是一座空城，根本无生意可做。

美容市场蕴藏着巨大的消费潜力，近几年来，国内外的大资本纷纷进军美容产业，与健康产业相关联的药品、保健品巨头——同仁堂涉足化妆品，三九集团进军美容业，哈药集团染指化妆品，一品堂刚在美博会上推出新品……这些大资本们凭借雄厚的资本力量逐渐问鼎美容业，利用原有的品牌基础与美容业的网络资源嫁接。

另一边，一些先嗅到商机的化妆品企业也向保健品发起了凌厉的攻势，日化的雅芳、专业线的丽迪诗、赛莱拉等品牌，打着“内调外敷、标本兼治”的概念，配合化妆品的推广，开始生产销售各种保健品。

冰冻三尺非一日之寒。这些现象既是04年中国狼烟四起的业外资本规模进军美容业的总结，又是2005年美容专业线品牌延伸挺进保健业的序曲，不禁令人想起近年在经济界颇为流行的概念——圈地运动。

在保护主义眼中，所有竞争都是恶性的，于是他们关起门来，自娱自乐，限制其它产品进入自己的市场，杜绝竞争，自己的产品自然也打入不了他人的市场，构成局限性。其实如此一来，保护自己却变成伤害自己——由于经营门槛较低，美容院数量剧增，竞争加剧，争夺顾客现象激烈；美容项目大同小异，差异化经营不足，宣传和促销让顾客难以理智选择，这些都是导致美容业不景气的原因。

2003年，一场突如其来的“非典”，国人开始用新的角度审视生活价值，唤醒了国人对生命对健康的珍爱，为保健品市场带来前所未有的生机。而美容消费者的观念也在悄悄改变——越来越多人已意识到，身心的美丽，单纯依赖外在美容护理远远不够，还必须维护身体内在的均衡健康。

在法国里昂，以“医药健康食品调理养身，美容品辅助解决皮肤问题”的新型美容院——女士美容养身院亮相，骄人业绩与风光场面带动了法国的中小美容院，并在各地被迅速克隆。对于美容院而言，销售保健品既能与美容院常规美容护理项目相结合，且新增加了盈利项目，有利于降低美容院的平均经营成本。

企业要想做大做强，途径只有两条：要么专业化，要么多元化。化妆品与保健品的结合，不仅顺应了市场需求，且大大增强化妆品企业在竞争中的持续盈利能力，使新客源得到扩充，老顾客得以巩固，为企业带来新一轮的竞争力！

博奕投入与产出

Devotion and output

美容业的高利润吸引着众多的中小投资者，因为行业门槛较低，无需太多的创业资金，但这并不意味着“付出就有回报”，没有投入不会获得产出，但最大的投入未必获得最大的产出，我们渴望“以小博大”，以最小的投入获得最大产出，因此建设的投入和销售业绩的产出无疑存在这种博奕问题。

没错，中国美容经济正在以罕见的高速度增长，可是众多厂商和美容院并不能从此获得可观的利润，这种增长有何意义呢？

模糊的市场观导致美容化妆品投资极端过热出现危机，投点小钱，做个品牌，赚点快钱，是很多人进入美容专业线的想法。那些抱着投机心态想在市场赚一把就走的风险投资实际上在加大了市场崩溃可能性。为什么有那么多昙花一现的产品？几十万的投入一下打了水漂？投资一家上百万的美容院却因为定位不准只能关门大吉？

目前美容业还存在店大厂小的怪圈。投资一家化妆品公司，可能只花10万、20万，投资一家美容院，却花上数十万甚至上百万。这就出现了一个奇怪的现象：一边是美容院投巨资在繁华地段租铺、装修、买设备，费尽心血地招聘美容师、搞培训；另一边一些欲趟此美容业浑水的公司掏个几万、十万块，抱着打一枪换个地方的心态，几个月时间就“创造”出一个“世界级”产品，投入大产出小的局面无可避免。

就整个产业市场而言，欲获得投入与产出的最大化，于化妆品厂商来说，应摆好心态，勤练内功，经营品牌；于美容院来说，应对自己的投资能力做一个定位规划，并以冷静的心态和火眼金睛，为美容院的利润核心寻找一个最匹配的产品。如此，无论是整个美容产业，还是产业链的厂商、美容院，都将成为投入与产出这场博奕的最大赢家！

Furture
未来时速——快鱼吃慢鱼

从2000年比尔·盖茨出版他那本《未来时速》起，"快鱼吃慢鱼"已成为企业界一句经典告诫。

在这个无限开放的信息时代，每个企业都面临生死时速，面临由现实加速奔向未来，每天都有企业铩羽而归。头破血流的，不仅是刚入行实力小的"新鱼"、"小鱼"，亦有久经沙场，根基深厚的"老鱼"、"大鱼"。往往在有的时候，小鱼也能吃掉大鱼。企业的竞争模式逐渐由原来的"大鱼吃小鱼"变成"快鱼吃慢鱼"。

而今来看"快鱼吃慢鱼"的丛林法则已比传统的"大鱼吃小鱼"更为重要。企业必须随着市场、形势的变化而变化，没有预见的功底，没有迅速的行动，只能被动应付。

"快鱼"之所以吃"慢鱼"，就在于市场信息转瞬即变，昨天还流行"情感营销"，今天铺天盖地的便已是"服务营销"；昨天还热炒"死海泥"，今天赫然就标榜"火山能量石"。市场经济的规律就体现在层出不穷的变化中，只有判断准、行动快，才能把握机遇，争取主动，迟疑和犹豫，只会将市场拱手让人。

风云变化的发展速度是一个充满魅力的话题。世界处于速度的旋涡中，时间在变化，社会在变化，局势在变化。大浪淘沙，抬起头来，"河东"、"河西"也许已交换角色，昨天那家不起眼的美发企业已悄然壮大，而昔日的美容老大却黯然失色。

沉舟侧畔千帆过，病树前头万木春。

互换的筹码就是"速度"。

做"快鱼"，首先要体现美容企业在对市场变化的快速反应上，要有敏锐的市场眼光，通过以市场为导向的技术、产品、营销等持续研发，以创新制胜，做到人无我有、人有我新、人新我特。

而从根本上说，美容企业要成为"快鱼"，必须着眼于美容化妆品行业发展的趋势，超前形成企业的发展战略，综合平衡增长速度、规模效益和资源环境之间的关系，做到眼光远、决策快、机制灵、效率高。

拿破仑说过一句名言：最好的防守就是进攻！美容企业老板应勇敢走出传统经营思想的怪圈，改变传统的思想观念，结合自身的实力和实际情况不断寻求变革。在经营上除强化内部的系统化管理外，还应懂得寻求外部资源的充分利用与整合，这样的策略与行为就是一种最好的进攻！与政府的和谐社会体验互动，与社区的健康文化互动，与电信高端客户互动，与银行终端服务互动，都是最好的整合，也是最好的进攻！

作为战略武器，时间与资金、生产率、质量，甚至创新同等重要。时间战略是赢得竞争优势的下一个源泉，以闪电般包抄动作迟缓的竞争对手。速度已成为竞争中占据领先地位的关键，资源竞争已被发展速度的竞争所代替。

"快鱼"的生存法则是"快"，企业也是如此。否则，被吃掉的可能就是你。

成长也是一种陷阱 Group

美容行业中成长中企业与成熟企业相比，差距在于管理，而不在经营。目前更多的化妆品企业陷入了成长的陷阱：没有成长等死，高速成长找死。

中国美容行业的发展速度惊人，但是绝大部分的化妆品企业始终还是处于成长阶段，这一阶段是企业病的高发时期，尽管整个美容市场一片繁荣，但并不能掩盖相当高的死亡率。在这个利润机会与死亡机会均等的行业中，没有成长的化妆品企业基本没落了；而高速扩张引发的诱惑，使得一些化妆品企业没有足够时间与精力思考管理问题，内外部矛盾纠葛在一起，埋下了一个个成长陷阱。

经济学家经常说："新企业必须尽快赢利，否则就会死掉。"这就好比对一只刚刚出壳的小鸡说："你必须马上下蛋，否则就死掉"，对成长中的小化妆品企业而言，下蛋是不可能的，这样只会更快的死掉。

许多化妆品公司在刚启动就大手笔的推出几十种甚至上百种产品，实际上，这些化妆品公司没有国外知名化妆品公司的强力品牌支撑，却又简单模仿国外企业同时推广多品牌的做法，让有限资源分摊。可想而知，本来就品牌薄弱，又难以将有限的资源放在重点产品上，化妆品企业能不面对"什么都卖，什么都卖不好"的尴尬局面吗？

化妆品企业的壮大离不开外部扩张，但外部扩张有自己的艺术性。扩张是围绕"提高企业核心能力"这一主旨，结合外在环境自身能力，积极而稳妥地进行，任何偏离主旨的盲目扩张行为都是可怕及致命的。我们只能朝着目标努力、积极地一件一件去做，企业的诞生、发育、成长，有其自身的自然历史过程，任何拔苗助长都会导致化妆品企业脆弱的生命夭折，至少是埋下隐患。

有时候，化妆品企业的发展还离不开收缩战略。收缩战略是企业扩张战略在特殊条件下的特殊表现形式。收缩不等于退出竞争，而是为了集中力量搞"拳头产品"。一句话，收缩战略也是为"提高核心能力"而服务。

松下幸之助曾讲，企业小的时候，取决于老板的能力，老板的能力有多大，企业就能做多大。"治大邦若烹小鲜"，为了更好的生存，化妆品企业的老板们要时刻充满机警，也要慢条斯理的小步渐进，像高明的战略家一样，不要被眼前的诱惑埋下陷阱。

Tradition 直销传统化 传统直销化

9月1日，直销法的两部核心条例《直销管理条例》和《禁止传销条例》正式出台。

直销是众多企业建立立体化营销渠道、扩展市场、拓宽终端消费群体的一个方式，早已有众多美容企业拥立在这个门槛上——或暗中转型做直销，或运用业内传统的招商会＋经销商＋店铺＋雇佣推销员的招商会方式打直销擦边球，直销早已渗透进美容专业线的终端。

直销立法后，这些美容企业应该何去何从？是放弃直销继续传统的经营模式，还是借鉴直销优势为我所用？

面对面的直销模式，与传统的专业线美容市场营销模式是合拍的。传统的店铺销售模式有着开展美容产品直销的先天优势，美容院资源的广泛性为导入直销提供了经营基础，从技术力量、基础设施、客户资源以及售后服务等方面都将远胜于直销业。美容院可以利用完善的硬件设施、人性化的贴心服务，配合美容师丰富的产品知识、娴熟的技巧手法，为美容消费者提供优质服务，以综合素质推动销售，在现有顾客群中发掘培育直销网络，直销传统化可见一斑。

将直销模式嫁接到美容行业，还应该导入传统直销的培训教育制度。许多美容企业已深刻意识到，教育培训是企业对外在市场上攻城掠地，对内有效培养和提升员工素质的重要手段，直销业经常举办讲座、会议，内容包括邀约技巧、销售技巧、成功激励、会议流程等，受训员工工作无怨无悔、热情高涨、业绩直线攀升，这些培训方式为许多成功美容企业拷贝克隆，美容业大行其道的"教育营销"、"终端推广"便是借鉴直销模式为我所用，这是传统直销化的最佳回报。

直销法颁布后，美容企业在提供传统的美容服务之外，完全可以在法律允许的范围内合法开展产品准直销，将尚待开发的专业线美容品家庭装、保健品等与美容服务相结合，有效利用建立成熟的顾客档案与终端消费者的聚会进行准直销。

立足原本优质的服务模式，借鉴直销业的优秀文化，寻找自身特色的奖金制度和培训激励机制，建立电脑数据运营硬件，是专业线美容企业发展的可走之路。

遵循赢利周期 创造·整时赢利

Profit

今天的中国美容专业线战场，美容企业靠一次性获取暴利生意的时代已经一去不复返，遵循赢利周期，创造整时赢模和成为投资者的当务之急。

整时赢利好比下棋，吃掉一卒、一马算不了什么，把对方将死才算有本事。赢一场棋算不了什么，场场赢下去才算有本事。美容企业的整时赢利如同打仗，打死一个敌人算不了什么，打赢一场战斗才算英雄；打赢一场战斗算不了什么，打赢一场战役才是英雄；打赢一场战役算不了什么，打赢一场战争才是英雄。

俗话说，种什么花结什么果，一些化妆品公司在新品上市时得不到代理商、美容院的认可与欢迎，却始终坚持成本核算，产品研发不肯投钱，服务力度不敢加大，处处吝啬处处算计，生怕多花一分钱，以牺牲产品质量与品牌口碑为代价省下了小钱，可想而知，这种子还没发芽就被断水断肥，果子还能结出来吗？没投入就算计着产出，殊不知把企业的生命都赔了进去。

做企业切忌天真，任何一个美容品牌产品的推出，从策划、生产到成品，再从市场培育到市场成熟，都有一个相当的过程，没有哪家企业能跳过市场的培育而直接赢利，这是一个相当长的时间，也许两年，也许三年，从市场预热、稳健成长到快速成长直至市场爆发都需要遵循事物周期和客观规律，急功近利的美容企业不可能获得成功，而市场的暂时的低迷并不代表长远的失利。

随着中国美容市场逐渐走向成熟，美容顾客开始正确理解理性消费时，美容业将走向“晚赢利”时代。美容市场将充斥各种同质化产品，品牌林立，市场竞争愈加激烈，各品牌的研发技术差距正在缩小。技术壁垒也在慢慢消除，美容企业经营艰难度逐步深入，投资风险加大，生存的压力让一些中小美容企业游走在悬崖的边缘，而部分知名美容企业也开始正确审视自身的经营行为。这种发展趋势并不以人的主观愿望为可转移，任何着急、沮丧的情绪都是没有意义的，唯有尽快提高企业自身的核心竞争能力，才可把握整时赢利。

要整时赢利，第一，需要良好的心态和企业定位，绝不能持短视行为；第二，整时赢利需要提前准备新产品、新技术，但这并非整时赢利的充分条件，美容企业的竞争是综合实力的竞争，整时赢利是综合准备的结果；第三，新员工、新人才、新政策、新同盟、新文化、新机制等同样需提前准备。一支素质高、技术力量雄厚的营销队伍能保持昂扬的创新姿态，以新取胜、以快取胜、以优取胜，形成企业难以模仿的核心竞争力。

一行足以玷终身，故古人饬躬若璧，惟恐有瑕疵也。稍有一点不注意细节缺点，就会影响到整个品牌在经销商、美容院、消费者心目中的形象，遵循赢利周期，层层把关，善始善终，方能综合做好整时赢利的准备。

颠覆传统 创新革命

追求效率、质量，是进步时代的渐进主义遗风；在革命时代，效率与质量只能让企业苟延残喘；企业要生存、领先，只有靠革命。企业的革命来自创新的事业模式（business model），如此才能出奇制胜。

美容业发展至今尚未诞生真正意义上的领导者，2005，大鱼吃小鱼的没能发展成主流，2006，更多的是快鱼吃慢鱼。

快，已成为激烈市场竞争的制胜要素；快，已成为美容企业间决战市场巅峰的基本条件。变革使同一起跑线上的美容企业有迅速超越的机会，变革，也能在关键时刻挽救一家颓势的企业。如果总是跟随或复制你的竞争对手，不革命，就死亡。任何企业，概莫能外。必须要颠覆传统，创新革命，美容企业才有竞争力。

随着经营环境的改变，美容业的竞争规则也在改写。销售渠道不畅通、终端市场不稳定、销售额上不去，迫使上游企业不得不承认，原来的代理经销制已越来越不适应美容行业的发展，谁拥有更多的终端网络，谁就拥有未来更多发展的机会。从代理商会议的终结变成如今的终端会议，从单纯的产品营销到会议营销、教育营销、体验式营销、旅游营销……都是噱头而已，她们都将会殊途同归，走回同一条路——以4C为基础的整合营销传播之路，精确地锁定目标顾客，充分整合电视、杂志、报纸、户外媒体、行业机构、网罗社会资源如社区、高档私人会所，准确地向目标顾客聚集，从而达到无往而不胜。

企业的革命来自创新的事业模式，美容企业无论是自主生产还是OEM。2006年面临的机会都倍增，美容业与日化，保健品的不断融合的局面将使营销的模式和策略也不断地走向一致。通路多元化，进入商场、超市、专卖店、药店、社区等销售终端，日化与专业交叉，形成大众化销售网络也是一种创新。

"秤心斗胆，成大事功"，机会总是垂青于有准备的头脑，生意场上亦是如此。以有见识作为有胆量的基础，做到有胆有识，风险也会变成利润。每个企业、代理商、美容院何去何从，要结合自身的具体情况。但越早作适应性调整，就在未来的变化和洗牌中多出了几分胜算。

Innovation

中国美容年鉴
2003
中国美容年鉴
2004/05
中国美容年鉴
2005/06
中国美容年鉴
港深风采

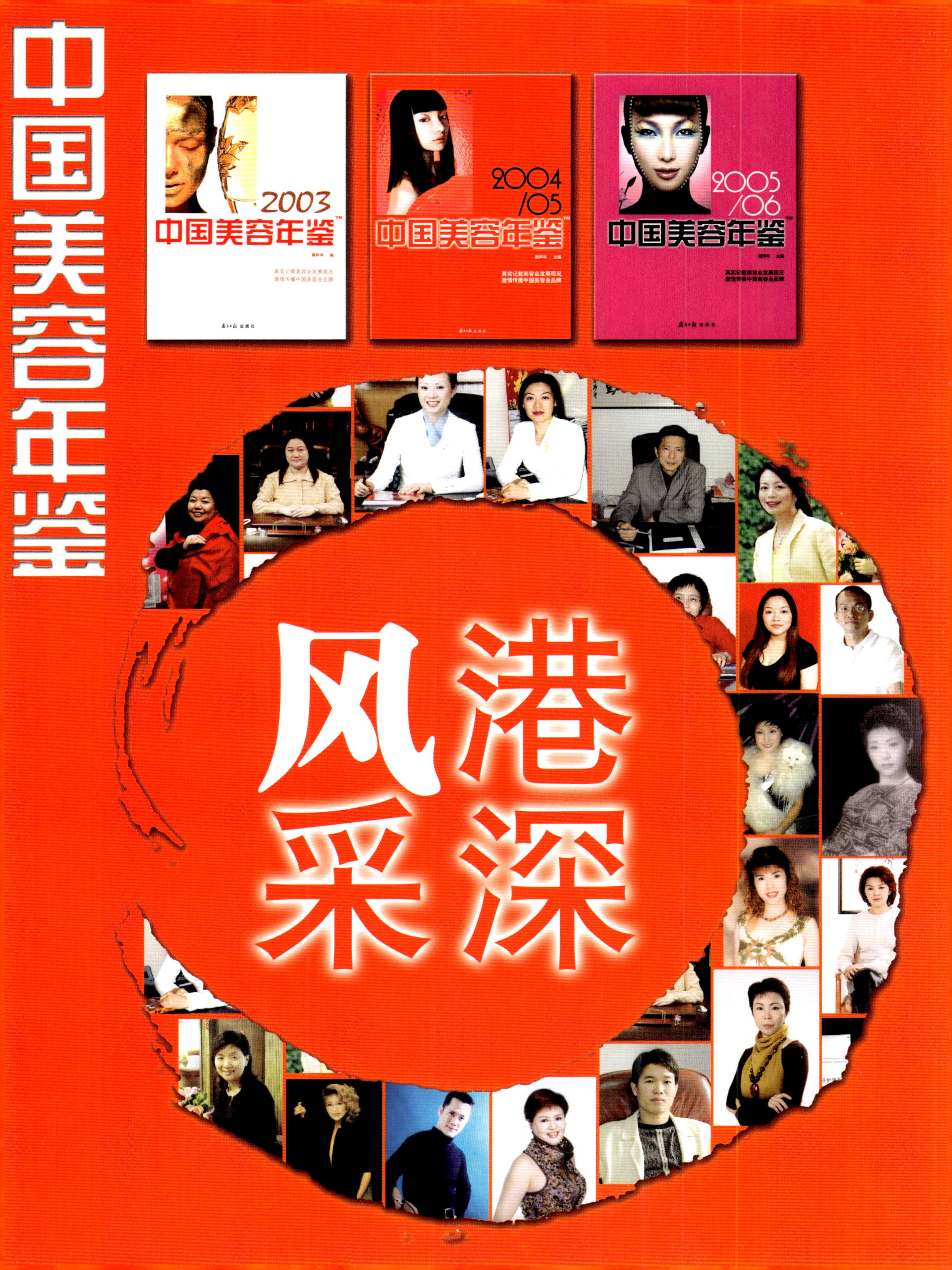

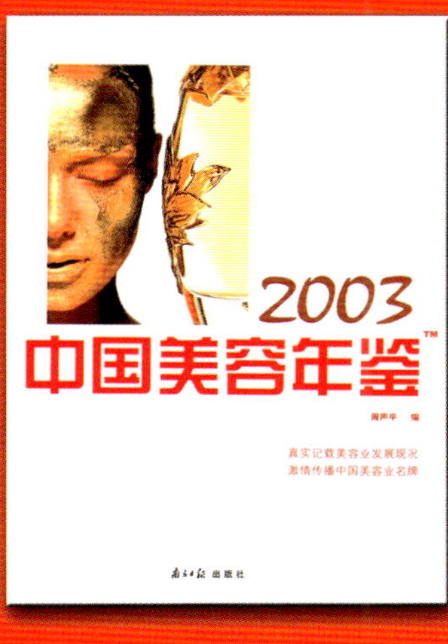

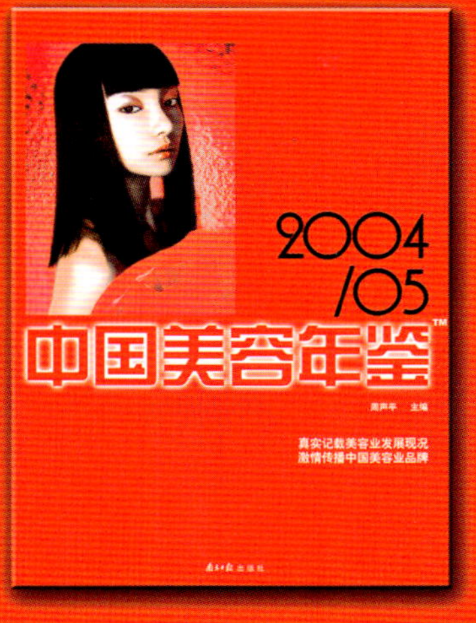

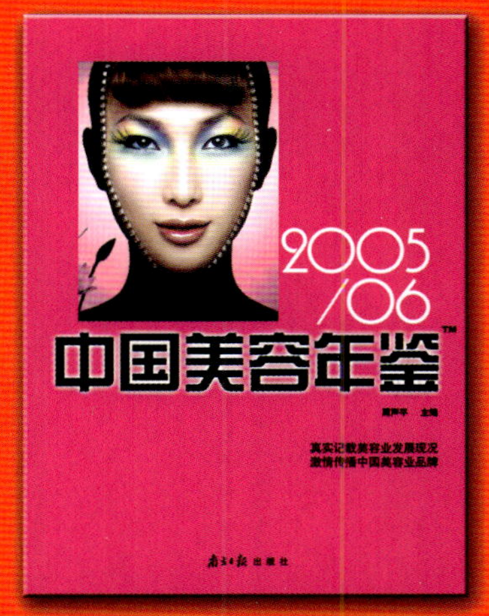

宋丽娜：拥抱世界的当代美容教育家

作为传播美容文化，在美容界及美丽产业领域中举足轻重的活动家、教育家、形象艺术家，宋丽娜是很成功的“中西合璧”者，在中国美丽产业的历史上，她占据着重要的地位，似乎每一个从事行业5年以上的人都知道她。宋博士热爱美容事业并不知疲倦地奋斗，对国内美容市场情有独钟，一直紧密关注国内美容业的发展。宋博士又是一个始终积极参加并促进美丽经济发展的相关活动的热心者，她不断在用心筹划一些能进一步推动美容业向纵深发展项目，体现了她与众不同的高远之志。

一直在国际线上来往的宋丽娜博士向记者表示，进军国内市场已经是国际和港澳地区投资者的最佳选择，她对中国国内美容市场充满信心，特别是CEPA第二阶段政策的实施，将会给港人带来极大的发展空间。宋博士也将抓住环境掌握时机，带领优质团队与国内好的企业携手合作，演绎更多的精彩。

世界美容师协会华人主席宋丽娜博士领导下的总公司——香港歌莲娜国际发展集团有限公司设于香港，歌莲娜集团将在世界顶级品牌系列化妆品的支持下，以富有革命性的创新营销机制、最现代化的电子商务管理系统、卫星远程通讯教育培训系统、国内顶尖级的专业教育资质认证的衬托下，对中国国内的庞大美容市场做一些新的整合和改造。作为意大利最具权威的美容SPA化妆品JEAN KLEBERT集团在中国的总代理，歌莲娜集团是中国地区的总经销，并将陆续在中国各大省市全面开展特许加盟连锁的经营服务。

宋丽娜博士始终认为，好的产品及卓越的品质和出色的品牌，如供应丰裕的粮食一样会让企业充满生命力，而高科技含量的技术及设备又是美容业长足发展的坚实基础。凭借她15年在美容市场及美容教育等方面的经验，依托直接引进国外尖端美容资源的优势，在下一个15年宋丽娜博士将全力为提升国内美容教育水平做贡献。

宋丽娜认为，美容教育培训应走高等教育发展之路，建立与大学合作办学，与企业联合办学的机制才具有造血功能，成为深造和输送人才的金字塔。美容教材及相关的美容理论、技术书籍也是一个很重要的方面，她撰写的《国际尖端美容》、《国际尖端美发》、《宋丽娜家庭美发与化妆》、中央电视台50集专业讲座等著作曾培育了中国的一代美容人，即将出版发行的《世界尖端美容》等大型系列教材18集及美容词典正在筹备写作中。

2005年11月，“当代中华文化名家专题邮票工程”启动，宋丽娜作为中国美容教育文化传播者和推动者，以其杰出成就和卓著贡献被中国集邮总公司、中华民族文化促进会以“中国当代美容教育家”身份选入“当代中华文化名家”，并发行邮票纪念封一枚。作为中国美容业的惟一代表，她又一次刷新在中国美容史上第一的记录，作为独特艺术表现力和感染力的“国家名片”——专题邮票，宋丽娜邮票的发行既体现了宋丽娜的个人成就得到国家的认可，也体现了中国美容文化是中华民族绚丽多姿的内涵丰富的文化元素之一，反映了中国历史的客观发展和民族的振兴。

愿宋丽娜博士为人类健康美好再添春色！

宋丽娜简介

1989年首位华人荣获世界化妆大赛冠军

中国文化促进会常务委员

世界美容师协会华人主席

世界美容教育联盟华人主席

1993年首位中国美容教育家著书《国际尖端美容》及录像带、《国际尖端美发》上、下集

1994年中国美容业第一个走进中央电视台的“东方之子”

1996年以中国第一位美容教育家的资格走进中央电视台主持50集“国家美容师技术等级培训”讲座

2000年荣获联合国“国际周和平大使”

2003年荣获美国皇家百圣大学美学文学荣誉博士

2004荣获“世界杰出华人大奖”

2005年荣幸当选“美容教育家”并获国家邮政部发行个人肖像邮票

区绮汶：托起特区美容鼎盛时代的巨轮

区绮汶出生在深圳，是深圳本土人。八十年代去澳大利亚留学深造，这成为她人生的一大转折点。

在澳大利亚，区绮汶不仅汲取到了西方文化的精髓，在事业方面也创立了很好的基础，但中西方文化碰撞的火花，激起了区绮汶积淀在心底的厚重的民族情感。1998年，她毅然放弃了在澳洲继续发展的大好机会，回到她出生并养育她20多年的深圳，开始传播健康美丽文化，而在祖国大陆经济快速腾飞、文明进步一日千里的同时，玛莎在中国也取得了快速的发展，并在国内美容行业界脱颖而出。目前公司在香港、中国等地都设有分公司，公司组织架构严谨，云集欧、美、亚大批专业人才，是集开发研制、品牌代理、营销管理、服务培训及连锁经营于一体的大型化妆品、保健、美容产品仪器开发经营的综合性多元化企业。它的美学理念源自欧洲的时尚纤体美颜新概念，集营养学、遗传学、免疫学、微生物学等多种领域的研究成果，揉合现代尖端高科技，在形体健美、纤体瘦身、美容疗肤等方面具有极其丰富的经验。

区绮汶说："在普及健康美丽文化的初期，人们觉得美容护肤是生活小事，不足挂齿。我们在比较中、西文化之后，觉得心态、行为、外貌与整体健康是可以统一起来的。于是提出了'健康、自信、美丽每一天'的女性自我激励的口号。我们提出的理念得到了深圳市妇联的支持，因为市妇联的领导们都很强烈的希望现代女性都能懂得关爱自己及社会，以提升女性的整体形象和真正发挥'半边天'的作用"。为了普及新颖的健康美丽文化理念，区绮汶和她的伙伴们已记不清开了多少期培训班，也记不清讲演了多少次，让女性健康、自信、美丽每一天成了玛莎人应尽的义务，也成了深圳女性广为传颂的佳话。

区绮汶说："在我国，女性的心理健康长期被忽视了。玛莎的工作就是让女性们有一个能真正畅所欲言、在生活上相互信任的平台。玛莎在经营过程中非常注重这个平台，虽然因此增加了很多经营成本，但如果能让广大女性同胞在身体、心理、行为等各个方面都健康，我觉得很值"。

2005年初，区绮汶当选为深圳市政协委员，成为深圳特区美容界第一位参政议政的女强人。区绮汶说："在政协会议上我提交了《关于规范我市美容美发行业的建议》的提案，是有感于国内的美容美发行业存在的不容忽视的一些问题。而一个企业要生存，就必须随着品牌营销时代的脚步，而实施品牌规划及形象提升已成为企业发展的重中之重，在玛莎这个品牌越来越多的深入到爱美人士心中的时候。

区绮汶简介

深圳市政协委员
深圳市侨商国际联合会创会名誉会长、常务副会长
深圳市妇联及市女领导干部联谊会形象顾问
深圳市美容化妆品业商会常务副会长
中华全国工商联女企业家商会理事
香港深圳社团总会创会会董、理事
玛莎集团有限公司董事长
深圳市玛莎嘉儿连锁实业有限公司董事总经理
深圳市涉外培训中心玛莎学院主任

王俊荣：特区艺术形象设计的脊梁

当新世纪的曙光照射东方大地，当WTO的烈火引擎中国经济的起飞，中国改革开放的前沿阵地深圳亦率先掀起了建设社会主义示范市的狂热浪潮。而在这片神奇美丽的土地上，有一位勇立市场潮头的女性却以美丽塑造为切入点开垦了特区艺术形象设计这片处女地，奏响了时代的最强音。她就是中国艺术形象设计深圳馨榕培训学校校长王俊荣。

王俊荣一手创建的在深圳首屈一指的馨榕学校建筑总面积3100多平方米，是深圳首家酒店式装修、阶梯式教室和浓郁艺术氛围的大型正规培训基地，设备先进齐全，集电器化教学、摄影电视教学、老师示范讲解于一体，云集各路高手。"馨榕"建校5年来，"馨榕"人外塑形象，中强教育，内严管理，各项事业如日中天。学校已形成了完善的教育教学体系，已开设形象设计、礼仪、美容师、美发师、足浴师、保健师、服务员、职业教师、职业英语、电脑、服装设计、行政助理、摄影、舞蹈、书法、绘画、钢琴、扬琴、电子琴、古筝等文化艺术课。学校每年向社会输送合格人才（合格率达98%）。学员1000余人，实现就业率99%，这在一定程度上缓解了就业压力。凭借高质量的培训，在历届大赛及技术考核中均有相当完美的表现。

"有伯乐然后有千里马"，于美容界来说王俊荣女士既是伯乐又是千里马。许多千里马加盟馨榕培训学校，实力日益壮大，教学培训成果喜人。学校有专业教师19人，管理人员9人，其中具有大专以上学历的有13人，中高级职称占80%。

"吸纳人才，培育人才，善用人才，善待人才"在馨榕不仅仅是一句奋斗的口号，更是一面鲜明的旗帜。"馨榕"培训学校是国家教育部授权的"全国美容职业教师"培训基地，是深圳唯一由中国文化部授权的首批"艺术形象设计"指定定级考核培训单位，人事部指定深圳唯一美容管理师培训基地。连续5年被深圳市、区职业培训系统评为"先进单位"、深圳市"先进私营企业"、深圳市"诚信服务，守法经营"单位、深圳市"服务，信誉，品牌"单位、深圳市300家最具成长性的企业、广东省公安厅授予"支持公安宣传、共创美好家园"、广东美协授予"魅力广东，美丽行动"深港两地模范单位、中国民办教育"社会满意十佳民办学校"等荣誉称号，王俊荣也连续五年被市、区劳动局授予"先进教育工作者"、"优秀教师"称号，被深圳市政府授予首届优秀技师称号。

王俊荣简介

法学研究生
国家级职业技能竞赛裁判员
文化部首批注册艺术形象设计师
文化部艺术形象设计评委、副教授
教育部首批注册美容化妆造型专家
广东省职业技能鉴定高级考评员
深圳市美容化妆品业商会副会长
深圳市龙岗区总商会副会长
中国艺术形象设计深圳馨榕培训学校校长
深圳市政府授予首届优秀技师荣誉称号

2005深港最具影响力十大领军人物

王岚：深圳健身美容第一品牌的缔造者

王岚在深圳、广东乃至全国美容健身界，可以肯定地说，是一位鼎鼎有名卓有建树的人物，虽然政府和社会给予了她许许多多令人仰慕却又实至名归的荣誉和地位，但生活中的王岚依然显得平静从容，精干与充满活力的外表永远透露着一种简洁自然的人格美。

"当初我是被推下'水'的。"王岚这样形容与中航健身会的机缘。1994年底她在当时以物业和房地产为主业的中航集团工作，集团希望能够利用自己的房地产向其他行业进军，考虑到当时全民健身计划刚刚开始，王岚认为跟人的生活水平增长和对健康生活追求有关的行业很有前景。没想到，大任就此降落在她的头上，她被任命为中航健身康体有限公司董事长，从此在这片未知的"海域"里劈波斩浪。

因为前无来者，所以是绝佳机遇，也因此要摸索前行。她印象最深的，是创业初期，由于在很多方面都无可参照，她只有不断从各个渠道了解国外的先进资讯，因而奔走于港深之间，希望能更直接接触到先进的管理经验，并常为此而废寝忘食。而从健身器材、健身个人服务计划，到会所管理"E通智能IC卡"电子消费系统，王岚带给中航健身会的，是数个全国首创。

而雄心勃勃的王岚不仅要使公司走在健康领域的前端，同时要成为此行业的领航者，为此公司不仅立足在深圳，而且已在北京成立分公司，进行全国连锁管理业务的开发及国际业务的拓展。

站在中航健身会的健身区大厅里，人们会感到，生命的张力弥漫在每一个角落，所有人都会涌起随着音乐节拍一释压力的冲动，而进入曲径通幽的美容中心，每个人的心灵又一下子随着眼前的舒适景象沉静下来。

"这是一个时尚生活的会所，我们要通过运动、SPA、美容以及各种高科技产品，让人们回到生命最快乐的时刻。"王岚说，中航健身会不是一个简单的健身俱乐部，它重视人们生活方式的改变和对生活的追求，希望通过运动、美容等休闲时尚活动激发人们去热爱生活，向困难挑战。"正是在这个理念指引下，中航健身会才能够走了10年，让近150万人享受到新生活方式所赐予的身心健康。"

王岚认为中航健身会提供的各种服务，包括私人教练、营养餐、众多项目和课程，以及独特的SPA服务，抗衰老治疗，真正行之有效地帮助会员们走向健康。

因为是做人的生意，对会员、对员工的责任始终纠缠在王岚的心头。她将公司的管理结构比做一个倒三角形，最上面是会员，中间是一线员工，再往下依次是中层管理者和高层管理者，最下端才是她自己。这个极度看重员工作用的倒三角关系形象生动地将中航健身会与别的企业区别开来，体现了"以人为本"的文化特色。

王岚在教导员工也总要强调先做人后做事的道理。她的人生信条之一是：小成靠智，大成靠德。她还相信，心胸有多大，就能做多大的事。

正所谓"海纳百川，有容乃大"，王岚以她的睿智和胸襟，将企业带向了更远大的前程。

王岚简介：

同济大学工商管理博士
1995年创办中航健身康体有限公司并出任董事长
1996年评为"全国优秀企业家"
1997年评为全国中航系统"十大杰出青年"
1998年获得深圳市"鹏城青年创优勋章"
1999年入选"世界杰出人物年鉴"
1999年评为深圳市"三八红旗手"
1999-2001年度中航企业集团"先进个人"及"优秀共产党员"
2000年度深圳中航企业集团"优秀经营者"
2001年评为"深圳市优秀青年企业家"
2004年获得深圳市美容化妆品行业"优秀企业家"称号
2004年获得深圳市美容化妆品行业"杰出贡献奖"
2005年评为"中国美容化妆品业先进工作者"

高颖：

在特区屋脊书写美丽画卷的美容骄子

高颖，首脑的名片。一个让发丝生出灵动与内涵的发艺名人，现任首脑美容美发连锁机构董事长兼总经理，深圳市"优秀企业家"，管理着一个下辖8个分店、一个培训中心、营业面积逾8000平方米、员工400余人的连锁机构。高颖十分重视人才的培养，她于1997年执笔写了《美容美发功能论》，为美发业技术的创新辛勤耕耘。

作为生命的创造者和自己命运的设计者，多年以来高颖女士注重学习，抓紧"充电"，不仅在内地许多城市和地区主持、参与行业交流活动，还远赴欧洲、新加坡、香港等地，学习先进的管理经验和技术，已获得上海复旦大学CEO经济管理专业证书、英国牛津商学院工商管理硕士学位（EMBA），是广东省首批一级美容技师，广东省深圳市美容师职业技能鉴定专家委员会专家、考评员；国家级美容师职业技能竞赛裁判员，国家级发型化妆大赛评委，获文化部颁发的二级形象设计证书。2000年获得深圳市"文明经营户"荣誉称号。国资委轻工局、世界美容师行业协会举办的第四届中荣登大赛荣获"杰出贡献风云人物中华榜中榜提名"，"中国美容美发业十强连锁企业"称号，彰显了其美容美发连锁企业在全国的突出地位。

高颖女士在艰苦创业的同时，积极参与社会活动，赞助公益事业。曾先后承担二十集反映香港回归祖国的电视剧《千年等一回》的发型制作，深圳市委市政府主办的荔枝节文艺晚会开幕式演艺人员发型制作，香港凤凰卫视联合主办抗击北约暴行"中国人今天说不"文艺晚会发型制作。高颖一直以来以爱一切众生的心，来救度众生！先后向省私协组织的民心工程捐款，向湖南省默戎县默戎小学捐助12个学生一年的学费，默默的资助了多名贵州、甘肃等地的贫困学生。

高颖女士秉持"真诚守信，办一流企业，建员工家园"的创业理念，坚持引领着美、凝聚着员工，陪着顾客一路同行。在店堂林立、各领一时风骚的深圳市美容美发行业，以态度经营诚信，用忠诚度亮美誉，使首脑公司以15年稳定发展的历程和良好的消费者口碑，在业界和社会上享有广泛的声誉。

回眸往日的辉煌，高颖笑言盈盈："往事如尘"。这淡淡话里透出她在大堆的荣誉面前角色的定位自始至终都是不断的刷新，不断向前冲刺！让我们祝愿首脑夜放花千树，香满一路吧。

高颖小姐简历

英国牛津商学院工商管理（EMBA）硕士

国家一级美容技师、二级形象设计师

广东省美容师职业技能鉴定专家委员会专家、考评员；

广东省工商联女企业家商会副会长；

广东省美容美发协会常务理事；

深圳市美容化妆品业商会一、二、三届副会长；

1999年作为行业代表参加深圳市民营企业家进京汇报团，受到王兆国、王光英等党和国家领导人接见。

2003年获深圳市"三八红旗手"称号

2004年被中国美发美容协会授予"创业之星"荣誉称号

2005年3月被深圳市人事局、公安局评为2004年度消防工作先进个人。

2005深港最具影响力十大领军人物

牛翠霞：为时尚女性创造魅力的美丽天使

12月18日，人民大会堂，全国人大常委会副委员长吴阶平、国家卫生部原副部长殷大奎为牛翠霞博士颁发了“中国整型美容十大风云人物”奖。一时间，牛翠霞成为中国整型界备受关注的新闻人物，被邀请在全国各大城市的美容会场频频亮相，演艺界名流、著名节目主持人和她共同演绎着一场场美丽动人的“明星会”。

牛翠霞，美籍华人，深圳市阳光美容国际机构总裁，心理学、整形外科医学博士，同她多元的身份一样，曲线分明的身材，红绿搭配的穿戴，习惯于头带一顶红帽子，自己笑称是“红运当头”，牛翠霞阳光一样的活力，鲜明的女性魅力，无论在哪里，都能立即吸引众人的注意力，并自然成为关注的焦点。

牛翠霞的父亲是一名国民党军官，牛翠霞个性中同样不乏军人的气质。经父亲在台北的战友介绍，1989年，从西安医科大学毕业后牛翠霞有了去台湾学习整形医学的机会。在台湾整形外科中心，她系统地学习了当时国际最先进的整型技术。回到大陆后，善于探索和经营的她，很快便建立了自己的事业王国——深圳光明门诊医学美容中心、深圳深华门诊部、惠州康乐医疗中心，三个医疗美容机构如同早晨八九点钟的太阳，冉冉升起，经济效益不容质疑。然而她却在1996年，毅然决定去美国留学。

“多年以来，不管别人怎么评价我，我都义无反顾追求着自己心灵深处最强烈的梦想，不管当时的情况有多么复杂，一个从少女时代（16岁）起就缠绕在脑海里的梦想——做一个像《第二次握手》中丁洁琼式的：美丽、非凡、卓越、富有智慧和献身精神的留美女科学家，像磁铁一样吸引着我。”

牛翠霞在美国的第一份工作，是在纽约一家最大的华人美容学院中当美容教练，然而在纽约工作了一个多月后，深感自己英语词汇贫乏，教学时枯燥单一的表达方式逼迫她回到学校，开始了美式英语的训练。“十八个月的英文训练，每天上五节课，之后是十个小时也做不完的家庭作业。”30多岁的她，竟然成为1997年国际系唯一的奖学金的获得者，接着的八个月里，她600多分的成绩拿下了托福考试，紧接着又拿下了心理学硕士，然后攻读医学博士。五年中，在美国的每一天，牛翠霞都活得那样充实，“一步步艰辛走来，其中的酸甜苦辣、喜怒哀乐，一辈子讲不完、讲不清，唯一的，我出国前的目标都实现了。”

“工作确实充满了乐趣和挑战，一边旅行，一边创造美丽，一边结识新的朋友，还要不断地为合作方创造财富。”

1999年，牛翠霞一边读书，一边在美国注册了一家公司，对黛安娜王妃“洗肠美容”颇感兴趣的她，将美国的“大肠水疗”引入中国，并发表了一篇名为《大肠水疗美容养颜》的文章。2000年，北京青年报刊登了《美国技术狂洗北京肠子》，接踵而来，几家大肠水疗机公司及厂家发了“洋财”。牛翠霞从美国引进的理念，培训的技术，让别人赚了大钱，对此她笑着答道：“我一点都不后悔，因为我做了一件对我国美容保健事业有重要意义、有重大创举的事情。”

说牛翠霞是个天才，丝毫不会过分，深谙美容的她，在市场及经营方面也始终处于战略高度。她也因此荣获“中国整形美容十大经营人物”奖。

她说，如果一人的长处，恰好能为社会创造价值，她又能不断寻求成长点，那么就会对社会和个人创造无穷的财富。

在美丽的世界里，她是永远的QUEEN。

牛翠霞简介：

美籍华人

深圳市阳光美容国际机构总裁

整形外科医学博士

1989年毕业于西安医科大学临床医学专业

1989-1990年在台湾李文龙整形外科学习及工作

1991-1996年在深圳光明门诊部医学美容中心工作

1996-1998年在美国NEBRASKA大学攻读心理学硕士

1998-2001年在美国NEBRASKA大学医学院整形外科攻读博士

2005年被授予“中国整型美容十大风云人物”殊荣

陈婉仪：誉享南北的领路先锋

陈婉仪，香港永滔化妆品国际有限公司董事长，深圳市美诗婷化妆品有限公司董事长，法国圣玛罗皮肤研究中心美容总督导，法国美诗婷国际美容总督导。

1993年，陈婉仪女士创办了香港永滔化妆品有限公司，成为当时同行中最具有品质和高效力的美容机构之一。两年后，陈婉仪引进法国化妆品品牌“美诗婷”，将美容连锁加盟之花开遍中国市场。

法国美诗婷misitin源于公元1956年，距今已有近五十年的历史，为法国圣玛罗HANSGE生化研究中心研发，一九八五年，法国HANSGE圣玛罗皮肤研究中心DRP.J.HOME豪门博士与日本李肌研究中心山川博士针对东方人皮肤特征经高科技精心研制出美诗婷BLO—whist系列品牌产品，正式全面领导中国现代美容潮流。成功并非简单的照搬，“美诗婷”的成功除了对品牌选择的独具慧眼外，更是有赖于她在企业经营中主动发现、运用，提出了一套颇有见地的经营思路。

为更好拓展中国美容市场，将美诗婷普及每个角落，1998年，陈婉仪在中国深圳成立了深圳市美诗婷化妆品有限公司，在她领导下经过十几年的奋斗和努力，形成了集生产研发、营销推广、教育培训、售后服务为一体的永滔国际集团，创立了“美诗婷、伊美神、花精传奇”三大产品品牌，在国际美容界享有盛誉，获美国FDA论证，被香港美容协会评为优秀美容品牌，被国家质量技术监督局评为“全国质量跟踪重点保护品牌”，被中华全国工商联合会美容化妆品业商会评为“最佳活力化妆品品牌”。陈婉仪独创国际“三学合一”经营理念、“花精传奇技术，画骨排毒疗法，美容神仙手技术”等国际先进美容技术疗法被誉为二十一世纪最具潜质实力的新一代美容界女强人。

作为一个卓有成就的企业家，陈婉仪对美诗婷公司的管理有自己独到的见解。她说，企业要想正常运作，管理是重中之重，而位于公司最高的管理层非常重要。如何保持平衡的心态、专业素质是否达标、沟通工作是否到位等都是衡量每个CEO是否具备自我管理的标准，管好了自己才能更好地管理别人。用她自己的话说：“企业中，管理三个人跟管理三百人一样的”。如此看来，陈婉仪非常注重自身的“修炼”，注重高层人员的领导艺术，独到的经营是陈婉仪在“美诗婷”

品牌运作过程中，通过不懈探索并结合实际得出的智慧结晶。简而言之，就是用皮肤生理学、经营管理学和沟通心理学三门学科的思想、知识贯穿于整个经营过程。陈婉仪在美容理论方面有很高的造诣，曾获美国雪兰多大学皮肤生理学博士学位，她认为美容是研究人、服务人的行业，必须将皮肤生理学之类相关生理科学知识融合到美容技术中，通过专家判诊。

今天，美诗婷品牌在陈婉仪女士的悉心打造和经营下，公司已形成独具特色的美诗婷精神、美诗婷道德和美诗婷风气，并发挥其深厚的文化优势，积极参与国际竞争，在世界经济的舞台上占有着不可轻视的一席之地。但陈婉仪并不因此而满足，因为中国美丽产业正热切呼唤着一个真正的“巨人”时代的来临，她还要进一步的打造一个全新的具有代表性的“美诗婷时代”！

陈婉仪简介：

美国雪兰多大学皮肤生理学博士
法国圣玛罗皮肤研究中心美容总督导
法国美诗婷国际美容总督导
中国美容业CMO精英联盟特邀顾问
香港永滔国际化妆品有限公司董事长
深圳市美诗婷化妆品有限公司董事长

2005深港最具影响力十大领军人物

蒲琪珺：打造中国自然健康顶尖品牌的铿锵玫瑰

蒲琪珺深圳市必康实业有限公司董事长，"健康一辈子"品牌铸就者，犹如一盏极其绚丽的明灯，点燃了中国美容业的财富之火，也点燃了中国与国际健康经济的导火索！

蒲琪珺，一个外柔内刚的美丽女子，在风起云涌的商海之中，独具慧眼，以坚定不移的意志勇往直前，创造了一个又一个令人瞠目结舌的辉煌成就！

蒲琪珺，90年进入美容行业，十几年来，踏踏实实地走过了美容业里每一条路。当过美容师、美容督导，经营过美容院，一路走来，付出很多，学到很多，品尝到美容行业里各种滋味。蒲琪珺发现，现在美容行业存在很多弊端，经营者只懂做"表面工程"，为了快速达到消费者需求的效果，盲目采取一些"特殊手段"和"特殊产品"，牟取暴利，最后"美容"变成"毁容"，以致于爱美人士对美容望而却步，美容业处于微利低潮。

"拿什么拯救你，我的美容行业？"蒲琪珺善良的心灵深处萌发了强烈的责任感和使命感。

2000年，蒲琪珺出任美国"健康一辈子"亚太区总裁，并在中国创办了深圳市必康实业有限公司，担任董事长。秉承让"财富与健康同在——携手与您共赢"的经营理念，独家经营中国大陆地区"健康一辈子"系列保健食品，在中国首家将内调食品引进了美容业，带动了整个行业的经营变化。她主张先运用虹膜技术（Izidology）对顾客做全方位的检测，分析顾客的问题，发现顾客美容症结所在，再针对性的进行自然健康调理，真正做到"优化内环境，美丽到细胞"。

而对如今的"经济不景气"蒲琪珺有自己独到的诠释，她认为这是经济大潮必然洗牌过程，淘汰不争气的人，留下有能力的人是必然趋势。

她说：什么是生意？就是生生不息的创意！蒲琪珺推出最新销售模式——引销，即以专业知识引导顾客正确消费。她潜心研究营养学，将专业的知识复制给每一个加盟店，成功的打造"诊所式国际自然健康美容机构"。

目前，必康在全国已有2000多家加盟商。"健康一辈子"保健品荣获第二届中国国际保健节"科技进步金奖"，中国美容业十大新锐品牌，中国名优妇女儿童采购指定品牌，更创下美容院健康食品"单月亚洲第一的销售记录RMB106万"，被业内人士誉为"天才富妈妈"！必康公司同时也被评为"世界500强企业"理事单位、深圳美容化妆品行业诚信企业、广东百佳美容诚信服务机构等荣誉称号。

蒲琪珺简介

- 美国健康一辈子研究院董事
- 美国健康一辈子营养学院首席讲师
- 广东美协化妆品投资顾问中心首席健康顾问
- 国际虹膜营养专家
- 自然健康美容创始人
- 美国"健康一辈子"亚太区总裁
- 深圳市必康实业有限公司董事长
- 打造"诊所式国际自然健康美容机构"创始人
- 中国美容业CMO精英联盟首届会员

陈强：引领深港美发业腾飞的雄鹰

商海浮沉，瞬息万变。美丽产业的航帆，更是有如行驶在风起云涌的大海，难以掌控。

陈强，中国美发界响亮的名字。20年来，以他锐利的眼光，超前的智慧，推动着美发业蓬勃发展，打造了深港美发业的“兴盛时代”。

陈强，深圳市本土赴港美发学艺第一人！

陈强，开创深圳首家具有国际级水平的美发学院第一人！

1984年，陈强由世界闻名的“香港国际标榜美发学院”学成归来，与姐姐陈锦卿在深圳南山合开“美都美容美发”店。他始创的“将艺术与美发相结合”的新颖思想，凭借精湛的技术，勤奋的创业态度，为许多爱美人士塑造了美丽，找到了自信，在业界迅速刮起以“美都”为标杆的时尚之风。

一个人成功不算伟大，帮助千千万万的人成功才算伟大。陈强意识到美发行业的从业人员大都起点低，目光短浅，急功近利，于是决心做美发业健康发展的领路人。

1995年，陈强开设了深圳市南山区第一家“美容美发培训学校”。走教育培训之路，陈强不仅在技术上严格要求，精益求精，更是在提高学员综合素质上下了很大功夫，培养出德才兼备的专业人才。理发师——美发师——形象设计师，简单的称呼上的改变，却使美发从业人员的社会地位有了质的改变，为行业从业人员“正名”陈强付出大量心血。

2000年，陈强敢为天下先整合了一批深港两地的美发界精英，他们个个都是毕业于具有“美发哈佛”之称的英国“维达沙宣”美发学院；融合了日本、英国、马来西亚、新加坡、泰国、澳洲、台湾等国家和地区的发型技艺，而且行业经验丰富。此精英团队便是现在的深圳市“美都WAVE国际学院”的核心成员。时隔五年，陈强已经把学院建设成为以“教学、演示、服务、管理、经营”为一体的国际性专业教学连锁机构，在深港两地都设有连锁机构，被深港两地业内人士称之为：未来的“美发剑桥”。启动了无数平凡人的生命力，其中很多学员都已成为行业老板或职业经理人，形成“美都主流派思想”统治深港美发界的局面。

陈强，以他的勤奋与聪明才智，以他的高瞻远瞩，带领美都从不足万元的资产发展到如今拥有两所美容美发培训学校、三家美发连锁直营店、两家美容院、三家足浴保健中心、一家

8000M2的大型美都会所、两家高级女士用品店、一家化妆品公司和一所“美都WAVE国际学院”共十五家连锁企业，资产超过数千万元的大型连锁机构。当请教陈强谈论21年来“美都实业”兴盛不衰的秘诀，他笑了，他说：一幢大厦装修好了，要保持富丽堂皇，不仅要维护，还要维修和翻新。企业一定要善用人才，不断“换血”，方可使事业之树万年长青！

今天，在全球经济一体化的趋势下，许多国外的大财团逐鹿中原，以海啸之势进驻中国市场，陈强嗅到海啸的味道，不断创新、不断的转变观念，充实力量，装备自己，更联合同行成立美发协会，互相扶持，取长补短，以新的姿态与外国势力抗衡，为深港美发业与国际接轨做出巨大贡献。

我们期待陈强继续引领深港美发业谱写永不衰败的传奇神话！

陈强简介

1983年毕业于世界权威机构香港国际标榜美容美发学院
1984年开设了深圳市南山区第一家美容美发店
1995年开设了深圳市南山区第一家美容美发培训学校
2000年开创了深圳首家具有国际级水平的美发学院“美都WAVE国际学院”
现任广东省美容美发协会常务理事
深圳市美容美发协会常务理事
深圳市美都美容美发足浴保健连锁发展有限公司董事·总经理
深圳市“美都WAVE国际学院”院长
历届世界华人发型化妆大赛总监
深圳市足浴保健连锁经营第一人

马愉丽：南海之滨一座彩虹桥

马愉丽小姐，马来西亚籍人士，深圳市格施美贸易有限公司董事总经理。

作为最早加入中国美容行业的少数外籍人士之一，马小姐见证了中国美容行业的发展。

1994年，身为马来西亚怡保集团中国部的项目经理的马小姐，凭着对祖国父老乡亲的感情，以及敏锐的市场触觉，毅然告别了亲人朋友，辞掉安逸悠闲的工作，只身一人带着mdformula—tions产品来到了深圳。

那时候的深圳，美容业尚处于刚刚起步阶段，很多人对美容还是不甚了解，也少有人会经常光顾美容院，更谈不上对美容产品的认识了。在这样的市场环境下，要说服客户使用高端的专业型产品，谈何容易。一切从零开始，人地生疏，水土不服，无数次的冷落与拒绝....凭着对美容行业的热爱和不服输的性格，马小姐硬是撑了过来。成功只偏爱执着追求、开拓进取的人，渐渐地，深圳乃至内地的美容界都知道来自马来西亚的马小姐，都认可并接受了格施美公司的产品和服务。

十年过去了，马小姐也在不断地扩大她的销售网络，客户遍布东北，西北，华东，华南，除深圳总部外，北京、广州、上海也都成立了分公司。

为了美容行业的规范发展，马小姐一直不遗余力，繁忙的工作之余，还担任着多项社会工作。1998年任广东省美容美发协会海外顾问，西南地区第二届国际发型美容大赛国际评判，深圳美容美发协会理事，目前担任深圳市南山区美容美发协会副会长，1999年获选深圳英才。同时还不断学习进修，拥有国际各大美容学校的考核认证，如：美国EPRL、日本BS、美国MDF亚洲教育总监、英国BCH中国培训技术总监、中国首批美容心理培训师。

马小姐以其独特的个人魅力管理着她的美容王国。对外，她是客户的知心朋友，不仅为她们引进品质至好的产品，还为她们带来国际上先进的美容潮流和专业知识，以及系统化的美容院管理理念，无论是经营上的还是生活上的问题，客户们都乐意找马小姐倾诉讨教；对内，她是员工的大姐姐，事事亲力亲为，管理严格而不失温情，她带领着一支团结合作，生气勃勃的美容精英团队，在大江南北传播着美丽。

经过十年的奋斗，格施美公司已经不仅仅是产品的代理商，今年，在严格挑选和科学的分析研究后，更推出自有品牌

——法国Midas Touch迈特专，矿物护肤保养修复改善系列。

Midas Touch迈特专，原料和配方均来自法国，是专业美容治疗改善+保养护理产品，由法国JC LYSEDIA 实验研究机构和CIMANE国际抗衰老医学美容学院联合研制，并由多名整形和医学美容医生经过长时间的研究测试，其中之一更是国际知名的医学美容医生ALAIN BUTNARU。他于2005年5月份在摩纳哥举行的世界抗衰老医学论坛上发表论文，受到多国医学美容专家的赞赏和推荐。国际著名的高级SPA如巴黎五星级丽兹酒店（RITZ HOTEL）的美容会所和伦敦哈利街的RADICAL医学美容医院均在使用。

诚信待客，贴心服务，真诚分享，现代管理，互惠互利，是马小姐多年来一直坚持的经营宗旨，马小姐和她领导下的格施美公司将一如既往，为中国美容行业不断带来国际领先的专业医学美容产品和个性化的一流服务。

马愉丽简介：

马来西亚籍华人
美国EPRL、日本BS、美国MDF亚洲教育总监
英国BCH中国培训技术总监
中国首批美容心理培训师
广东省美容美发行业协会海外顾问
深圳市南山区美容美发化妆品业商会副会长
1999年获选深圳英才
被第一届深圳市美容化妆品业商会授予最佳贡献奖和最佳文选奖

彭玉玲：中国SPA水疗的指路明灯

近年在中国最风行、最热门的SPA水疗，几乎遍及美容的每一个角落，而当人们把目光投放在SPA水疗市场，热讨SPA水疗时，无不谈及一个影响中国甚至亚洲SPA水疗业发展的女性——亚洲SPA水疗第一人、香港知库国际集团董事局主席、香港知库专业SPA水疗教育学院创始人彭玉玲女士。

彭玉玲认为，目前国内美容院、女性会所纷纷开设SPA水疗项目，并不是一种潮流，而是美容业的发展趋势。但是很多SPA水疗投资者、经营者均是闻风而动，知其表而不知其本质，流于形式漂浮在SPA水疗的层面，领悟不到SPA水疗的内涵和无穷魅力。真正的SPA水疗，是一种集环境、氛围、细致服务于一体，通过泡浴、美疗师引导、科学按摩等方式方法，使顾客身心放松、改善生理问题及消除精神紧张的一种治疗，是一种精神文化，有着丰富的文化内涵。

为推动中国大陆SPA水疗业快速规范发展，彭玉玲从培育SPA水疗专业人才入手，在积累卡雯国际美容学院10多年办学经验基础上，于2004年与深圳市劳动局职业技能培训学院联合办学，成立中国第一家专业SPA学府—“知库专业水疗教育学院”。该学院占地3000多平方米，配置了世界一流教学设备和强大师资，并与素有“SPA美容剑桥”之称的意大利樊德礼美容学院建立金牌教育联盟，优势互补，资源共享，互惠共赢。该学院的成立，即确立了亚洲SPA水疗王国地位，成为国内首家最具规模与国际接轨的专业从事SPA水疗管理与技术教育的人才培训基地，致力于培育中国SPA技能人才和推动中国SPA水疗业的健康快速发展。

据彭玉玲介绍，知库专业水疗教育学院不仅针对美容业的管理者和从业人员进行正确的理念和技术的传播，还要让他们学会如何在消费者心目中树立正确的SPA水疗的观念。虽然目前国家还在摸索制订SPA水疗技能人才的等级证，但深圳市劳动局已为知库专业水疗教育学院颁发了“美疗师”资格证，以作为SPA技能人才上岗的凭证。现在知库专业水疗教育学院不仅已为上千家美容服务机构培育了无以计数的SPA技能人才，而且与众多美容院、培训机构结成校企联合办学、强强联手的战略联盟关系。在记者采访时，大型美容连锁机构思妍丽从全国各地选派进修的学员刚结束为期20天的学习，通过七门课程

的考试获得了国内唯一被认可的“美疗师”资格证。

彭玉玲是一个长年在世界各国游走的学习型企业家，对国际国内形势，她有自己的见解和看法，她说，目前各国SPA水疗均有自己的特点和优势，但美国的医学SPA疗程、印尼的蜜月LULUY（露露）美肤、意大利的矿泥尤为突出，其按摩手法、疗程对女性亚健康症状和身心保养也不同。目前国内同行无论在经营模式、管理模式、从业人员素质、专业水平均难以与国外抗衡，国内美容、SPA水疗不可避免地要“与狼共舞”。

彭玉玲简介：

香港知库国际集团董事局主席
香港知库专业SPA水疗教育学院院长
亚洲美发美容协会秘书长
亚洲美容美发化妆品进出口协会会长
香港美容美发商会副会长
《美容新时代》、《芳香美容》杂志SPA专栏作家

2005深港最具推动力十大风云人物

钟兴豪：打造华人世界第一品牌的国际先锋

全球经济一体化的飓风，席卷美容业，从四面八方涌向中国。各施奇技的澎湖气势排山倒海，令中国美容业进入“战国时代”。在OEM、ODM厂商与品牌商的激战里，谁将独占鳌头？

钟兴豪，美容界响当当的名字。在美丽产业波澜汹涌的狂潮里，智慧为帆，信念为桨，建立了伯庆辉煌且坚实的企业王国。

钟兴豪，1994年在台湾创立伯庆事业集团。

在创立初期伯庆公司以传统美容院启基，在短短不到两年时间，伯庆公司在台湾快速成长，两年多时间成立了七家分公司，成为台湾最著名的保养品成功企业。1999年，伯庆公司在巩固台湾根据地后向外实施拓展战略，进驻了香港市场。2001年，又乘着中国政策大好的东风，在深圳成立大陆分公司，快速地发展成一家跨国企业。自1994年以来，使用过伯庆产品的爱用者已超过200万人次，营业额更超过10个亿人民币。

在深圳运营之初，钟兴豪和许多企业一样在全国寻找代理商。但经过两年的摸索，钟兴豪发现找代理商如同找“养父母”般艰难，选择不好就令该地区的“孩子”、“长不大”、“长不健康”。如何建立稳定长久的通路？

2004年，钟兴豪改变策略，把所有人员调聚深圳，他要集中火力把深圳市场做成功，做出一个规范的样版，然后再以麦当劳的形式在全国复制下去。

事实证明钟兴豪的决定是正确的。短短一年多时间，伯庆在深圳从“0”知名度、“0”加盟店发展到2005年目前近一百家加盟店，闪电般的速度令业内人士极为震惊。顾客为什么要加盟伯庆，钟兴豪究竟有怎样的奇招妙计，带着疑问我们走进伯庆走近钟兴豪。

钟兴豪说，一个公司的兴盛，产品是基石。没有唤不醒的肌肤，只有错误的对待，伯庆对品质的追求永远是安全、快速、简单、有效，选择最佳成分，选择最好的比例。

伯庆旗下的芙美皙，小分子穿透技术，成分进得去，效果出得来。真正帮到爱美人士肌肤柔嫩白皙且明亮动人。“我自己都在用呢！”钟兴豪拍拍自己绽放光彩的额头。

当然钟兴豪了解顾客的需求已经不再是单纯的产品，美容院的经营管理一直是老板们困扰心头的痛，因此他加强业务及美导的教育培训，要求每位业务美导都具备经营管理的能力，定位自己就是加盟店的老板，实实在在地服务顾客，更不惜巨资从台湾聘请优秀讲师来深圳授课，协助美容院的经营者成为营销专家。看着顾客从中小型店变成大店，从一家店变成几家连锁店，钟兴豪心中感到欣慰，也有着些许成就感，更有着强烈的责任感和使命感！

2005年12月13日，伯庆公司完整上市PRINCLPESSA宝裴拉系列，王妃级的保养品，百分百根本保养，讲究时间感、速度感的精致保养，揭开深层肌理极简尊宠美学的新纪元。在广东省掀起购买狂潮，为加盟店建立了形象，巩固了知名度。目前，伯庆产品畅销两岸三地，更行销日本、美国、英国、泰国、印尼、马来西亚、新加坡等国家，在香港七年时间是化妆品中唯一华人品牌。大陆市场已在沿海各重要城市有10多个省市代理、加盟商。

钟兴豪在追求卓越成绩的同时，时时抱着感恩之心。他强调以人心为本，从心出发，以心关怀，不忘对孕育人们的大自然怀着谦卑的态度，取之于自然，回馈于自然，在平凡中成就不平凡的生命。

谋定而动就能逐鹿天下。

钟兴豪表示，未来50年到一百年中国一定是全球经济的主宰者，而美容业蓬勃发展更令全世界仰视。但中国目前与国外发达国家和周边地区相比，硬件有余而软件不足，而最大的欠缺是人才的培训和机制的不建全。钟兴豪认为企业文化的建设和是否拥有大量人才是未来决定胜负的关键，为此，他会以中国为圆心，盛装待发，稳扎稳打，全力打造华人世界第一品牌！

余鸿展：潜卧在美容教育长河里的巨鲸

余鸿展，一个不起眼的名字，却与深圳特区著名美容培训机构——精英职业培训中心相辅相存，是这所劳动部门作为深圳职业培训系统评估A、B、C等级样板学校的掌门人。余鸿展不如"精英"大名鼎鼎，是因为余鸿展一直沉默不语，求真务实脚踏实地休生养息，如一条潜卧在大海深处的巨鲸，远远的逃离在人们的视线之外。

余鸿展创办精英培训中心，是2000年3月份。之所以开办学校走培训教育之路，是因为他发现一直位居全国前列的特区美容教育已出现下滑趋势，教学设备设施甚至落后于国内诸多培训机构，这与改革开放以来所倡导的"速度深圳"、"效益深圳"、"创新深圳"有所相悖。于是，改变深圳美容教育停滞现状的念头在余鸿展的大脑里油然而生，并以一种责任感和使命感强烈促使他下定决心开办一所具有开创性和时代性的培训学校。

路就是靠信念和胆魄走出来的。余鸿展创办精英学校后，一方面大力加强师资队伍和教学设施建设，一方面狠抓教学成果和就业跟踪培训。在教师队伍建设中，余鸿展要求教职工教书尽力，工作尽责，育人尽心，树立强烈的教育工作者的育人意识，培养教职工的敬业精神、奉献精神、拼搏精神和创新精神，积极推进美容教育教学改革。余鸿展是一个很务实、很严谨、很稳健的人，他在学校管理中坚持"严格+规范"的管理模式，做到制度管理与情感管理相结合，目标管理与过程管理相结合，导向管理与民主管理相结合。

对目标过程管理，余鸿展从不在长远目标上下大功夫，但他很注重小目标的连续性和实效性，他每年给学校设置四个小目标，并用时间的限制去完成它。他把小目标落实到各级组各岗位，强化管理过程，做到有计划，常总结，勤检查，促落实，把问题力求解决于管理的过程之中。他认为实现了四个小目标其实就是完成了一个大目标。

在完善的教学机制中，精英学校教师们很注重学生的质量意识、竞争意识、通才意识的培养，以提高学生的适应能力、自学能力、操作能力、社交能力和创造能力。对操作能力，余鸿展尤为注重。在精英培训课程中，操作课与理论课并重，每天操作课开展、学员学习进展均有原始记录，以核查学员学习状况，便于学校、教师对症下药，因材施教，查缺补漏。

精英学校教学面积达2000多平方米，学生正常学习人数为300—500人。学校开设了美容、美发、形象设计、影楼造型、影视化妆、摄影、英语等专业课程，教学设施配有专用仪器、音像、投影、电脑造型、模拟厅等，其规模、生源、电化教学设施在深圳地区屈指可数。在众多培训机构招不到生源的恶劣竞争中，精英为何呈现一派风和日丽的景象？余鸿展告诉我们，精英靠的是信得过的教学质量而赢得口碑，靠较好的口碑而赢得市场。五年来，精英靠自己的实力多次被劳动部门评为职业培训系统"先进单位"，被2001年全国广告模特大赛组委会指定为广东赛区化妆造型单位，2003年被新千禧年全国少数民族风采大赛组委会指定为化妆造型单位，2005年被第四届中国（深圳）国际品牌服装交易会组委会指定为开幕式化妆造型单位，学生在国际国内各项化妆发型大赛中多次包揽多项金奖，学校成为最具实力的"明星"塑造摇篮。

2005深港最具推动力十大风云人物

吴靖：美丽花园里自然绽放的优雅百合

吴靖说，美是人世间最绚丽璀璨的文明，美是一种科学也是一种文化，不求粉妆只求素裹，最自然就是最健康的，自然就是美。

1985年，吴靖毕业于西北大学经济学院，从不化妆的她做梦也没想到自己会成为美的传播者。

1996年，吴靖在台湾怀孕静养。偶然在报纸翻到自然美学校的美容培训招生。抱着打发时间的心态她报名参加了学习。学到第三堂课时，吴靖产生了浓厚的兴趣，她惊奇地发现小小的美容竟然和深奥的皮肤学、医学有着如此紧密的联系。一个正确的皮肤保养可以为女性带来真正的美丽。要把这种自然的美带给国内女性的愿望在她心里萌芽。

回到中国深圳，吴靖在亲友的支持下，她拼凑了30万，在蛇口一个不足四十平方的地方开始了她“自然美”的创业之路。

新店落成，当第一个顾客踏进店门时，吴靖欣喜非常，她细心地帮顾客检测皮肤，并拿出皮肤图，告诉顾客色斑、暗疮、皱纹等皮肤问题形成原因，教授居家保养的方法。在自然美的优质产品和吴靖的专业指导下，许多女性的皮肤得到了改善，其中有位被痘痘困扰了两年的已婚女性，在吴靖的精心护理下，变得光彩照人，她感激地说：“我老公再也不会说想亲我一口都找不到位置了”。看到顾客变得美丽和自信，获得幸福和快乐时，吴靖心里充满了喜悦。三个月后，吴靖在蛇口开了第二家“自然美”；半年后，吴靖在解放路开了第三家“自然美”。

偶然的机会，吴靖听自然美的创始人蔡燕萍博士说：“我之所以会用自己的名字注册商标，就是对顾客的负责！”她听后非常感动，更加坚信自己选择“自然美”是正确的、幸运的，她要让“自然美”的灿烂之花开遍深圳每个角落。

吴靖把解放路的“自然美”店一分为二，前半部分做美容，后半部分做培训，她希望让深圳更多平凡但却不甘心的女性获得创业机会，让她们“美丽与财富兼得”！之后的几年时间，吴靖开了五家“自然美”直营店，并协助蔡博士在深圳开发了近一百家加盟店，培养了大量的美容精英，为许多女性的生活增添色彩，当提及这些成就时，吴靖谦卑地说：“我并没有什么特别，自然美的经营理念是美容行业一条正确的路，我只是把蔡博士教我的东西做到最好，演绎到极至而已”。

2000年，在振兴路建立了“自然美SPA生活馆”，这在当时也是深圳第一家SPA馆。绿色环保的田原式装潢，悠美的音乐，花瓣的飘香，令顾客有如回归大自然。吴靖说，现在的美容概念已不仅仅是在皮肤护理，身心的和谐统一才是最高境界，“自然美SPA生活馆”的宗旨就是“给你皇后般的恩宠”。SPA的过程中，嗅觉、味觉、听觉、触觉、视觉五感的享受，令都市女性工作的压力和情感伤痛，怨恨和愤怒都没有了。内心开始出现了宁静、安祥、爱，也充满了来源于心灵深处的幸福和快乐。心贴心，唯有自然美！

吴靖说，我们所处的时代是大变化的时代，在这个时代，企业环境变化的广度、深度、速度都是空前的。中国加入WTO意味着中国企业融入了变化多端的大世界，这个世界的消费市场、竞争对手以及各种因素都在不断变化，形势迫使我们知变、应变、善变，与时俱进，不断创新。而美容业要紧跟时代发展趋势，应变的首要条件是培养人才，增强企业文化底蕴，在软件上下功夫。自然美就是健全灿烂丰厚、内涵隽永的企业文化，才有效支撑自然美在大浪淘沙中成为中流砥柱，给自然美的发展提供核心竞争力。

吕桧瑛："善"道美容的无量清泉

菲曼芝美容连锁机构创始人吕桧瑛出生于中医世家，从小立志从医，毕业后如愿以偿成为白衣天使。在从医多年的工作中，积累了大量临床经验，撰写了三十余篇论文登载于国家级、省级刊物，并多次参加中华医学会、东南亚医学学术论坛会进行行业学术交流。

有人说，美容是给别人一个梦想，而吕桧瑛却认为：美容是送美丽、送健康，让人们的生活锦上添花！任何事业的成功都来源于心中的动力，她率先在全国首家倡导"生态平衡"美容护肤理念，并成功研发了一系列的"生态平衡"美容护肤产品——全维素。主张效果就是硬道理，不盲目追求花俏的炒作，而是踏踏实实地完善产品品质，提升科研技术，使得全维素产品获得由深圳电视台举办的全国电视形象大赛"青春之星"的唯一指定护肤产品。

借助全维素产品的开发，吕桧瑛女士巧妙地将中医文化融入美容护肤当中，全国首创"中医SPA美容"，研发了"18状态美容手法"，配合了"处方美容疗程"实现了以聚焦健康，调内养外的方式达到护肤及身体保健的最佳效果，形成了传统与时尚的科学融合，突破了传统美容的方式，开创了新一代的经营模式。

凭借这些有力的武器，吕桧瑛女士用了六年的时间在竞争激烈的深圳市场建立了10家直营连锁美容院，使菲曼芝这一企业品牌以石破天惊的速度迅速成长并不断地壮大。她的成功模式得到了同行业的赞许，并应邀参加2001年"北京梦工厂"活动剧组的行业论坛现场直播；吕桧瑛个人在深圳成功创业的经历更被摘录于《留下世纪的回忆》一书中（标题为"人面桃花相映红"），此书是专为纪念深圳特区成立20周年而出版的珍藏版；2003年吕桧瑛以"中医SPA美容"项目与法国达成了合作协议，得到了法国同行的一致认可；2005年更被深圳卫视"全国主持人"选拔大赛指定为活动唯一美容护肤机构，吕桧瑛女士以荣誉嘉宾的身份出席此次大赛的颁奖典礼；在由深圳电视台、香港凤凰卫视联合举办电视剧《梅艳芳菲》选拔演员大赛活动中，菲曼芝又再次成为该活动的指定美容护肤机构，参赛的各位选手到菲曼芝美容院感受了"中医SPA美容"项目，并赢得了一致的好评。

在企业经营的历程中，吕桧瑛始终将"爱、真、善"做为行为的根本，提倡商道即"善道"，以爱为中心，以真诚为半径，画出行业善的形象，教导员工行善积德，不做投机取巧、损人利己的事，时时事事站在对方的不同角度做道德之举。2005年带领全体员工参加残疾人"我的梦——千手观音"现场捐赠活动，当场捐赠出价值15万元的公益品。吕桧瑛就是这样以大爱之心打造出了菲曼芝特有的"姐妹堂"文化，真诚地面对每一位员工的付出，真诚地回馈感恩每一位客户。在经营管理过程中她设立了"员工钻石大使"的激励机制；树立起"培养自己的院长"的员工培养机制；知人善用，人岗职责匹配，明确每个人的发展目标，通过健全的公司管理制度，高度文明的企业文化，倡导员工以"善"之心对待身边的每一个人，行"善"之为，创"善"之道。

上善若水，无量清泉，这就是对吕桧瑛女士最真实的写照。

2005深港最具推动力十大风云人物

夏瑞雨：为赋美丽巾帼心

夏瑞雨，玫瑰花般的精灵，一袭粉色长裙，浅浅黑发挑染了几缕赭红。淡淡的微笑宛如一泓清泉沁人心扉，皎美的容颜活脱脱一幅南国山水！任谁也想不到这个来自风光旖旎的天府之国姑娘，在不到两年的时间内，就被誉为中国美容行业异军突起的一匹黑马！

夏瑞雨，这个爱思考的女人，出生于商业世家，从小就有了很强的经商意识。可以说，夏瑞雨的一切行动都是她的父亲最初熏陶出来的，这一切包括她的思想、智慧和毅力。她的父亲总是能变着法子赚钱，夏瑞雨在父亲的耳濡目染下，激活开放自己的思维的。小时候她一有空就跑到父亲跟前，看父亲如何做衣服如何改进手艺如果与进货人打交道，甚至连她常玩的游戏也都跟"生意"有关，自顾自地扮演着"买家"和"卖家"，讨价还价。

从小，创造财富就是最富挑战性的工作，犹如磁石粘着她的心和梦。耳濡目染着激烈无情的商海风云，那惊心动魄的成败演义令她神往。财经学校毕业后，夏瑞雨进入了父亲一手创办的著名的天龙集团工作。当同龄人漫步花前月下时，她却在机械化工这个家族企业的天空里，创造了一个又一个奇迹。她凭借自己超群的智慧使天龙迅速腾飞，公司效益大幅度提升，天龙集团的知名度更是如日中天！而这一切都与这个花季少女的努力分不开……

夏瑞雨是一个独立自强的女人，她有自己的见解，懂得思考自己的人生价值导向，她想决定自己的未来。当人们以更多的期许关注夏瑞雨的时候，她却做出了一个令所有人诧异的决定，走出天龙另起炉灶！在2003年6月，她放弃了安逸满足的生活，放弃了继承父亲庞大的企业机会，带着她的梦想逃离了优越的生活环境，独自来到深圳寻找她的人生目标。她要在这个美丽的城市圆她"美丽"的梦。

从一个实体企业家转型到美容保健品行业，夏瑞雨可谓从零做起。作为一个企业的领军者，不但要头脑灵活，更要有创新和超前独到的眼光。夏瑞雨认为："一个企业要想成功，一定要有自己与众不同的特色和个性，才能生存和发展。如今的美容市场，特别是中国加入世界贸易组织以后，众多的国外企业也将抢滩中国市场，在这个群雄逐鹿、竞争激烈的市场环境下，若想在这个领域站稳脚跟，没有自己的特色独到之处，就等于没有生存的空间！"

夏瑞雨的率真执着，她的美丽善良，她的真实体验，这一切的一切感动了一个又一个客户。越来越多的客户以其亲友般的认同与真诚将夏瑞雨的事业一步步推向同行业的前列……

天道酬勤，夏瑞雨的愿望正在逐步实现，越来越多的人也开始认识她。无论是过去身为天龙集团总经理，还是亚太地区执行总裁，变幻的是时光，不变的是夏瑞雨对创造财富与美的渴求与痴迷。不论是在全国政府采购论坛会上，还是其它一些世界行业活动，夏瑞雨的倩影无处不在。她用自己的聪慧与坚韧，把握住了企业运营成功的至高点。

没有比人更高的山，没有比脚更长的路。夏瑞雨，一位美丽的使者，心有多大世界就有多大，她用创新的思维、超前的意识不断刷新自我，迈向更大的成功！

谢凤鸣：让"天天美"成为特区美容王国

谢凤鸣，一个具有开创性和强大推动力的美丽天使，2005年又斥亿元巨资创办面积逾10000平方米的天天美皇家都会，成为美容界备受关注的焦点人物和新闻人物。于是，谢凤鸣与天天美，也成为媒界和社会公众关注的热点。

天天美公司成立于1994年3月18日，公司本着"以人为本，以质为先，至诚至真，尽善尽美"的经营之道和诚信的经营理念，经12年的发展，在同行业取得了骄人的成绩，创立了自己的品牌，得到了社会各界的认可，2004年被专业机构评为全国同行业30强殊荣。公司董事长谢凤鸣女士也多次获得十佳企业家的称号。随着健康与美容产业的不断发展，众多美容、美发店、足浴、足疗场所、健身院、瘦身养颜屋等等以保健、美丽为旗帜的场所在深圳越来越多。在一片鱼龙混杂的美容市场面前，深圳不少业界人士开始思考另拓"疆土"。天天美公司董事长谢凤鸣女士将眼光看向更高处，将美容、体内调理、休闲娱乐等多种服务串联起来，为顾客进行全面的、系统的、更有针对性的服务，走向多元化综合经营之路。

"想别人之未想，做别人之未做"是谢凤鸣人生箴言。她的创新大胆，见解独到让"天天美"不断创新升级。谢凤鸣表示，如今桑拿、美容行业已发展成为朝阳行业，尤其是"多功能一站式的消费模式"更是迎合了客人方便、实惠的消费心理。基于这个认识，天天美公司打破传统模式，在龙岗布吉率先创建了集桑拿保健、美容纤体、水疗SPA、中西美食、康体娱乐于一体的超大型综合性一站式休闲会所——天天美皇家都会。投资近亿元、逾万平米的超豪华经营面积，拥有中式、泰式、古法推油、皇家香薰、中医理疗按摩房共200间，独具特色的各式蒸房给每一位来宾带来舒适的享受。此外，会所还斥巨资修建了一流的多功能棋牌室、茶艺、KTV、足球吧、书吧、网吧以及杜比环绕影院等满足客人的个性化需求；浴区（男、女）拥有宽敞的空间，并装备国际标准的豪华洗浴设施，以利于顾客恢复健康和消除身心疲劳。古朴典雅的庭园，饰有异域风情的风景名胜，现代化的设备设施为宾客提供了舒适幽雅的享受环境。

走进"天天美"美容区，你会觉得每一处都是为女性精心设计。点点滴滴、每时每刻都会感到顶级会所的环境体现出来的大气及臻至完美，让你领略不一样的国际级美容会所的风景。"天天美"的仪器设备投资总额达千万元，拥有以色列LHE柔光面部嫩肤仪、意大利MBE三头注氧活肤纤体综合仪、德国EPS多功能美体还原仪、美国BIOR2000智能数码美容仪、意大利多功能纤体舱、法国顶级SPA有氧组合舱、德国光谱振荡热疗舱、意大利狄比紧肤仪等几十台国际高科技美容纤体仪器，从身体到面部可以进行不同的疗程搭配多达800多种项目，满足高品位女性美容纤体的需求。

"天天美"设有专门的培训部，每一位员工必需要经过严格的培训及考核后方可上岗操作，而持续不断的培训计划在"天天美"每天都在进行。因为"天天美"很多高科技仪器都是深圳首家引进的，技师的操作次数及技术得到了有效的保证，确保对每一位客人操作后的效果。"精益求精"可以说是"天天美"精湛技术的真实写照。除了专业技术的培训以外，"天天美"还对每一位员工的综合素质进行全面的培训，聘请企业咨询顾问、管理专业人士等对公司的中高层管理人员进行全方位的培训，提高公司的核心竞争力。公司是企业化的管理模式，每个服务的流程环节都有规范的标准。"天天美"的员工有着非常高的服务意识和服务理念，为每位会员提供高品质的服务，是每位员工致力追求的目标。

今天，在波诡云谲、风浪横生的美容高端市场竞争中，谢凤鸣犹似一只扶摇云天、振翅奋飞的大鹰在搏击长空，为深圳特区书写了一页美丽的画卷。

2005深港最具推动力十大风云人物

李振顺：谋而后定，不断演义联邦系列新神话

厚积薄发，锐意进取中国市场

艾得莉生化科技有限公司是一家国际性的专门从事生物功效性化妆品研发、生产和推广的高科技股份制公司。公司与美国宇航局·安兰实验室、美国狄纳科斯细胞分子研究中心等国际专业生化科技研究机构建立有长期的战略合作关系，将它们最新的研究成果市场化，为人类的美丽事业作出贡献。同时，公司还同世界知名化妆品、医药保健品生产企业建立有长期合作关系，所有产品的生产原料都由世界著名原料供应商供应。2002年，李振顺先生受命于海外总部，空降于深圳，在深圳设立了产品的营销中心——艾得莉（深圳）生化科技有限公司，开始了艾得莉进军中国的征程。凭借几十年商场的雄厚人脉，对内，立即着手建立了符合中国市场实情的运作方式和营销团队；对外，积极与国内知名的营销策划公司以及宣传媒介展开战略合作。在不长的时间内，迅速使产品进入了中国市场，并形成了有效覆盖。

谋而后定，运筹帷幄决胜千里

在产品营销方面有着30年丰富经验的李振顺先生深知，产品的成败，80%决定于它入市前良好的策划。而当今的美容品市场，是一个不缺乏产品，但缺乏差异化营销的市场，同时也是一个不缺乏新概念，但缺乏营销能力的市场。只有站在市场的角度分析问题，站在客户的角度解决问题，才能使产品为经销商、为消费者、为市场所接受。

基于以上的市场客观状况及营销思路，李振顺先生总结了在项目选择及产品包装及推广方面的经验，提出了六个不做：一、没有功效的产品不做；二、功效没有验证的产品不做；三、不是新科技的产品不做；四、不能迅速打开市场的产品不做；五、不能长期经营的产品不做；六、没有大力广告宣传的产品不做。在这样的经营思路的指导下，公司先后推出了“联邦·艾得莉”、“联邦·变脸王”、“联邦·雪芙莱尔”三个品牌的生物功效性美容品，成功的在市场上攫取到属于自己的份额。

傲然回首，谈笑之间披荆斩棘

2003年初，在李振顺先生的带领下，公司将在世界27个国家畅销的“联邦·艾得莉”产品正式全面针对中国市场招商。为了产品能迅速有力的切入市场，对主打产品美白活化细胞素推出了“5分钟美白，7天还你完美肌肤”的全新美白概念，从而引发了中国美容市场持续几年的美白大战。为了在激烈的市场竞争中能脱颖而出，公司由果敢的采用“不美白，就退款，无效倒送80元”的功效承诺方式，一时间大江南北销售捷报频传！无论是在广东、广西、福建、还是在东北、山东、新疆，“联邦·艾得莉”产品以凶猛的势头创造了一个又一个美白神话，演绎了一个又一个销售奇迹。而今，三年过去了，“联邦·艾得莉”以其卓越的品质及良好的口碑，培养了上百万的忠实客户。

2004年末，李振顺先生及艾得莉团队经过长达一年半的市场调查，产品跟踪和入市策划，“联邦·变脸王”再生素这款全新的冻干粉敷面塑脸祛皱的护肤极品，在十多个卫视台广告的强劲推动下，强势进入中国市场。几乎一夜之间，变脸的神话就传遍了中国的千家万户。在高空密集广告的配合下，地面推进也极为迅速，不到半年，由商场、专卖店，精品店、OTC药店、美容院……等不同渠道终端所构成的庞大销售网络即覆盖了整个中国。

梁红：特区纹绣界一颗璀璨明珠

梁红，贵州人，1991年从贵阳医学院毕业后，不甘心守在落后的贵州，毅然辞去良好的医生工作，满腔抱负南下闯荡，踏上了符合自身发展的求美之路。

深圳河欢畅奔流，大鹏湾春潮涌动，沐浴在这座充满激情和梦想的新城市，梁红感觉到这将是她改变人生的一片崭新天地。而作为一个弱小女子，在充满机遇与挑战的沿海前线，她能做什么呢？出于对美的向往和追求，梁红选择了纹绣业，她感觉到中国纹绣业既是一个有优良传统的民族文化艺术领域，又是一个有待开发和创新的新行业，因为中国纹绣还没有提升到备受世人关注的高度。

学习纹绣，既要心灵手巧，又要有审美眼光和医学基本知识，这对天资聪慧而又学医的梁红而言，更具有得天独厚的条件。但梁红天性谦逊，虚心好学，一直以学徒身份钻研纹绣技术，徜徉在纹绣艺术的海洋里，力求技艺精益求精。她的勤奋和执着，很快得到供职机构老总的赏识，并以她作为典范和标兵激动其他员工。

2002年，梁红工作的纹绣机构老板因要转型，执意把自己忠爱的纹绣店转让给梁红经营，希望她能把纹绣事业发扬光大。从未做过企业老板的梁红，虽感觉责任、压力重大，但多年的合作感情，尤其是对纹绣事业的感情让她无从拒绝。出乎梁红意料的是，由于她以诚待人，以技帮人，团结进取，敢于创新，纹绣机构的生意越来越红火，很多香港及珠三角爱美女性慕名找她纹眉，让她应接不暇。此时她才发现自己不仅是一个技术性专业能手，也是一个有凝聚力的企业管理人员。为了进一步拓展市场，更好的服务广大爱美人士，2003年，梁红又在深圳人气最旺的东门开了一间店面，并以自己名字命名为唯美梁红专业纹绣机构。由于梁红技艺过人，开店不久，梁红的名字便在纹绣界传开了，在大型美容机构纹眉失败或不如意的找她修眉，追求较高品位修饰的时尚女性找她设计个性化纹眉方案，港澳地区众多富太更是结伴专程找她，与她结下了姐妹渊缘。

找过梁红纹绣的人都认为，梁红人好，心好，技术更好，希望她能有更大的作为。在众多朋友的怂恿下，梁红参加了2003年深圳金体国际纹绣选拔赛，在两千余人的目光评判下，梁红技压群雄一举夺冠，成为特区纹绣界一颗耀眼的明珠。同年9月，梁红在朋友们的鼓动下，又参加具有国际最高水准的

第24届金眉奖国际美眉名店选拔大赛，在全国总决赛中，梁红又一举拿下金眉奖全国名店冠军，成为纹绣界的焦点人物和新闻人物。

当鲜花、掌声、奖杯簇拥着梁红的时候，她却显得异常的平静，在她眼里，汗水的付出与荣誉的回报一直是相互平衡的，但荣誉只能代表一种认同，是一种力量和武器去鞭策你勇往直前，更广泛地服务大众。

在纹绣领域取得辉煌成绩的梁红现今已不再满足于对眉的修饰。从医者的角度，她还会为顾客诊断皮肤问题，并进行全面治疗和美化，让不自信的人重拾自信。用一句歌词说就是：你快乐所以我快乐。每当看见顾客心情愉快的从店里走出，梁红的内心就会有一种成就感和欣慰感。

现常有人评价梁红技法超群，不用描画就可进行，做到了"心中有眉"，如画家作画般写意潇洒，并称她为纹绣大师。梁红对此评价不以为然，她说，既然选择了自己热爱的事业，就要全身心投入。只要用心，人人都是大师。只要坚持，人人都是成功者。

愿梁红能为中国纹绣业创造更加绚丽的篇章！

2005深港最具推动力十大风云人物

陈美珠：让雪姬钻石成为一面猎猎飘扬的旗帜

陈美珠，一个充满女性柔美的漂亮的名字，一个打造女性美丽外表的时尚女性，四年来，随着雪姬钻石美容美发会所的扬名而留在了无数爱美女性的脑际中和生活中。

采访陈美珠，是在一家颇具影响力的杂志社。见到陈美珠，只见她容貌清丽，姿态优雅，谈吐从容，热情而开朗，交谈中脸上一直显露出一片纯和的微笑，仿如经过了一次长途跋涉而最终到达端点那种自然绽开的笑靥，美丽而充满快乐。

雪姬钻石美容会所位于深圳市钻石广场，是陈美珠于2001年6月斥巨资创办的五星级名店。一直经营服装厂、从事服饰营销的陈美珠多元化涉足美容业，原以为美容业门槛低，从业人员素质要求不高，利润空间大，经营轻松，疏不知事与愿违美容院的学问比服装厂的学问不仅多，而且深奥。店面装饰色彩的定位、人员整体素质的一体化、理论知识与专业技术的有效统一、顾客心理美容与外部美容的有效结合、外部营销与内部团队机制的建设等等，一点一滴既不能忽视，也不能有丝毫的马虎和放松。"美容院的经营与当初投入时的设想相差太远了，但大笔资金的投入容不得你有丝毫的懈怠和懊悔，只有硬着头皮干下去，哪怕是输了也要坚持到最后"。

"我走到今天，并有一片小天地，全是我们用心服务、用心管理的结果"。陈美珠告诉我们，她的管理秘诀就是以心相待，以诚为先，以责为重。无论是公司决策层与员工之间，员工与顾客之间，都要想他人所想，多站在换位的角度为他人创造利益，创造快乐，做到"你快乐所以我快乐，你满意所以我开心"，并以对他人，对社会有强烈的责任感自始至终坚持不懈，构建团结友爱、和谐永恒的家庭氛围。

在美容业，很多美容院老板均为技术能手，而陈美珠已开办美容会所四年多，可在技术上却算不上专业能手。其实，企业经营者，能把握市场命脉、掌控企业发展方向、随时看到企业最大突破口才能促进企业做好做大做强。在管理上，陈美珠有大型工厂的丰富管理经验，所以针对美容院的人性化管理，她独有一套，让员工们不仅在完善的机制体系中实现自我价值，而且在福利制度、学习培训中实现物质和思想素质的整体协调提升。陈美珠总对自己的员工说，顾客来雪姬钻石，对待他们应该像对待自已的亲人一样，小心细致地观察着她们的变化，把她们塑造得更精致更美丽，让顾客的价值在雪姬钻石得到体现，我们的价值也才能在顾客的心里得到体现。她要求员工不断给顾客讲解专业知识，鼓励她们，给她们信心，让她们感觉到雪姬钻石就是她们的心灵港湾。

对于未来，陈美珠有着详细的规划方案。她现即将开业的另一分店已装修完毕，2000多平方米的豪华的空间和设施，又将给繁华的鹏城增添一道亮丽的风景，同时她那"站稳深圳，扩张国内"的绚丽梦想又向前迈进了一步。我们没有理由不相信这个执着而美丽的女子。

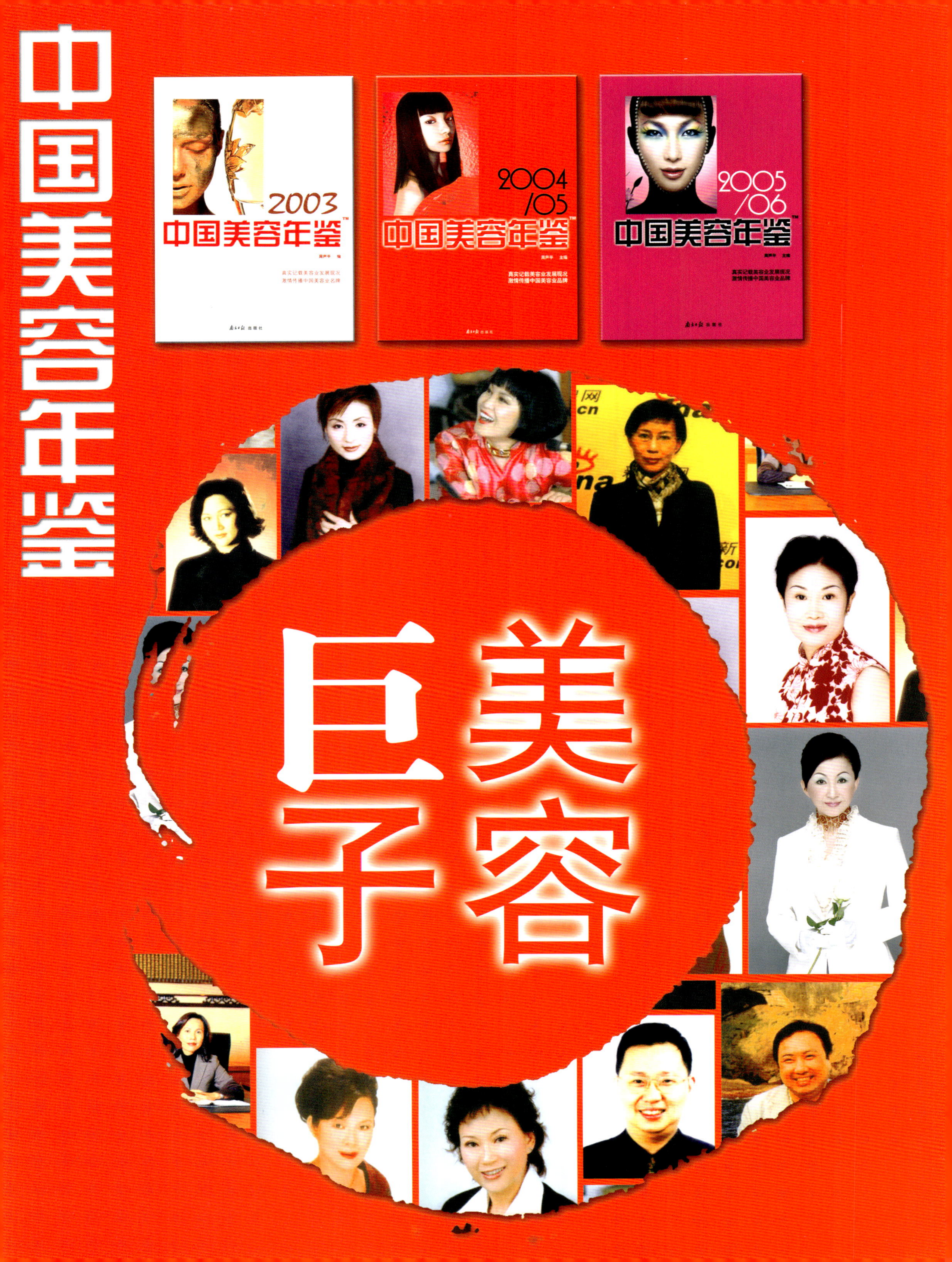
中国美容年鉴
2003
中国美容年鉴™
周声平 编
真实记载美容业发展现况
激情传播中国美容业名牌
出版社
2004/05
中国美容年鉴™
周声平 主编
真实记载美容业发展现况
激情传播中国美容业品牌
出版社
2005/06
中国美容年鉴™
周声平 主编
真实记载美容业发展现况
激情传播中国美容业品牌
出版社
美容巨子

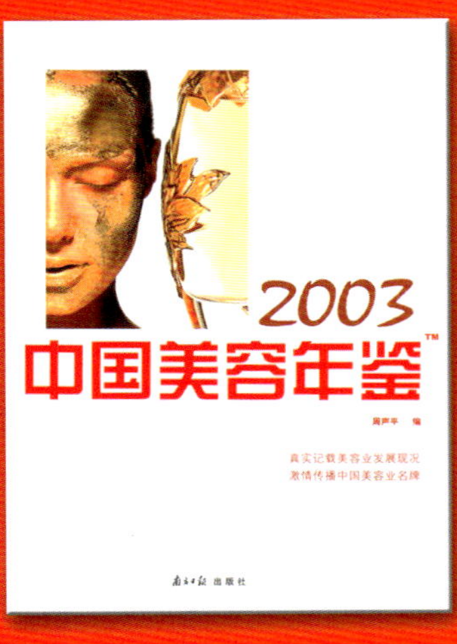

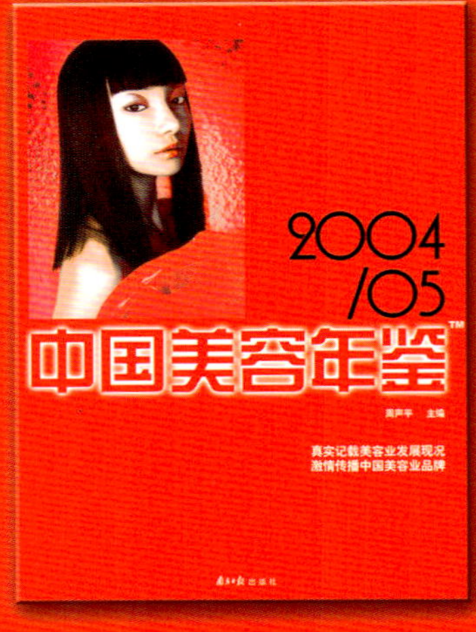

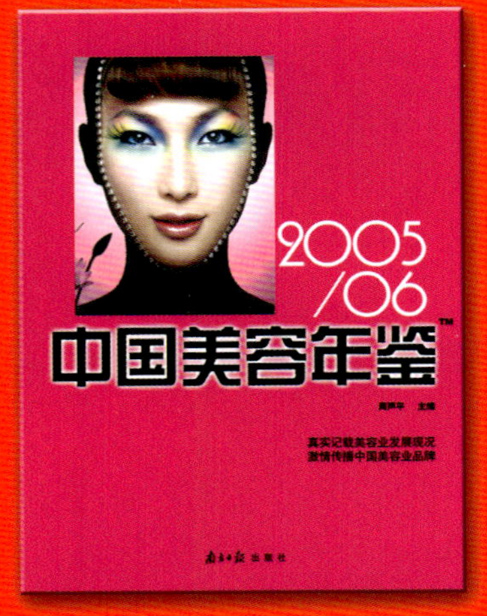

美容巨子

Beauty People

业界人士大多知晓成长多年的亚洲发型化妆大赛，它的创始人是如今亚洲美容美发协会会长赵振国先生。

赵振国：日出江花红胜火

早年就读于日本东京工业大学的赵振国，起初并没有显示出投身于美容美发业的浓厚志趣。重要的转变发生在1976年这一年，赵发起亚洲发型化妆大赛，自此活跃于国内外美容美发界，随即对中国美容美发业的发展和国际间的交流产生影响。

28年过美容亚洲发型化妆大赛成为一年一度的业内知名大赛，其影响力遍及中国、日本、印度尼西亚、泰国、新加坡、菲律宾等十多个国家和香港地区。亚洲众多优秀的年轻发型师、化妆师将此赛作为展示自我技术、创意的舞台，更将大赛视为开阔视野，与同行切磋技艺的一座桥梁。

1991年，中国大陆选手首度参加该大赛，如今在国内外活跃的不少美容美发师对这项大赛情有独钟，他们或成名于些大赛，或通过这个业界平台汲取到许多新知并成为事业技艺的转折点，或通过这个机会找到了更好的人生通道等等，凡在中国美容美发界泡上一段时间的人，大多知道这项赛事，也随之知道了赵振国先生。

赵振国，身材魁梧，厚镜片后面的眼睛依然神采飞扬，赵给大家的印象并不是强势姿态，更多的，他给我大家的是一种儒雅气质。2004年10月20日，中华世纪坛央视演播厅，赵与有“京城四剑客”之称的著名经济学家何帆博士、巴曙松研究员、钟伟教授、赵晓博士及成都市副市长何华章先生，共同探讨美容经济，对美容经济的规模、结构和发展趋势等进行了深入调研、研讨，全面确立了中国美容经济的“经济学地位”，提升全社会对于“美容”在国民经济中的地位和作用的认知。

赵先生发表了精辟的言论，在赵的思维里，“美容行业今后最重要的是教育，教育的投入，往往在学者面有一个误区，因为学者的教育是以学历来看的，是不是高中毕业，大学毕业，我们的教育和学历的教育是一样的，我们的教育是技能教育，这是一个误区。第二个误区我们15年以前基本上是理发师，现在变成美容美发，足疗，水疗等等。教育必须是连续性的终身教育，所以美容行业要在教育上有一个标准，要有一个终生的教育机制。我现在可以用美国的变化来给大家参考：以前美国的美容美发就有一个称呼就是美容师，现在很多州都有美容师、美甲师、化妆师，但他的有效期是两年，也就是说今天你是特级美发师，但两时报，你也许就会被淘汰，不再拥有这个称号。我认为，今后的中国能不能成为美容经济大国，还在于教育。希望各界人士对政府呼吁，希望政府能够领导教育的方向。”

赵理性感慨，美容行业的定义是天天在变的，许多学者说政府不要干预美容行业就是因为政府不干预才是发展到今天，今后不是邀请政府干预，而是邀请政府帮助我们协助我们，使美容行业更好的发展。

话语权是什么，赵算得上一个领域一个角度的代表。

赵振国：

毕业于日本东京工业大学，

1988年曾赴美国哈佛大学商业学院进修企业管理

亚洲美容美发协会会长

香港发业发制品商会会长

香港精工发品节有限公司董事长兼总经理

毛戈平说："一个优秀的化妆师必须要学会观察和积累，不管对历史还是生活，除了技巧和功力之外，一个化妆师最重要的是他的审美观，他对美的认识，对历史文化的体味，对不同文化对美的把握，决定了他所塑造的美。

毛戈平：从幕后到幕前

近距离接触毛戈平，谦和，直爽，没有派。

毛自1984年从事化妆工作以来，先后为40多部电影，电视和20多名舞台剧进行化妆造型设计，一部《武则天》让毛一鸣惊人，《《火烧阿房宫》》则让毛的水平走向"炉火纯青"之路。从广义上讲，两部电视剧成就了毛，"魔术化妆师"的称号并非空穴来风。除影视的化妆以外，他还广涉时装，生活，广告，摄影，MTV领域的化妆与设计，后开办公司，涉足化妆品商业及美容教育。

如果仅仅看这样一个类似于结果的述说，我们只能记下一抹迹象。在一个大的层面，有一种深刻的东西值得我们探寻。

一个化妆师如果不专注自己的理念，他就不可能有风格。有专家说，毛开创了化妆的工笔手法。毛的化妆中，你更多的是看到一些眉锁烟娟，顾盼流连的美女，这之中有毛的理念。说确切一点，毛很忠实于自己的感觉。深受江南水乡灵气浸透的毛，无论是在化妆造型还是在教学上，都融进了唯美的主张，所以你不得不感慨天时地利的造化。

"时尚只是一种意识，每一个有思想的人，对时尚的定义都会有所不同。"对于时尚的内涵，毛的认识客观。

尚若你认为毛追求完美，那只是过去的他。今天的毛则试图在打破这种完美。以前的他面面俱到，总想掩盖女性的不足，类似国画里的工笔，注重细部的描述。而毛转向时装化妆时，则在尝试另一种风骨，有如写意，追求神似而忽略形似味道迥然不同。

变化中的毛才是真正的毛氏风格。于是当毛在北京最红火的时候，选择回到杭州。离开，不是为了告别，而是为了更好的复出。而许多人在想，毛下一步会做什么？

但我们的思维指向一种非个人的层面，从另一个角度来叙述毛，我们就不得不说说"MGPIN"品牌。

辛映继：事在人为

辛映继，《医学美学美容》杂志社社长兼总编，《中国美容医学》杂志社社长总编，出生于中医世家，从小就随父学习中医，文革期间他虽年少却为好多被划成“靠边站”的省计老干部针灸按摩治疗，后来就读西安高级中学，在校学工学农劳动中，为不少工人师傅，农民伯伯针灸，被大家亲切地称为“赤脚小医生”。后来，光荣入伍，经过部队大熔炉的锻炼，又在第二军医大学和第四军医大学就读深造，毕业后一心一意投入临床医疗工作，改革开后在部队医院从事管理工作，他说“小平南巡”之后他就嗅到了春天的气息，既而找准契机创办杂志，走进美容传媒的商业世界。辛映继用异常平实的话述说着他的过去。

辛映继的人生里程中透露出一种信息，一个层面上，一个人的思想一旦赋予自由，就似风车拧紧了发条一不小心放松，它不容你考虑就呼啦啦地转起来；另一层面上，一个人的一生可以错过一个时点，但不可以错过一个时期；一个国家可以错过一个时期，但不可以错过一个时代。国家没有错过这个时代。

《中国美容医学》作为国内创刊最早的美容医学专业的全学科性期刊，自1995年度开始，被列入中国科技论文统计源期刊，中国学术期刊综合评价数据库来源期刊，中国期刊网·中国学术期刊·（光盘版）全文收录期刊。中文生物医学期刊文献数据库—CMCC收录期刊。

而熟知《医学美学美容》的人更多。这本杂志在北京，上海，广州街头的报摊上比较打眼，市场化是它不同于《中国美容医学》的最大特色。“最受欢迎的美容专业媒体”并非虚名。《中国美学美容》2000年12月改为半月刊的一个阶梯，市场举手发言了：“好！”

尽管杂志并非“迪奥”香水与“宝马”汽车，它蕴涵着更多的智力与感情成分，但它仍然是一件期待被销售与消费的商品，少有人喜欢阅读那些离自己生活过于遥远的东西，就像男人与那些比自己稍漂亮的姑娘柜处会更自如些，媒体必须满足之中平均取中的阅读期待，《医学美学美容》在这方面的探究，辛映继不忘任何场合宣扬他麾下的杂志，这是一种职业与事业是本能。

在这个信息焦虑的年代，我们相信一本好的行业杂志，除了忠实的记录行业的时代，它更该致力于挑战你大脑中的一些固有的观念，提供更广泛的探讨平台，以证明一切问题与结论都具有十足的开放性。这正是我们20年代来试图表达的话语权。它拒绝孤立与静止地看待问题，也不满足已有的结论。在美容传媒的商业世界，辛映继有个使命每他的影响力也足于支撑他的信心。

辛映继简介：

西安交通大学名誉教授，《医学美学美容》杂志社社长兼总编，《中国美容医学》杂志社社长总编，全国工商联美容化妆品商会美容专家组副组长，中华医学会医学美学美容学会常务理事，中国科技期刊学会科普协会常务理事。中国保健科技学会医学美容分户常务理事。

2001年获得广东省美容美发协会，世界华人美容美发联盟授予二十一世纪回顾中国美容业成就奖。2003年获得中国美容业风云去人物特殊贡献奖。2003年获得首届中国美容化妆品业时代传播奖。

红粉英杰倪佩红：积极面对，活得精彩

初见倪总，感觉自己很快就被包围在她那种热情爽朗的笑容中，显得暖融融的。我们就在非常轻松和活跃的聊天气氛中开始了三个多小时的访谈。

感激父亲培养自己吃苦耐劳的品质

倪佩红的办公室墙上挂着她父亲着军装戴着许多徽章的照片。她说"我这辈子最感激我父亲对我的教育。"军人出身的父亲对从小对她严格要求，慢慢养成她独立自主、坚强乐观的个性。就算在高中毕业，父亲去世时，她也没流一点泪，而是默默的担负起家庭的重担。这种性格为她之后的成功奠定了基础。所以每次一讲起她父亲，倪佩红就有说不完的话，她说她一辈子都感激父亲对她真正的爱，让她的人生从此不同。

相信自己灵敏的直觉大胆进军美容行业

1978年，倪佩红进国营大厂做一名普通工人，从最基层做起。虽领着一个月18块钱的工资，但她仍专心工作、学技术。由于工作表现优异，被评为全厂的先进工作者，又当了团支部书记。但她并不满足于此，之后她参加全国成人高考，就读经贸大专班，从国家企业转战医疗美容器械的私营企业。经过多番尝试与努力，终于发现美容行业无限的发展潜力，于是她大胆的进入美容行业。

美容海浪中的弄潮儿

说起她进军美容界的往事，倪佩红就一脸的自豪。她说自己是个喜欢不断创新及拥有超前意识的人，很容易接受新生事物。92年她率先开设护甲课程班。在足底穴位按摩还没风行的时候倪佩红就已经开办过培训班。同年，她举办的"国际美容新技术研讨会"上推广了精油产品，现在的促销会这种模式也是她最先尝试去做的。在92、93年的时候，她甚至把医学美容和生活美容结合了在一起。企业办自己的美容报刊也是她所在公司首家推出。就是这种超前的思维，让她在美容海浪中始终保持从容的姿态走在前面，做着时代活跃的弄潮儿，带领着美容行业往多领域发展。

投资拍电视剧《爱你口难开》，借电视媒体为美容业"正名"，先人一步

能人所不能、想别人之所不能想正是倪佩红的特长之一。因为很多美容业外人士不能正确看待美容行业，为了为美容行业正名，倪佩红继2005年8月北京大会堂召开的"中国科技创新生物美容成果发布颁奖大会"暨"全国生物美容修复科技普及中华行启动仪式"及"肽能科技魅力之夜"影星联谊会之后，又立即邀请知名影星拍摄以美容业为主题、正面宣传美容从业者的贺岁片《爱你口难开》。美容美发协会会长马娅女士称这是美容界的一次盛举。倪佩红对此寄予了希望："希望能通过借助中国最具影响力的电视媒体为美容业带来正面的评价和影响，也是我为美容行业尽的一份微薄之力"。

与女儿就象朋友，并沿袭父亲爱的方式

说起自己的女儿，倪佩红眼里充满了温情。她和女儿的关系很好，她沿袭父亲爱她、教育她的方式，让女儿从小就学会生活，经营自己的人生，而不是一味溺爱。这使得她女儿比起其他同龄的孩子更能适应社会的变化，在学校的表现出类拔萃。倪佩红骄傲的说："我女儿的学习成绩经常在班里名列前茅"。在初二期终考试时她女儿得了第一，作为奖励倪佩红鼓励她女儿独自跟随旅行团去了日本游玩。倪佩红说："我希望我的女儿也能独立自主，健康积极的生活着，过得比我更精彩。"现在她十八岁的女儿已经考取了国外名牌大学。

女中英杰将继续不断向前

就是这种不计较得失而又大胆创新的性格让倪佩红不断向前。她说"我会去总结过去，但我不会感伤，因为这一切都是财富。我相信只要保持积极、乐观的态度，勇于去挑战，面对人生，即使再大的困难也不成问题。"倪佩红积极生活，并活出乐趣，活得精彩的人生观不正是一个女中英杰的人生态度吗？不正是"巾帼不让须眉"这句古言的真谛吗？

魏元郡：跟随与模仿是别人的事，创造才是我的事

他是纹饰美容业的实力派人物，他多年以来的座右铭“跟随与模仿是别人的事，创造才是我的事”为纹饰行业不断的研发新项目、新技术，直接听过他课程的人至今己超过二十万人次，众多的纹饰从业者受益于他。十八年来行业里的人只知道大卫埃这个洋名，而他己使用了四十多年的中文名字一魏元郡却很少有人知晓。

大卫埃先生现担任“世界纹饰科技艺术产业发展研究会”主席，带领各国的行业专家们探索研究新项目和新技术，为不断地提升行业的技艺水准努力工作；担任“香港柔纺绣绘艺术学会”永久会长，在二十世纪末期开始，为香港和国外的从业人员传授纹饰技艺；担任“中国国际健康美容行业发展联合会纹绣专业委员会”主任，正在协助相关部门，积极的规范中国纹饰”场。

《2005 中国美容年鉴》就纹饰方面的话题对大卫埃先生进行了采访。

《2005 中国成宣、鉴》：请问大卫先生，纹饰美容是一种什么样的项目，历史有多久了，现状如何？

大卫埃：纹饰美容从远古到现代，从民间到专业，是以审美学为出发点，以无菌安全为准绳，运用特制的利器〔针、机器〕，于人体皮肤或面部动感〔眉、眼、唇〕部位实施微创性的刺了，使安全无毒害的颜料制剂在皮层内形成永久〔Tatoo〕或半永久〔Permanent Make up〕性的留色，可以弥补眉、眼、唇的天生缺陷，纹身也可以张扬个性，纹饰也可以说是化妆的延伸，是一种一劳永逸的美容项目。

现在的纹饰行业，产品由九十年代的几个品牌，增加到了一百多个，纹饰从业人员由几十万人猛增至近千万。有人说中国的美容行业真正有造诣的还属化妆师和纹饰师。现代纹饰行业形成了百家争鸣的格局，大都在自我修炼、自我提升，相互模仿，各自发展，在技术效果上不断的追求完美。

《2005 中国美容年鉴》：大工先生，您在 2005 年获得多项发明专利的“仙飘旋彩”纹饰技艺是怎样的，与你以前的产品和技术相比有进步吗？

大卫埃：科学往往是在不断的否定中求进步的。市场己经证明了，不仅仅是进步，而且是个飞跃。这里我要感谢两个人，一个是在技术研发上助我一臂之力的杨广军先生，另一位是广州融缘科技公司的许志宇总经理，是许总把我发明的“仙飘旋彩”纹饰技艺申请到了国家多项专利，同时以“IPM 环球纹艺”作为“仙飘旋彩”技术与产品的品牌，己成先进、向了市场，形成了产业化发展的趋势。

《2005 中国美容年鉴》：大工先生，您是纹饰行业的权威人士了，你是怎样看待现在较高的纹饰方面的投诉的？

大卫埃：目前的投诉内容基本有三个方面，一是纹饰师审美能力和化妆设计功底较弱，完成的作品形态与顾客的自身条件不协调。二是纹饰师的操做熟练程度较低，造成着色斑驳的失误。可以再次补色或激光清除。纹饰师需加强技术熟练成度的练习。三是纹饰并发症的问题，唇部占的比例较大。

魏元郡介绍

飘眉创始人（2005 年）
仙飘旋彩纹饰技艺体系创始人（2005 年）
育眉、嫩唇创始人（2004 年）
柔纺绣绘艺术创始人（1996 年）
无痛立体仿真纹眉创始人（1989 年）
十八年的纹饰美容发明家、教育家
多届纹饰大赛总评判长
世界纹饰科技艺术产业发展研究会 主席
香港柔纺绣绘艺术学会 永久会长
中国·国际健康美容行业发展联合会纹绣专业委员会 主任

吴巧英：追逐梦想 我心飞翔

吴巧英，一个平平凡凡的女性的名字，却有着不平凡的人生之旅，她的目光闪烁着智慧的光芒，在梦想的艳阳天中，如夸父一样追逐而不知疲倦，她说：追逐梦想，我心飞翔……

中国美容年鉴：你在美容行业取得这样的成就，请问你当初是以怎样的姿态走入美容行业的呢？

吴巧英：当时我是带着一颗对美的追求和对美的梦想，同时带着勇气进入美容行业的。98年我开始涉足美容行业，2000年拥有了个人的第一家具有中医特色的女子美容SPA中心店，并将"巧英"注册为企业商标。本人自创立"巧英女子美容SPA中心"以来，立足发展连锁和直营的经营思路。2001年10月份，我发展了第一家加盟店，并随着事业的进一步拓展，发展为现在的多家连锁加盟店和直营店。随着美容行业的起伏动荡，这些年来，也经历了许多的挫折与坎坷，曾经我也想过放弃，但凭着自己对美的坚定信念和对美的执着追求以及永不言败的精神一路艰辛地走到今天。

中国美容年鉴：贵公司的产品有何特色呢，是以什么为主要服务宗旨的？

吴巧英：我公司主要运营以治疗为主，如脸部斑、痘等问题性皮肤治疗；以及纯手法矫脸、丰胸、减肥，理疗保健等。公司使用的产品与其他公司不同之处在于：我公司是根据不同的皮肤问题，配制不同的面膜进行有针对性治疗。所有面膜成份均是可食用的纯中草药，以及日常可食用的食物配制而成。公司品牌内涵和核心价值在于我们用的是真正的中医美容，以内调外治的原理进行皮肤的治疗与护理；皮肤是身体信息反馈的载体，可谓是反映身体的一面镜子，根据中医的望、闻、问、切诊。了解顾客的身体状况：

望诊：通过视觉来观察顾客（病人）的神态、肤色、毛发、爪甲、舌质等异常变化来诊断。

闻诊：运用听觉和嗅觉，声音和气味变化来诊断。

问诊：向顾客（病人）询问，了解身体的状况及症状。

切诊：运用手掌和手指的触觉，对顾客（病人）一定的部位进行触摸和按压等了解其病情。

通过充分了解顾客的身体状况，配合食疗或适当的药疗，同时内外兼治，让顾客在美的基础上同时拥有健康。美是以健康为前提基础的。

中国美容年鉴：吴总对人才有怎样的看法呢？又是如何培养员工的？

吴巧英：作为巧英女子美容连锁机构的创始人，我很看重员工在企业中的重要性，我将我的员工分为两类，一类是Y型，一类是X型；这也是我沿用国外人才分类的一种常用方式。受过良好教育、层次较高、自主性强、具有较强进取精神、能够很好的自我安排和自我控制、并具有一定的职业技术与敬业精神的这一类员工，我把他称为Y型员工。对于这类员工，公司将给予他们更多的权利与自主性，让他们有个自我实现人生价值和展示才华的舞台；而对于X型员工，由于他们受教育相对较少，工作中缺少自主性，自我管理和自我控制能力差，平时处于物质生活匮乏状态。对于这类员工，公司主要通过规章制度来约束或奖励他们，让他们能够尽量多的造就财富。

中国美容年鉴：在工作上的成功会不会影响到你的家庭，你又如何协调家庭和事业之间的关系的，在业余时间，你有什么样的兴趣呢？

吴巧英：作为一个女人，我觉得最重要的就是能够很好的处理家庭与事业的关系。这些年的打拼，让我深切的体会到家庭在事业中的重要性：家庭第一，是个小团队；事业第二是大团队，只有经营好小团队，方能处理好这个大团队。平时工作之余，我比较喜欢打羽毛球、爬山，晚上回到家喜欢弹弹琴，看看书，让自己一天繁忙的工作得于休闲。

中国美容年鉴：没想到吴总还如此的多才多艺，那你可以做一下自我评价吗？

对自己的评价，我用十六个字来概括：待人真诚、做事认真、善于创新、勇于拼搏。

美丽感动中国

——专访广东飘影集团策划总监黄帮赐先生

中国美容年鉴: 请简单介绍一下飘影公司的创业以及成长历程。

黄帮赐: 我所任职和管理的广东飘影集团成立于1997年，是一家致力于个人专业护理产品的生产和销售的大型综合日化经济实体，系目前中国本土颇具实力且极具增长潜力的大型日化企业。倾心研制个人日常清洁护理、护发美发、美容护肤产品，销售名列全国前茅，在中国市场上产生了广泛的影响力。飘影集团和飘影产品多次获得国家、广东及地方各级权威机构颁发的"质量信得过企业"、"科技进步企业"、"信得过产品"、"消费者最喜爱产品"、"广东省著名商标"和"广东省名牌产品"等荣誉。

中国美容年鉴: 您认为中国美容行业在未来一年的发展前景是怎样的?

黄帮赐: 未来一年的中国美容业的发展前景按照本人从日化线的综合市场资讯和对整个行业的观察分析应该会呈现以下的趋势：行业继续洗牌、品牌优胜劣汰、产品回归实在的功能诉求、产品研发科技含量进一步提升、市场运作将会精耕细作、品牌文化内涵将会提升，行业之间将会强强联合，产业链条将会进一步智能科学分工（将会出现"生产、销售、招商、教育 、管理"的专业机构，会使整个行业进行专业科学分工。

中国美容年鉴: 您认为贵公司的品牌核心价值和品牌内涵是什么?

黄帮赐: 我认为我所管理的飘影公司飘影品牌的核心价值是：给消费者超值的产品性价比，给消费者愉悦的产品使用体验，给消费者带来自信的精神享受，品牌内涵：有飘影更自信。未来的一年，我将通过以下几个扎实的工作来一步一步的提升品牌价值：立足市场全方满足消费需求，科技创新提升产品技术含量，创新营销激活网络渠道活力，优化管理打造优秀企业团队，整合传播丰富品牌文化内涵，多方共赢贯穿品牌产业链条。

中国美容年鉴: 请详细回顾和展望贵公司今年的主要品牌经营活动和市场拓展活动以及明年的发展计划。

黄帮赐: 今年我本人主要运作的品牌经营活动有以下几个方面：

一、品牌策略方面:

儿童专业护理产品——"妈妈乐品牌"重新规划后成功上市，开创飘影从成人转向进军儿童领域的新纪元；

二、产品策略方面:

将竞争对手直接指向P&G飘柔的水果洗发产品，本人策划推出了飘影鲜果维C洗发水并成功上市，同时，带领团队在中国50个城市启动高规格的"会议营销和教育营销"的新品入市策略！

三、广告策略方面:

1、邀请国际巨星李嘉欣小姐完美代言飘影升级新版植物柔顺洗发水。

2、广东电视台和北京电影学院联手启动大型造星运动，第六届飘影杯明日之星影视新星大赛，给全国众多自信青年提供了一个展示自我的舞台。

3、第一个代表中国本土民营企业抵抗日货在上海召开新闻发布会，"美丽感动中国——飘影打造中国人自己的洗发水"，用国货理念打造本土品牌；

4、本人代表中国本土日化届品牌策划第一人在人民大会堂的国际品牌论坛上与国际500强对话并发表中国本土品牌运作的专题演讲；

5、策划2005飘影年度星光盛典大型活动，将奥斯卡的星光荣耀和电影节的红地毯走秀独具创意的引入日化行业的财富明星打造！

中国美容年鉴: 请列举今年最值得你与大家分享的一件事例或一句话。一句话：

黄帮赐: 心有多大，舞台就有多大！中国因我们而美丽，中国有我们更精彩！

黄帮赐个人资料

职务：广东飘影集团策划总监

教育经历： MBA 在修

毕业院校:广东商学院

个人资历：中国十大杰出营销经理人

中国美容化妆品行业优秀品牌策划人

2004 年中国最佳策划师

中国美容业 CMO 精英联盟副主席

广州国际美容节组委会副主任

杨广群：中国化妆品有望突破技术瓶颈

杨广群，这个从小就酷爱看书，在商海中沉浮仍在丹青上有建树的文化商人，他的睿智和深思为处于技术瓶颈状态的中国化妆品提供了一丝希望。

中国美容年鉴：听闻您在争取"中国化妆品的标准起草资格"？

杨广群：是的，最近国家在扩大各类产品的国家标准，作为中国化妆品行业目前的产品标准还不到30个，同时国家药监局也有意向在未来几年内对"化妆品标签"实行改革。因此，化妆品的各类产品国家标准应尽快建立起来，我们已向上申请成立"全国天然化妆品标准化技术委员会"。

中国美容年鉴：贵厂为何提出"天然化妆品标准"而不提出具体的产品标准呢？

杨广群：因为二方面的原因：第一，"广州丹奇日化"是一家定位于全球市场的化妆品OEM企业，"具体的产品标准"我们希望由其他生产厂家来做，因为起草"标准"是一项投入巨大资金的工作，目前市场上有数千种化妆品，不可能靠一家或几家企业来全部完成的，我已向相关协会商会提议，召集尽可能多的企业来共同参与分摊。第二，我们之所以提出"天然化妆品标准"是基于以下几点：

1、"天然化妆品"目前处于化妆品的高端上。

2、目前，全球各国对"天然化妆品"的标准还未完全统一。因此，及早制定"中国的天然化妆品标准"，非常有利于保护民族工业以及将产品打入国际市场。

3、中国是一个"草本大国"，中草药具有广泛深远的基础，由于标准缺乏，严重制约了应用的发展，在许多先进的国家大量采购中国的草本原料进行深加工再返销至中国。

4、我们在为海外品牌做OEM时，目前只能做低端的产品，中高端的产品还不具备条件因此，我们认为如果中国的化妆品生产企业要做海外高端的化妆品市场只能走"天然化妆品"这条路了。

中国美容年鉴：贵厂有什么条件来申请"天然化妆品标准"的起草单位呢？

杨广群：众所周知，"广州丹奇日化"是中国化妆品OEM的著名企业。"天然、环保、健康"是所有直销企业产品的主题，因而在几年前，"广州丹奇日化"就在"广州花博园"投资兴建了一个规模较大的研发中心，几年来投入大量的资金和人力在开发"天然个人护理用品及天然家居清洁用品"。因此我们对"天然化妆品"相对较熟悉，除此，以下几点是我们申请的理由：

1、我们拥有从水果中提取类黄酮的工艺及设备的国家发明专利，类黄酮是一个大类，像"花青素"只是其中1个小类，因此，沿着类黄酮提取的方向深入研发，还有很长的路等待着我们。

2、我们在国内首家将"无患子"（简称"肥皂树"）应用到洗涤及个人护理品上。

3、我们在全球首家应用纳米天然维E及纳米天然维E芦荟原料，开发出系列的抗衰老产品投放市场，并在"香港科技大学"做纳米的检测报告。

4、我们在国内首家研发了以天然原料为修复敏感肌肤的系列产品。

5、我们与法国戴尔玛研发公司的合作以及与法国欧荷芬实验室的合作，为我们提供了优越的条件。

6、我们的研发队伍与一般的化妆品生产企业不同，除配备化学分析、精细化工等专业工程师以外，还配备了食品工程师，生物医学工程师，我们计划在今年招聘皮肤医学的硕士生来加盟我们的研发队伍。这些都是我们认为有能力有条件来组建"全国天然化妆品标准化技术委员会"的理由。当然还有许多的秘密武器目前还不宜向外宣传。

杨广群最后说："虽然保守估计完成此项工作，除了国家下拨的经费以外，也要投资300万元，这对于一个以赚取微薄利润的OEM企业无疑是一个沉重的包袱，而耗费的精力将更多，预计最快也要2年的时间来完成草稿。"但他不甘心于只为海外客户做低端的化妆品OEM业务，希望在高端产品上有突破，而这唯一可能的就是充分利用中国的中草药资源来做'天然化妆品'。

通过采访"广州丹奇日化"杨董事长，我们深深感觉到中国化妆品在未来将会有重大突破。正是由于这些企业家们敢于在国际市场拼杀，才使中国在短短的二十年间成为"全球的制造中心"！

陈杰锋：魅力男人，载美丽人生篇章

相关背景：英侨科技集团公司是一家大型现代化集团企业。集团总部设立于广州，下设广州英侨科技有限公司，广州市英侨贸易有限公司，英侨科技国际（香港）有限公司。集团业务涵盖美容美体仪器、医疗保健产品研发、生产及销售，电子工业制造，潮流美容技术、新项目的研发及引进、美容文化教育及推广等健康美容综合领域。

篇章一：美的追求

追求健康，追求美丽，渴望永葆青春活力的状态，是人的一种本能需要，是人类永恒的生活主题，时至今日，健康美丽已成为人类向前发展的一大事业，一大群健康美丽的追寻者为了心中那个永恒的梦想，在不懈追求。陈杰锋先生便是这一群美丽追梦人中的佼佼者，早在学生时代，他在心里便将人类健康美丽事业作为自己终身服务追求的宏伟目标，经过不断的探索和打拼，他获得了巨大的成功。今天，英侨集团在业界的风云影响，"音波美"品牌在美容市场的良好声誉，无不证明了陈杰锋先生当初"服务人类健康美丽事业"的选择正确和英明。

篇章二：美的构想

早在十四年前，陈杰锋受他导师的启发，开始了人体健康美丽的工程研究，在超常人的毅力和想象力中，戒就了一个又一个美丽神话。他从来都没有放松过对人体肌肤美学的研究，为了攻克人体健康美丽这一难题，他在创业艰难之时，就不惜花费巨资组建了一支务实专业的科研团队，全力进行人体健康美丽课题的研究和开发。"宝剑锋自磨砺出，梅花香自苦寒来"，经过十几年的潜心研究和探索，依据现代整体和微观生理学理论为准则，创造性地将生物医学工程结合中医学、人体生理学、电子医学技术等应用于医学美容领域，开创了生物美容与物理美容的完美结合，高质、高效、健康地改善人体胴体与肌肤，这种健康美容理念是人体健康美丽工程技术的科学结晶。他实现了这样一个美的构想。

篇章三：美的诞生

做为英侨实业的董事长，是一个公司的灵魂人物，因为有着个人的人格魅力这也让英侨自诞生迄今，一直坚持"科技使

人类更健康、更美丽"的伟大信念，以"传播健康，塑造美丽，造福人类"为最高经营宗旨，奉行"自强自立，团结拼搏，开拓创新"的企业精神，经过不断探索和不懈努力，取得了令人瞩目的辉煌业绩，业务蒸蒸日上，公司的规模得到长足的发展。今天的英侨集团，业务从单一的医疗保健产品发展到了如今涵盖综合美容多个领域；公司结构也得到了长足的发展，由单一的电子厂发展成今天的集团企业。使产品先后获得国家医疗注册，CCC安全认证等权威认证，并获得多项国家专利和无数荣誉。公司旗下的"音波美"、"英侨波普"、"美诺"品牌，以其过硬的质量、独特的性能和显著的效果，引领着国内美容美体器械行业的最新发展时尚，并凭借其先进的营销模式和稳定的市场销售网络成功进入国际市场，在美国，俄罗斯、英国、澳大利亚、新西兰等欧美国家和香港、韩国、马来西亚、泰国及广大东南亚地区有着良好的声誉。他创造了英侨美的神话。

篇章四：美的秘密

英侨集团的王牌产品"音波美"，因由独特的美容理念和完美的美容效果，成为一个划时代的美容结晶。陈杰锋先生以超乎常人的敏锐眼光，捕捉到人类健康美丽最新也是最根本的信息，最早把生物医学工程学应用到人类健康美丽的领域。

生物医学工程（Biomedical engineering），是在近代物理技术与生命科学的基础上发展起来的一门边缘科学，主要解决生物机体及人体的医学领域问题的一门新兴的技术学科。

这种科学主要应用各种工程技术及适宜的方法和装置，根据生物体的具体情况，配以适当的运作流程，从而以最有效、最简便的途径达到预期的目标。其目的是使组织在生命活动过程中发生组织或生理学微观的变化。这种方法通常是在可兴奋的组织或可兴奋细胞给予一个物理量（或电脉冲）而引起系列的生理兴奋性改变，从而达到健康、美丽的目的！陈杰锋坚信"科技能使人体更健康更美丽"的伟大信念，从生物医学工程学的角度剖析人体的生理、病理过程，并从人体生物工程技术的角度解决人体防病养生及美容等问题，从而研发设计出五大系列，品种多样，功能卓越的理疗保健、美容塑身的高科技产品，尤其是著名的"扫频经络治疗仪"，获得国家发明专利及国家专利成就展银质奖，十多年来，陈杰锋领导的强大专业科研团队不断创新，全力进行人体与生医学工程的研究，力求利用最有效的科研成果，为保障人类健康及疾病的预防、诊断、治疗和康复及美丽服务。为世人揭示美丽的秘密。

篇章五：美的延续

二十一世纪是一个高科技的健康美丽新时代。人们对生活的需求越来越高；信息时代，电子、生物、医学工程的发展将带给人类更大的希翼；正是在这样一个美丽的新时代里，也正是基于人类这样的一种美丽新需求，陈杰锋带领的科研人员，本着造福人类的信念，将从电子、生物、医学工程的领域不断探讨人类健康,美丽的真谛！让美丽的篇章在他充满魅力的人生旅途中不断延续,谱写美丽人生的新篇章……

陈杰锋简介

英侨科技集团董事长

广州医疗器械行业协会理事

生物学工程学会员

"音波美"品牌缔造者

前言：一走进“中国　国际健康美容行业发展联合会”的大门，扑面而来感觉的就是作为一名中国美容业工作者的无限激动与自豪。不知不觉间，脑海中浮现出了中国健康美容行业20年来的走过的风雨历程。再与联合会执行会长任韵龄女士进行短暂的交谈后，更令我们再次地体会到“不虚此行”这四个字的真正含义……

任韵龄：健康美容的倡导者

《中国美容年鉴》：作为中国　国际健康美容行业发展联合会执行会长，您是如何给自己定位的？

任韵龄：这个定位是多变的。联合会自从成立初期起，在举行的首届健康美容专业赛事中，我是执行主席、总裁判长；为联合会的会员、理事单位们解决疑难问题时，我是服务者；参加大小的交流、研讨、论坛会议时，我是个学生。像这样身份转换的事情太多了，因此，我始终会保持一种平常心态和原则去工作。在联合会成立伊始，国家卫生部原部长钱信忠老先生曾经提辞：美容以健康为本，植根于医学，严肃于科学，提升于美学，依附于仁学。这不仅是一位年愈九旬的老人对健康美容行业的寄望，也是对每位从业人员的要求。长时间以来，我一直用这样的心态面对联合会的工作，不管有多忙碌，心理上却一点包袱也没有。

《中国美容年鉴》：影响力与身份究竟有多大的关系？

任韵龄：相信许多人都有同样的经历，一经提升，或者获了奖，抓住某次机遇，突然在行业中小有名气之后，周围的人对他的看法立刻就改变了。但是再之后呢？如果你没有继续进步，得到更辉煌的成就，甚至从此飘飘然，躺在功劳簿上睡大觉，别人对你的看法可能还会变。人总是善变的，一个打工仔与一个老板的影响力绝对有天壤之别，但那都是暂时的。联合会在创建之初，得到了卫生部，劳动部，科技部等各政府机关的大力支持，因为我们是把健康与美容有机的结合在一起，这不单是一个概念上的创新，而是赋予我们一个新的使命，使之带动全行业健康有序的发展。老实说这副担子非常重，更不是单单凭某个人的影响力就能做到的。关键还是要看动！一年多以来，联合会的工作得到了上级政府与一些同行的认可，但还需要更多的健康美容业同仁支持和信任，才能够形成不断发展的影响力。

《中国美容年鉴》：应该如何去打造一个优秀的品牌？

任韵龄：目前，美国，欧洲的化妆品全世界闻名，在全球500强上面都有排名，为什么中国做不到？我总觉得，不是什么事情都可以用来比较的。中国人民富起来也就是十一届三中全会之后的事，建立基本的护肤美容意识需要多长时间？而国际美容市场那时已经基本进入成熟期了。美容经济正处于初期阶段，加上我国健康美容行业最初建立门槛和准入制度都低，管理，竞争都一团混乱，生存都是个问题，还谈什么发展，壮大。因此我相信，怎样打造优良的品牌这个问题，每位从进入健康美容行业就一直坚持到现在还在经营的品牌老板们都比我有发言权。并且我相信，在健康美容行业未来的20年内，随着

东西方文化的交流，未来的世界健康美容行业的舞台上一定会有中国民族品牌的一席之地，所以中国的健康美容行业还有很大的发展空间。因此我相信在不远的将来全球500强中必有中国的美容行业。

《中国美容年鉴》：怎样当好健康美容行业的“娘家”？

任韵龄：据我了解，现在的市场上，各种各样的行业协会、联合会、社团不在少数。这都可以称之为“娘家”，可是什么样子才叫好的娘家，估计谁都不敢说，因为最难不过家务事嘛（笑）。我认为，既然当了行业的娘家，最起码在出问题、出状态的时候你要第一时间出来帮助解决，可绝不仅仅只在出问题、出状态的时候才出现。要在平时就多关心，多了解行业的情况，多做一些国内外的交流，把国外先进的信息带回来，国内优秀的成果推出去。作为一名母亲，我对娘家最深刻的体会就是，成天到晚的为儿女的事儿操心，乐此不疲。

《中国美容年鉴》：您对美容行业人才流动大的现状有什么想法？

任韵龄：以前有许多朋友也常常抱怨过，举例来说，店里好不容易培养出一个优秀的美容师，没多久就让别人挖走了，或者自己跳槽，开店单飞去了。说到底，每个人都只是个独立的社会单元，有自己的选择，自己的想法，其实这说起来太正常了。但我也觉得，人才流动大充其量只是现象，并不是本质。就健康美容业的现状，我认为许多的人才流动是无奈的，客源少挣不到钱，长时间没学到技术，增长见闻，加上一些“人挪活，树挪死”的等等异想天开的念头，自然表面看起来流动大。而真正渴望成功的人，会踏实的在美容行业扎根下去的。我当初在日本，为了进入从来不接受亚洲人的伊发医学美容学院，最终把谈判桌设在了网球场里。因为我认定健康美容行业能成就我的未来。要深信这个行业的吸引力，活力和发展浅力。因此，对如何减少盲目的人才流动，理智的面对机遇与挑战是联合会目前急待解决的工作重点。

《中国美容年鉴》：中国美容行业最大的优势和弱势在那里？

任韵龄：美容这个词是从国外泊来的，其实中国古已有之，但那时被叫作“玉容”，也就是中医养生；这么悠久的历史、文史的积累都是优势。如果谈弱势的话，我认为对中国的健康美容行业来讲最缺的就是信誉。随着消费者消费意识的日渐成熟，许多企业开始强调起了诚信和承诺；这都包括在信誉的范围之内。信誉是将诚信看作荣誉，像生命一样捍卫起来。天花乱缀的广告、绣花枕头的包装、粗质滥造的产品、加上应接不暇的投诉，难道仅仅用一句承诺就能掩盖吗？2004年底，联合会配合国家工商局“金信”工程，举办了首届健康美容信誉年会，让全国各地的生产商、经营商、美容院院长、从业者，汇聚在人民大会堂举起右手庄严的向社会承诺：“挚诚守信、扬优抑劣、规范经营、精诚服务”的誓言。当时，在场的每一个人，都能体会到荣誉感的可贵与来之不易。健康美容行业的人员太需要培训和深造的机会了。入世了，国外企业纷纷看好国内市场，在这个大博弈环境下，不进步，不学习就要被淘汰，被无情丢弃。

《中国美容年鉴》：作为一名接触美容行业近20年的老大姐，您认为什么最应该说给其他1600万从业人员分享一下？

任韵龄：迈入行业这么多年，相信大家也感觉到这里的问题，由于主管部门不明确，行业法规不健全，无技术评定，无仲裁归口机构，职业教育和准入标准尚不规范，还普遍存在着以炒作带动经营的现象。我想说得是，要美丽，先健康！所谓正人先正己，中国美容行业急待发展的是政府能认同的继续再教育，只要让行业健康起来，健康美容业的明天就会阳光灿烂！

张志伟：质量决定一切

阿贝尔创立于1995年，由三个技术人员和四间平房起步，发展到现在拥有4000多平方米的现代化厂房、优越的办公条件以及占地43亩的发展空间，其产品在国内面膜市场占有率高达70%（包括半成品），并远销20多个发达国家及地区；从年产量数吨到现在年产软膜粉1000多吨；从单一品种形成4大系列200多个品种，除了拥有世界上优秀的同等产品外还推动了部分产品的更新换代，更研发出了全新概念的专利面膜产品。

这一串串闪光的足迹，不断刷新的成绩单，饱含着阿贝尔人的付出与智慧，同时也与企业的领航人张志伟追求“质量决定一切”的品牌核心运筹策略息息相关。

在传媒的眼中，张志伟是一个低调而冷静的产业高手。在客户的眼中，张志伟却是一个充满亲和力、两眼充盈睿智、极富有人格魅力的朋友及商业伙伴。

为什么阿贝尔能够取得如此骄人的成绩呢？且听张志伟娓娓道来：

第一，阿贝尔从成立那一天起就决定绝不因为争得市场而降低产品质量，坚定不移的走高档路线的战略方针，因此在业内逐渐形成了“阿贝尔的产品就是市场上最好的产品”这样一种概念。尽管阿贝尔成立之初在价格方面不为许多客户接受，在上述概念形成之后，阿贝尔即同火山爆发一样快速的发展起来。

第二，不为小利直接做市场，定位为一个原材料供应商。看到自己的一些客户有很大的利润空间时，阿贝尔不为所动，始终坚持自己的既定方针，从表面上看，似乎损失了一些利润空间，但是从长远角度看阿贝尔的路线被证明是非常正确的。

第三，好的生产硬件环境是阿贝尔产品质量的保障。阿贝尔曾三次搬迁，这意味着付出很多，但每一次搬迁都是公司的一次飞跃，每一次搬迁公司的形象都有很大程度的提高。许多外商来到阿贝尔看到干净整洁的现代化生产环境，无不交口称赞，从未出现过未落单的情况。

第四，始终把开发新产品放到首位。作为国内唯一的生物材料研究所，阿贝尔借助在生物材料研究领域的优势，始终把研制和开发新产品视为己任。国内的面膜类产品大多数由阿贝尔率先推出，这其中包括粉体面膜、SPA体膜、手膜、精华素的绢质面膜、水晶面膜、魔芋多糖面膜等，从而成就了阿贝尔在面膜市场上的霸主地位。

张志伟在分析美容材料市场时说，美容材料市场分为两类：一类为国内产品，一类为进口产品。国内这一类产品最大的问题是缺乏创新，说深了就是研发实力的问题，进口产品价格要比国内的较贵，但质量较高。因此，除了提高自身产品质量外，必须要加大研发力度，这也是阿贝尔产品逐步取代进口产品的唯一出路。

业内人都知道阿贝尔的广告词就一句话——“质量决定一切”，这是阿贝尔品牌的核心价值，也是阿贝尔人视质量为生命，靠质量去占领市场，凭质量去竞争的表现。张志伟说，没有好的产品质量一切都无从谈起。2004年阿贝尔向市场上推出了水晶面膜，2005年阿贝尔又向市场上推出了魔芋多糖纯天然植物纤维面膜，这两个产品都对市场产生了极大的震撼。张志伟把复杂的企业发展之道和庞大的市场竞争体系归结为产品的质量，将复杂问题简单化，剖析事物的本质一语说透，让人豁然开朗。

阿贝尔未来发展战略怎么走，张志伟透露了一些举措，2006年借助国外最新型的材料再推出一种国内尚未出现的新型的超级面膜。并把水晶面膜、魔芋多糖纯天然植物纤维面膜进一步的完善并全力推向国际市场。公司计划除继续参加在香港举办的亚太地区美容化妆品博览会以外准备参加在德国法兰克福和在阿联酋迪拜举办的美容化妆品博览会。

黄锳华：企业就是一个家

黄锳华给我留下深刻印象的，不是他雄辩的口才，而是他不浮躁、不虚张，对市场和企业非常切合实际的思考。他创业的经历过程和细密而前瞻的策略思考能力让人记者感到敬佩，他绝不人云亦云，凡有事物都要自己过滤，检验得出自己的理念。在当年一片创业迷惘中，他用魅力和执着在自己的脑海中点起了一盏灯。

不悔创业之路

97年黄锳华在他整个家族的强烈反对，对大陆不了解的情况下来大陆创业，可想而知，当时他心里的矛盾和挣扎，但他都挺过来了，执着的朝着自己的梦想奔跑而去，他说："突破不了现状，突破不了重重封锁，就不能达到一种高度，也就没有今天的成就。"也许成功的企业家就必须拥有执着，锲而不舍的精神，成功是与性格分不开的，黄锳华领悟到了人生不战胜困境和枷锁就无法把价值体现出来的道理，于是，成功就来到了他的身边。

质量是企业的生命

东田洋目前拥有三个工厂，七大事业处，每个事业处生产的产品不同，但同属于一个行业的配套产业，美容美发仪器、美体仪器、洗发水、SPA设备等都是美容行业的佼佼者，在当今多品牌经营不易的情况下，黄锳华游刃有余的经营着他的品牌，因为他始终把质量放在第一位，他说："品质是企业生存与发展的核心竞争力，也是一个企业的生命。没有谁不爱护自己的生命"。东田洋在黄锳华的高要求下，在执行了ISO9001：2000国际质量保证体系的同时，创造出很多适合企业管理的方法，（例如，采取的"质量双向控制管理"。经理、主管和课长、组长之间互相监督，从配件、材料源头抓起，杜绝不良材料进入到生产线上，切断了劣质产品的源头，产品出厂合格率达100%。）靠过硬的质量稳定的站立在同行间而独领风骚。

创新才能进步

质量是根本，但创新永远都是推动力，黄锳华没有忽视这点，他在抓质量的同时，不断的研发新产品，尽管东田洋发展势头强劲，但公司所有员工几乎都形成了一种执着甚至狂热的追求："逆水行舟，不进则退"的观念，让东田洋在以每年10—15%以上的速度发展着，可以说创新是东田洋持续，稳定发展的基础。这与黄锳华始终怀着适者生存，优胜劣汰的忧患意识是分不开的，他说："可以想象，如果东田洋没有坚持创新和发展，也就没有今天生机盎然的八年辉煌企业"。

让员工成为企业家庭的成员

东田洋的老员工特别多，特别是工作7、8年的大有人在，这在美容美发行业绝不亚于奇迹。这不仅仅是缘于企业魅力和老板，更多的是跟完善的管理机制与完美的用人之道离不开的。

黄锳华在确保员工的工资符合或高于市场行情的基础上，还引导员工从一种打工的状态变成他们想奋斗的某项社会事业，与老板共赢，成为东田洋企业家族的一分子，很多企业以厂为家，东田洋却让它变成了一个现实，在东田洋的企业家族中，占股份的员工不少，他们拥有自己的事业处，拥有自己的分公司，拥有自己的员工。共同的企业家族价值观念，共同的向心力铸就了东田洋企业家族的共同发展。可以说在这点上，黄锳华的经营理念和模式真正的成功了，这也是东田洋根基稳固的基础，为此他说："企业就是一个家，试想如果不是特殊情况，谁愿意离开有着兄弟姐妹般情感的家庭和家人呢？"

东田洋在23届美博会一举拿下12个展位，如此大手笔的举措在行业非常少有，东田洋的总经理黄锳华对记者说："我们只是借此机会，向业界及广大客户表明：东田洋每年不断创新产品，每年都会兑现，我们把最好的产品告诉市场，告诉业界，我们说到做到"。也许这就是一个成功企业家的魄力。无疑这也让许多东田洋的客户都吃了定心丸。

刘明山：不"明"则已，一"明"惊人

从最初在台湾从事新闻行业的成功到转战大陆美容市场的成功，让我们在刘明山身上明白"触类旁通"的真正内涵，也感受到成功者身上总有一些气质让他在经营事业的过程中展现出一种独特的个人魅力，而这种个人魅力正是一个企业生存的灵魂所在。

中国美容年鉴：众所周知，你是美容美发行业界的"负离子烫之父"，发明了PTC热敏陶瓷发热器，而据我所知，你在台湾的时候是任新闻处长的职位，可以说这是两个完全不相干的职业，是什么经历让你得到这种灵感，而后最终转战大陆美容市场的呢？

刘明山：我首先用一句话来概括"智慧能创造奇迹，努力能达成目标"。得到这个灵感其实也是一种巧合，有次我和朋友去日本的发廊理发，发现他们给客人做头发的时候用的发热器非常不稳定，效果也不显著，当时我就想，为什么没有一种稳定的发热器呢，而且如果做出来的话，潜在市场一定非常巨大，从这我得到了灵感，努力去琢磨，研发出来后果然是很受欢迎，尤其是大陆市场，可以说现在几乎找不到几家是没用过PTC发热器的发廊了。但他们都是侵权的，因为我在2002年的时候就已经获得了这方面的专利证书，有效期是十年的。（拿出专利证书）你可以拍照证实一下。

中国美容年鉴：根据刘总这么多年的市场经验，可以简单分析一下大陆美妆市场的现状吗？

刘明山：特殊和疗效的产品在现在的美妆市场是比较有买点的，象我们的新产品纯天然草本功效型美容保养品"美丝露"，经过国家轻工业香料化妆品洗涤用品质量监督检测广州站的检测达到合格标准，这种疗效性的产品是具有一定的市场的。说到现状，现在中国大陆的市场还是比较混乱的，所以加强美容市场的监督和规范化是势在必行的。

中国美容年鉴：从这些证书可以看出刘总对自己公司的产品是非常有自信的，那可以谈一下贵公司主要运营哪些美容产品？能谈谈你们公司的产品内涵和经营理念吗？

刘明山：公司运营的美发产品有：离子烫、护发、洗发系列以及美发仪器。"安可拉"美发产品最出名，现在90%的发廊都在用这种品牌。美容产品有：祛斑、美白、祛痘、收缩毛孔等系列产品。而品质是贯穿于始终的产品内涵。我们信奉"品牌是生机，品质是生命"，品质比品牌更重要的品质观念，生产优质的品牌产品。

我们的经营理念是："以品质铸造品牌，以管理提升效益，以服务赢得市场，以教育成就未来"。奉行人本主义的经营理念让我们更重视教育，所以我们诚意请来了有"中国美容教育之父"之称的廖吉庆做我们的营销教育总顾问，培养我们公司的团队精神和提升团队战斗力，未来是人才的社会，教育是强弓之箭，只有瞄准好了，才能射中更广大的市场。

中国美容年鉴：你是如何运用贵公司的人才资源的，你希望员工具有什么素质？

刘明山：我运用人才的理念是：用人不疑，疑人不用；专才专用，忠诚为上，所学即所用。希望员工是多做少说，多听多学，踏实肯干具有团队精神的人。在公司里很多时候我和员工就象一家人，在保障他们的工资的前提下，提供学习和发展的空间及环境，让公司里的员工都可以具有拼搏奉献为自己、为大家的理念。

与刘明山相处一天中，始终给他那种孩子气的笑容和幽默爽直的谈吐所感染，而这很难用笔墨去描绘。他酷爱名画，与许多中国有名的书画家成为朋友，他热衷于慈善事业，马娅会长所提倡的公益事情都极力支持和配合，而他这个广东省工商联化妆品制造商会副会长，却仍谦虚的评价自己是一个平凡的商人，还需要自我要求，自我进步，自我提升，而他的成功和继续的成功也许就是来自于他那一切归零的心态。或许这也是他所说的"智慧能创造奇迹"。

18年创业感悟

——现美职业培训学校麦佩玉

新一年又开始了，接到《中国美容年鉴》主编的邀请，要我谈谈在经营现美学校的心得体会，并将刊登于《2005中国美容年鉴》的《美容巨子》章节中，我真的感到诚惶诚恐，"美容巨子"的名衔太大了，我理解的美容巨子是美容界的巨人，是为行业、社会做出重大贡献的人，而我只能讲在行业中为培训优秀专业人才踏踏实实工作了十八年，与全体教师一起为社会培养了几万名的合格美容、美发师而已。成绩是有的，获得同行、省、市、国家各级政府的高度肯定及众多的荣誉。如果要为自己的工作角色定位的话，我更认为自己是一个教育工作者，而不是一个商人；是一个美容专业人士，而不是一个美容巨子。如果要我总结经营现美学校的心得和体会，也是老生常谈的观点，那就是：办学理念正确、措施落实、与时俱进不断创新，并争取社会各界的支持。虽是老生常谈，但却是我和现美的全体老师的真实体会。我们全校教师始终坚持"全力以赴，让学生学有一技之长"的办学宗旨，深刻认识到如果学生学习失败，那就是我们的失败。要让现美成功，必须让老师成功、让学生成功。只有老师成为行业中的优秀人才，学生学习有保证，让学生学有所成，能顺利就业创业，才能体现现美学校的价值。而要学生、教师成功，就必须有一系列措施做保证。措施的落实，需要投入资源，需要良苦用心。我很反对学校商业化，因为作为商业，是以如何产生最大利润为目的的，而学校是以如何培养人才为目的的，学校的领导人应该是一个教育家，而不是一个商人。我更反对学校将学生作为产品的销售对象，教师更不是一个化妆品推销员。堂上用品应为教育服务，而不是教育为推销产品服务，所以学校不应存在所谓的教育行销。教育行销只适用于厂家及产品代理商。学生交学费是要学到系统的、科学的、正确的知识技能，而不是为了购买产品，我们不能挂羊头卖狗肉，否则，不可能培养出职业道德优秀，技能、知识过硬的学生。如此18年来坚持自己的理念及持之以恒的开拓，使现美得以健康成长，我从中也尝到成功的喜悦，获得学生、社会的敬重及支持。例如：获得"中山市十大杰出青年"称号、获广东省"三八红旗手"、"进城务工青年杰出的良师益友"等称号；在专业领域，被广东省劳动和社会保障厅聘为美容专家组成员，担任美容专家组副组长，经常往各市及港澳担任教学及鉴定工作，等等。今天，如果有人问我，如何才能办好职业培训学校，那我的回答永远都会是：除有硬件（场地、设备）及软件（师资、教学管理）外，不要漏了我们肩上的社会责任。只有自觉负起行业的责任、社会的责任，社会才会给我们生存的机会、发展的空间。我相信，功夫不负有心人，天道酬勤，只要你踏踏实实耕耘，一定会有所收获。最后，多谢《中国美容年鉴》以及行业中各位的支持，愿我们共同努力，为中国的美容美发事业添砖加瓦。

唐斌："唐唐"正正，"斌斌"有礼

唐斌，一个曾经在打工时，以一块馒头过一天的人，却在短短8年内将奥力家系列产品渗透到美容行业及保健品行业，远销国外20多个国家和地区，并在2003年12月26日，将奥力家牌"经络按摩捶"、"数码经络治疗仪"两款产品推入"国际知名品牌"宝座的企业家，是什么改变了他的人生，又是什么品质让他的人生豁然开朗，也许他的经历可以给想要成功的人一些启示和思考.....

坚持诚信和舍得原则："小舍小得，大舍大得"

谈起自己的经历，唐斌用一句话："酸甜苦辣，沧海沉浮都经历"来表达他坎坷的人生之路。他在家乡生意失败后只身到广州，人生地不熟，靠打工维持生计，最困难之时，一个馒头过一天，他自己都觉得能熬到现在是个奇迹。好在坚信"诚信是永恒的财富"在多年的经商中，坚持自己做人法则——要"舍得"，他说："小舍小得，大舍大得。我周围的朋友总在讥笑我，'你怎么回事，你跟别人合作总是吃亏的？'但我坚信，愿意吃亏的人，朋友会很多，这就是"舍得"的意义。我今天的成功，就是舍得的结果。打工的时候，我舍得花大量的业余时间为老板策划、营销产品推广，结果老板给了我一个区域代理。然后看好了一个产品，舍得让利给开发商，得到了该产品的独家经营权，也因"舍得"得到了广州奥力家公司的股权，经过几年的经营，奥力家公司在美容界及保健行业拥有自己的品牌，并大量出口创汇。我公司的两款产品"经络按摩捶、数码经络治疗仪"于2003年12月26日被中国国际名牌协会评为国际知名品牌。"

思考了一会，他接着说："也因为我的舍得，今年上海鑫上递营销策划有限公司进驻广州时，本人获得了鑫上递总裁的认可，作为推广这种全新营销理念的广东代表，在自己的策划下，在短短两个月时间，很快抢占了广州市场，特别是在美容行业的推广。我相信，这种营销理念必将带来美容界另一番天地。我们2006年的目标是，发展五千商家，十万会员卡。"

把员工放在适当的位置，他们就是人才

说到怎样运用人才资源的问题，他说："首先我是这样理解人才的，我作为公司的领导，管理公司就像下棋，自己就是个下棋之人，懂得如何摆将、仕，如何摆好兵。也就是说，给予每个人都有一个适当的位置，一个合理的空间，用一颗平常心对待他们，把他们当成朋友，用心去交流、去沟通。其次，我觉得公司在管理上要有一个合理化的、人性化的制度，以制度管理人，而不是以人管人。

优质的品牌内涵，带来商机无限

奥力家公司主要是开发经络按摩、理疗产品。这些产品的特色之处就是在于秉承了中华民族的传统的中医经络文化理论，以达到经络按摩、保健、理疗之作用，这些产品获得"消费信得过产品"及"中国国际知识品牌"的称号。大多数深受美容界喜爱，被美容院视为增值创收的项目。

做好每一个产品，服务好每一个客户

品牌和顾客都是企业的灵魂，对于此，他也有自己的理解："我对品牌的理解是品牌就是代表产品的品质和服务，一个好品牌必定其产品的品质和服务体系，尤其是售后服务体系是一体的。产品光有品质是不够的，必须要有一个完善的服务体制做后盾。假如产品一旦出现质量问题，没有及时和消费者解决好，就有可能失去消费者的信赖，长此以往就有可能失去一片市场，在现代商业如此激烈的竞争中，一个小小的失误就有可能失去一个大市场，所以我们公司在保证产品质量的同时，建立了一个完善的售后服务，以对每一位客户和消费者负责任的态度去做市场。

由于经历坎坷，对世间的事他只说了一句话："平常心待事，诚实心待人。我不是念财之人，如果因为钱财而伤害到自己的朋友，我会遵守自己的诺言，'宁可天下人负我，我不负天下人'"。

方伟：美容业是一本值得仔细研读的历史力作

第一次见到方伟的人，能很明显的感受到他身上的那股霸气，但细品之下，又会被他的个人魅力所折服，想要接近他，了解他，读懂他——

方伟，人如其名，正直的秉性，又兼具高瞻远瞩的雄才伟略，军人出身的他更是将这一点发扬光大，喜欢不断创新的他，在日新月异的美容化妆品行业更是如鱼得水。早期从事精细化工原料、香料香精进出口、香薰精油制品进出口等贸易，可谓中国香薰产业的拓荒者，正是这种独到的眼光以及对先机的把握，成就了自己在美容化妆品行业的香薰之路，也推进了中国香薰美容以及香薰文化的传播与渗透。

1999年，方伟正式获得法国巴黎[PARISSPRING]·派思音护肤研究中心授权，创建了北京东方旖旎国际美容连锁机构，真正开始了自己在香薰领域的不断探索；2000年，在中国正式注册"派思音"中英文商标和PARISSPRING国际标准"希腊女神"图案，重组日化厂并创立北京旖旎科技贸易（中国）有限公司，并正式被任命为法国[PARISSPRING]·派思音大中华区首席执行官，同年年底，推出法国·派思音芳香SPA美容美体系列产品，以全新的面貌在美容业展开了席卷全国的芳香之旅；2003年，又推出法国·派思音植物能量新生代，成功运作至今。

法国·派思音品牌系列产品发展至今，已涵盖了人体护理所涉及的各个项目，58种美疗方案，200余款的特色产品，再配以专业的护理手法，在行业中备受关注；另外，100%的纯植物原料，法国先进的科技支持，天然植物芳香精油与天然精华的相互结合，更融合了SPA水疗，成为传统与现代高新科技最为和谐、愉悦的平衡典范。产品以优质的品质，具有竞争力的价格，在行业内被评为"物超所值的典范"。

时至今日，方伟带领他的北京旖旎科技贸（中国）有限公司已经走过了六个春夏秋冬，在这六年的时间里，公司也在不断的成长与壮大，销售网略已遍布全国，业绩也逐年攀升，成为同行业中发展的一个神话。在公司的发展中，公司的中坚力量也日益强大，拥有了一支集市场开发、推广及售后服务的强大队伍，在旖旎这个大的家庭里，人与人之间好似亲人又胜过亲人的关系，也成为旖旎公司的一大特色，每一个在旖旎工作、成长的人，对方伟的情感很难用言语来表达，有尊敬、有爱戴，在公司里每个人都尊称方伟为"方哥"，从中也许能窥视一二吧。

方伟喜欢创新，对一切新鲜度的事物拥有着超强的敏感度，却又是一个不愿彰显自己的人，很多媒体与大型会议的邀请经常被他婉拒，因为在他看来，只要公司的产品被大家认可，服务被客户认同，比什么都来得自豪与骄傲，在他的带领下，北京旖旎科技贸易（中国）有限公司的全体员工也为了这一目标，不断地奋进。但真金注定会放射出夺目的光芒，一项项殊荣还是加冕于方伟和他经营的品牌上，方伟本人在第二届华山论剑上被评为"推动中国美容事业发展的美学大使"，在05年11月份又被中华全国工商业联合会美容化妆品业商会评选为"中国美容化妆品业十年功勋"人物；法国·派思音品牌也得到业内专家的认可，荣获"最受消费者欢迎的二十大品牌"、"第二届亚洲女性论坛中外嘉宾馈赠指定产品"、"化妆品行业质量安全放心品牌"、"全国产品质量监督抽查合格品牌"等荣誉称号——

中国美容化妆品行业的发展速度让国际震惊，但伴随而来的激烈竞争也让很多中国的美容企业应接不暇，浮浮沉沉的剧目不断上演，但方伟却把这些当成一次次的机遇，用他的话说"中国的美容行业是一个充满诱惑的领地，在这里，你能了解人生的所在，在这里，你能感悟生活的真谛，如果你用心去学习，用心去领会，你就会发现很多超乎生命的价值，她是一本值得真正研读的历史力作"。

方伟简介

北京旖旎科技贸易（中国）有限公司董事

法国[PARISSPRING]·派思音大中华区首席执行官

全国政协委员

民主联盟会会员

王森桦：让美容专业起来的奇女子

王森桦老师专业美容工作室坐落在浙江省台州市椒江商业街开元路199号。面积400多平方，路桥分店位于路桥银座街383号，是一家大型及正规化、专业化的高水准，内设有教学部、销售部、三代祖传植物护理室、高级皮肤呵护美颜室、传统理疗室、香氛调理室、形体雕塑室、香氛SPA心灵减压室、卵巢保养室、光波浴室、淋浴室、泡浴室、能量转换运动室、美甲、美足室等。高素质的专业美容工作室，不仅环境优雅，温馨，舒适，而且拥有一批卓有造诣的专业美容师，在令顾客充分缓解心里、生活、工作上压力与烦恼的同时，更以信誉和效果令顾客满意。

中国美容年鉴：现在搞美容的人很多，但大多都是泛泛而谈，没有什么特色之处，而且职业道德为很多人所诟病。请问你对美容又是怎么理解的呢？

王森桦：我觉得做美容绝不是仅仅靠清洗，按摩和在脸上涂一层面膜进行简单的护理，美容是融医学，脉络，肌肤，结构和性质以及心理学于一体的科学。可以说美容比什么行业都要复杂，所以更要"专业"。可以说做美容职业道德更重要。要有自己的原则。不能任由顾客自己乱来，毕竟她们不了解才会求助于我们，我们给出的意见必须是专业和实际可操作的。

中国美容年鉴：你刚说做美容要专业，那可以说下，你对专业是怎样理解的？

王森桦：说起专业，除了你要学得精通、用得得心应手之外，对顾客的负责也是专业的一个部分，例如客人上门，我会先仔细聆听，从观察和沟通中发现问题所在，并给予她建议，不忽视客人本身的要求，但也不表示可以任由客人随心所欲，如果不利于她的，我会给予委婉的拒绝，虽然我们也是为了赚钱，但不能建立在别人不利和痛苦的基础上，做美容能长久是因为从中体会到乐趣，这种乐趣，并不是金钱带给我的，而是我的专业让我的顾客满意，让她们真正健康美丽得来的，这也是我不断努力的源泉。

中国美容年鉴：现在知识更新的速度那么快，你是怎样让自己的知识跟上时代，而且还能有用处呢？

王森桦：我天南地北的跑，从北京到新加坡，从广州到杭州，一路打工，一路走下来，就是因为我扎实的医学知识，使我在美容这一行业中游刃。追求专业的健康理念并把自己的知识作为服务大众、汇报社会的工具。虽然我对各种问题性皮肤的研究分析处理及专业性深受人们的赞誉，但并不表示我已经什么都会了，为了找寻更多的灵感，我多次到国外去寻找美的真谛，并把东方、西方不同的美的文化相结合。

一个人的一生应该随时吸收知识，我要做的事情便是让所有到我工作室来的人接受我的美容理念，从根本上的改变而不是表面的改变，随时可以获得他们想要的美容效果。我相信学习是终身的事情，要要跟时代连接的。这样你才能不断进步。

中国美容年鉴：你觉得做这行，最有成就感，让你最开心的事情是什么呢？

王森桦：客户满意的笑容是我工作最大的乐趣，每当解决了客户的难题时，我就觉得特别有成就感，顾客一句谢谢会让我开心一整天，非常欣慰。

中国美容年鉴：都说美容这一行的钱是最容易赚的，你是怎么理解的？

王森桦：从一个普通人的角度出发，不管工作，还是办企业，都是为了赚钱，我也不例外，但我不会为了钱出卖我自己去骗人家的钱，因为我爱自己。也因为我爱自己，所以我更珍惜生命。所谓爱自己的意思就是做好你自己的本份，诚信为本。可以说我们赚的钱是要能经过阳光测试的。

中国美容年鉴：你觉得女人一生要演绎几个角色才是完美的呢？

王森桦：我觉得一个女人，她除了不能放弃她的事业，演好"掌门"这个角色之外，最主要的是演好妻子、母亲、女儿的角色，而且要给他们带来温暖和快乐，这样我在演绎每个角色的同时也会很开心、很幸福。只有协调好事业和家庭的关系，我的生活才会真正完美。

当美容还是新鲜词的时候，就从哈尔滨第二人民医院整形科主治医师的位置上辞职下来从事美容行业，而又让美容行业专业起来的王森桦，如今她已桃李满天下了，这让我们不能不佩服这样的一个奇女子。

王森桦简介

中国工商联常务理事
中华医处会生活美容专家浙江省主任
浙江省台州市女企业家协会会员
荣誉：新世纪名品、名店宣传示范单位
优秀个体工商户
诚信3·15示范单位
浙江省诚信企业
浙江省诚信美容院

成立珍：芳香王国里的铿锵玫瑰

初见成总，并不过于诧异，因为这个美丽的行业总是出美女级人物。但听完她创建法国笛香品牌的风雨历程，我不由对眼前这位靓丽坚毅的女性肃然起敬，这位白手起家的奇女子，凭借睿智的头脑，不凡的胆识，坚韧不拔的意志，将一个芳香百年品牌在中国市场的影响力发挥到了极致，她真正称得上是芳香王国里一枝迎风怒放的铿锵玫瑰！亦如她所创建的笛香品牌一样：幽香深远，脱俗不凡。

儿时芳香情愫 奠定日后成就

从小就资质过人的成立珍对各种奇异的花香草香就有一种特殊的感情，有时邻居姐姐送的香包包，她会拆开来看看里面究竟有什么，为什么气味这么好闻。她就用妈妈弃之不用的布头将自己从外面采来的各种晒干的花瓣花叶也缝成香包，放在枕头下，或衣柜里，亦或送给要好的玩伴。由此，她从小竟得了个“香香公主”的绰号。

几经辗转寻梦 缔造芳香王国

在顺利完成大学中文专业的学业后，成立珍亦幸运地被省电台选去当编辑，随后又成为专栏记者，也成功从事过酒店管理工作，可执迷于芳香情结的成立珍女士却总觉得少了点什么。

1999年，成立珍因一次偶然的机会，接触到了法国笛香，从小就蕴藏在心底的对芳香的一片炽情，瞬间在她心里爆发了，她做出了一个大胆的决定：辞去电台的工作，直赴法国做周密考察，她要将笛香品牌引进中国，让千万的中国女性享受到百年品牌的不凡品质。

牛顿说过：“站在巨人的肩上，我也就成为巨人。” 2002年，成立珍女士选择了与法国笛香合作，并快速推进笛香在中国的进程。随着笛香品牌在业内的名声鹤起，其良好的运营机制，精益求精的严谨态度，为笛香赢来了阵阵掌声和赞誉，同年，成立珍女士全新推出笛香美苑国际事业连锁模式，至此，成立珍女士多年梦想的芳香王国创立了！

真金百炼成珍 风雨兼程前行

常言说：努力就有机会，拼搏会有结果，六年来，成立珍女士不懈努力，风雨兼程，

将企业发展规模由原来的单一品牌发展为千百合、法加贝、笛香和彼海儿四大品牌，每个品牌都有三四十个系列，一共有上千个单品，从头到脚、从里到外、从护肤到化妆、从减肥到丰胸、从颈椎保养到肾部保养、卵巢保养、从仪器到美容配件都配备齐全，堪称是一个小型的美博城！成立珍女士再次将成功的砝码牢牢掌握在手中，业界不由惊叹千百合公司的如此规模和创举！

王者归来攀新高 勇往直前又一程

翻开千百合事业集团最新的宣传册，“王者归来”四字赫然入目，成立珍女士对此这样解释到：我们公司从与法国LAD－DRATIRES SEROBIOLOGIQUES公司合作开始，就秉承以市场为导向，科技创新为依托，致力于尖端技术与功效性成份的完美结合。在迅速发展的同时不断引进国外先进技术，与法国、日本、韩国等世界级科研机构建立了战略协作关系，2005年是公司从知名品牌打造成经典品牌的一年，所以早在2003年底我们的产品专家就赴法国学习先进的技术，我们的教育营销专家也学成归来（其实包括成立珍女士本人也不断的游学于法国、韩国、日本等国家），这次我们归来的意义和目的其实也是想从市场上分得一杯羹。

无疑，成立珍女士是成功的，在采访当中感觉到她更是快乐的，对美容事业的满腔热情与挚爱，是她成功的源动力，因为她对芳香世界的追求已经远远超过了成功的本身，就是这样一位可贵可敬的奇女子，一支芳香王国里的铿锵玫瑰，将中国美容事业的百花园点缀得绚丽多彩，生机盎然！

于汇群：产品即人品

于汇群先生现任天津艾迪玛化妆品有限公司董事长，天津净缘文化发展有限公司董事长，天津澳玛化妆品有限公司常务董事，清华大学高级工商管理硕士。

于汇群于1997年创立天津艾迪玛化妆品有限公司，目前销售终端已辐射到全国8个省、市、自治区和直辖市，设立了14个办事处，尤其以山西、陕西、河北等超大级市场最为火爆。公司本着"服务大众"的宗旨，实现了销售方式的多元化以及服务的全方位，从商场专柜到化妆品专卖店，从售前的试用到售后的免费护理，公司"诚信经商，产品即人品"的经营理念得到了充分的体现，使广大客户和消费者得到不同寻常的享受。旗下的"法迪兰"、"解语花"、"紫苏"等品牌已成为化妆品行业的知名品牌，得到了消费者的一致好评，拥有一大批忠实的顾客群。

随着近年来中国化妆品行业的高速发展，和巨大的市场发展潜力，以及行业门槛低的特点，众多的投资者纷纷进入此行业寻找商机，应运而生了众多的OEM厂，但由于行业发展和企业自身条件所限，出现了OEM产品质量不稳定的问题，于汇群秉承自己的经营理念和要让消费者享受到优质品牌产品的美好愿望，决定建立一座高质量、高标准的OEM化妆品生产厂，用以打造百年品牌，正是承载着这一历史重任的"天津澳玛化妆品有限公司"于2002年诞生了。

在这短短的3年时间里，澳玛公司已经成为一座占地近10亩建筑面积达4000多平方米，拥有现代化的研发中心和生产基地及一流的科研、生产和管理人员；并拥有500多平方米的千级净化车间和12条自动化流水作业线，以及全套先进的检测设备，具备了生产国际一流产品的能力，还以独特超前的视点开创了可同时加工彩妆类、膏霜类等产品的国内加工型企业的，成为我国目前长江以北最具规模最为规范的专业的OEM企业。

澳玛化妆品公司本着"产品即人品"的经营管理理念，以对客户和消费者高度负责的态度生产着高品质的产品，在这短短的3年中，已为众多的厂家和商家提供了全方位、高水准的服务，其中不乏众多知名品牌，如：兰蔻、迪奥、雅芳、玫琳凯、羽西、、大宝等，在此期间澳玛公司还通过了ISO9001—2000国际质量体系认证。严格规范的工艺流程、完善的质量控制，使之成为系统化、标准化及完整性专业加工厂。在硬件上，澳玛公司引进了德国、美国、法国的先进技术和生产设备以及具有现代高科技的实验检测设备；在人员上聘用了多名在跨国专业加工型企业有过十年以上工作经验的工程技术人员和经营管理人员，以确保公司的产品品质达到国际水准。在确保产品质量的同时，于总还组建了一支高素质的市场营销队伍，以严谨的工作态度和饱满的热情为

张藤心：以智慧和魅力开拓美丽世界

在美容界，张藤心，是一个闪烁着夺目光芒的名字。自从她从事美容业以来，曾在多家杂志报刊作美容专栏，并多次在中央电视台、北京电视台等栏目担任特邀美容专家。作为一名美容专家，她还著书立说，《女性形体健美丛书》《新编美容使用大全》《中医美容专家指导》《美容教学指南》等等多部，可以说硕果累累。她还多次担任过全国美容美发大赛的评判长，是中国国际美容教育网、教育部职业技术教育中心研究所聘请的“美容护理”专家。

十五年前，也就是1990年，张藤心初涉美容行业，在此前，她有一份稳定的工作，收入颇丰，而且从事的是令人敬重的临床眼科工作。作为一名在中国康复研究中心的眼科主任医师，要想抛却已有的一切，从头开始是需要多么大的勇气。可以想象当她毅然离开她心爱的岗位，决计独自创业时所受到的阻力和压力。然而，这一切来自外界的压力和阻力并没有使这个美丽的女人却步。她坚定了美的事业之路一定要走下去的决心，从眼科医生到美容行业，可以毫不夸张地说，这是一个不小的跨越。

在言谈中，张藤心女士对自己的选择一点也不后悔，想当初，她提出要辞职不做眼科医生而去涉足美容业，家里人都持反对意见的。然而，事实证明，她的选择是对的。张藤心出生在教师之家，她的父母都是高级知识分子，他们曾经对她的选择进行过阻扰。但今天，张藤心的努力和“丽人坊”的魅力向他们说明了一切：成功的事业在于选择。

张藤心告诉我，她之所以坚定走这条路，完全是因为对于美的追求，“完完全全的热爱”在这个行业里，只要你辛勤劳作有所付出，必然会有回报，会有成就感。这种成就感会支撑一个女人，会使她觉得生活有滋味，会有花团锦簇之感。而这种感觉是很重要的，对于一个女人来说更为重要。

十几年前的美容业几乎刚刚起步，可以说，张藤心女士是看着这个行业成长起来的。她曾经在北京华夏美容美发学校、中国青年政治学院任教多年，可以说今天的张藤心桃李满天下。

在最初的艰难创业中，张藤心以她的智慧和魅力开拓了她的美丽的“丽人坊”世界，至今，同样张藤心以她的卓绝的管理与经营才华，使她的美丽天地更为广阔。她说，“丽人坊”走的是高端，她的客户由公司经理，大学教授等等，“丽人坊”没有什么广告宣传，完全靠的是她们的真诚，她们的无微不至，贯穿始终的服务精神。

当记者问及到在每一个人在创业中是否存在运气时，张藤心说，她相信在任何人的创业过程中都会存在着运气和机遇。但这并不代表全部。她认为在创业中，执著最为重要。这么多年来，她一个女人打拼至今，没有后盾，没有所谓的靠山，只有自己的执著。“虽然苦，但是苦中有乐。人也很充实。”

张景耀：带领"天鹰"飞得更高，飞得更远

张景耀是天鹰企业的灵魂和领航人物，他是如何从一只雏鹰壮大成一只展翅飞翔的巨鹰的呢，在他的背后有着多少故事，在他的前面又有一片怎样的天空？今天就让我们共同走进这位有着憨厚而创新、智慧又善良的快乐人，分享他的成功秘诀和人生智慧。

创新精神让他插上翅膀飞翔

80年代张景耀及其兄弟张景惠从创建天鹰早期以培训为主的发型美容学校开始发展成现在全国五家分公司及十几个省级代理商，近2000家加盟连锁美容店的天鹰企业，可以说这与他的创新精神是分不开的，就是因为他的远见和不断创新的精神才让他有了今天的成就。团队创新，更是张景耀带领天鹰成功走过五年的惊人之作，可以说天鹰今日的辉煌与这个密不可分。从2000年开始，张景耀就先人一步意识到以后的伟大企业一定是团队伟大的企业，今天的天鹰已经打造出一支固不可催的团队。为别人考虑的精神和创新的思维以及团队意识让这只雏鹰展翅飞翔。

他让"天鹰"拥有辉煌的历史，闪耀的未来

当说到公司的辉煌历史，张景耀谈到："对于天鹰来说2000年是以"成功"为主题的一年，在美容市场还处于迷乱状态的时候，我们以超前的眼光看到市场急需精神领袖的召唤，才能拨开迷雾向前发展。于是我斥巨资特聘成功学大师陈安之先生到天鹰演讲，会议持续三天，参会人员爆满，场面轰动，政府部门支出警力帮助安抚激昂的天鹰员工，在那一刻起，成功学在中国大陆迅速点燃，为中国美容美发市场注入一支长效强心剂。"

又是张景耀的睿智，2001年天鹰率先推出店务整训课程，2002—2003年：天鹰提出"健康一生美丽永恒"的主题。2003年时逢SARS袭击人类，美容市场陷入危机中，许多化妆品公司因此而倒闭，但他却花巨资外聘医学教授传播知识，同时有远见地聘请了经络专家蔡洪光教授来天鹰传授中医经络文化。SARS恐慌期过去，他率领的天鹰企业率先在美容市场打响"健康文化仗"，取得了一鸣惊人的成绩，同时引导市场走上了健康创富的途径。2003—2004年，率先把五行文化运用在美容行业中。他再次为美容市场带来新的活力。2004—2005年：推广虹膜技术的发明，让健康与美丽同行。虽然天鹰有着这样辉煌的历史，影响着美容产业的发展，但是张景耀却从没因此而固步自封过，他说："天鹰五岁了，虽然我们在为过去的辉煌庆祝，但也没有忘记对未来的计划。我们已经在为未来的三年做打算了，2005年之前我们称之是教育的时代，而2006年则是人才年，而且2006年2月19—22日，天鹰全程赞助在北京人民大会堂举行的"纪念周恩来诞辰108周年邓颖超诞辰102周年暨天鹰企业中国美容界经济交流联谊会"，届时在雄伟庄严的人民大会堂上，全国人大、全国政协、国务院、国家工商总局、全国工商联、全国妇联、国家卫生部等有关部委领导及新闻媒体等将应邀参加，规模宏大，影响巨大，天鹰羽翼渐丰，领跑中国。

诚信铸就美业·实干创造未来

——专访广州天芳化妆品厂总经理梁乙雯女士

《中国美容年鉴》：请简单介绍一下天芳公司的创业以及成长历程。

梁乙雯：1995年，我在成都市协和精细化工研究所工作，在长期和工人及工程师们工作的期间，我意识到，阻碍企业发展的不是技术，而是信息的差异化，在这个时代，已经不是"酒好不怕巷子深的时期"了，于是在2003年初，正式将成都协和精细研究所搬迁至广州更名为——广州天芳化妆品厂，我希望通过我们企业所有人的共同努力，以广州为立足点，对目前落后于世界的化妆品行业起到推动发展的作用。

2004年春节，全体员工完成了对天芳的整体筹备及调试，等待开年一展拳脚之时，企业再次经受了沉重的打击——7个生产骨干回家途中出现重大车祸，6死1伤，善后及企业正常运营的所有的压力在一瞬间压得我喘不过气来，是我的父母家人和长期合作的客户为我撑起一个天空，使我们能在美容行业中站立起来，取得今天的成绩。

《中国美容年鉴》：请详细介绍一下目前的中国美容业的市场现状是怎样的？您认为中国美容行业在未来一年的发展前景是怎样的？

梁乙雯：：我认为，目前中国美容业的市场是"庞、杂、乱"，一方面，从我国来说，地广人杂，13亿人口，是一个庞大的市场，另一方面，我国的GDP连续多年以超过10%速度增长，使得人们能把更多的钱投入到其他方面，如人们最关注的健康，包括自身的形象——形象也是健康的一部分，也是健康的外在体现，但可惜的是并不是所有加入本行业的人士或企业都是倾尽心力、穷途不屈、困苦不饶，虽"九死其不悔"地把美容当作一项事业来做，而纯粹是一种商业行为，有利则来无利则去，使市场为之杂、由杂及乱，品牌众多，质量参差，造成许多潜在的消费者无所适从或望而生畏的，因此，这个市场既大又小，象一座金山，但只有一条隧道，众多的人在里面挤进挤出，秩序不会好，大家都感叹生意难做，根源大抵在此。

至于未来一年，只有那些真正把这个行业当作自己愿为之奋斗一生的事业、真正热爱自己从事的这个事业、热爱这个时代，热爱我们为之服务的每一个人的人或企业，才有希望达到光辉的顶点，至少，比大多数人更靠近顶点。

《中国美容年鉴》：请详细谈谈您在经营贵公司方面的心得和体会。

梁乙雯：：任何公司的经营管理，不外乎"三心"，即"诚心、责任心、爱心"首先，待人以诚，以诚实对待自己的工作和企业，以诚信对待自己的员工及顾客，其次是责任心，我们从事的是美丽的事业，责任重于泰山，一个小小的失误，就可能毁掉一个人一生的自信和幸福，至于爱心，其实是前两者的基础，只有爱自己从事的事业，爱自己的公司和品牌，爱自己为之服务的大众，才能做到诚信、责任。

《中国美容年鉴》：请详细回顾和展望贵公司今年的主要品牌经营活动和市场拓展活动以及明年的发展计划。

梁乙雯：：2003至2005年，化妆品市场竞争进入了白热化阶段，品牌推广费用的增加和终端成本的提高以及产品的利润的下降，迫使美容化妆品公司辗转反侧，迫切寻找新的出路。

2005年，许多化妆品公司开始立足市场，从渠道的出口找寻出路，以解决终端客户的销售为核心，开展了许多新的营销模式。我们率先推出了"三加一复合式"营销模式，以会议为带动将优惠和服务送到终端激起了一个新的消费热潮，将本公司的首推品牌"千也"在全国各地的推广工作完满完成。2005年末，我们在原有的品牌基础上，总结出当今市场的运营发展方向，推出了减低市场运作及服务成本，以安全、有效为主导的"干细胞成体祛皱法"，该产品无针刺，无过敏反应，无排斥反应，无抗原体，给广大消费者安全抗衰老祛皱带来了新的福音，这也是我们在未来一年内主力推广的OEM计划。

2005年，天芳被广东美协正式指定为OEM联盟生产基地，这也是对我们工厂的肯定与认可，在新的一年里，我们全体员工将一样秉承"诚信铸就美业，实干创造未来"的企业宗旨，将更多更好的项目投入中国美容企业，为有志于发展美容事业的人士做好坚定的后盾。

《中国美容年鉴》：请列举今年最值得你与大家分享的一件事例或一句话。

梁乙雯：："诚信铸就美业，实干创造未来"

幸福 在十年香疗中发酵

皇家天使品牌经理杨皓然真情告白

回首轻看，在芳香疗法的道路上渐行渐走，不知不觉走过十年。一路走来，幸福的感觉在我的芳香疗法事业中发酵，越积越浓厚，盈盈满溢。那份对自然的迷恋，对植物的探索，对芳香精油的喜悦无时不刻充溢内心。芳香的气息蔓延了五千年，具有香氛的植物亦在我们身边流传着各种各样的美丽传说。大自然的神奇发挥着它取之不尽的无限潜能，在芳香世界里畅游，收获着无限的神奇与美妙。

芳香疗法的真正精神是通过精油香气的作用，来增强人的内在能量，增进人们对疾病的抵抗力以及克服疾病的意志能力。芳香疗法的最终目的在于“提高对幸福的感受能力”，即一个人在感情的基础上，个人的思考方式和对事物的认识方法。

中国的芳香疗法之路充满艰辛，我感觉在传播芳香疗法事业的过程中，遇到的最大困难就是对芳香疗法的认同及最大限度的理解。目前国内传播芳香相关知识的途径多且杂，鱼目混珠，不懂得去粗存精，去伪存真鉴别，就容易混淆视听，陷入盲从。我收集并整理了很多的芳香专业知识让人们了解芳香精油，逐层认知芳香疗法的迷人世界，还通过美容来传播芳香疗法。但在物质为尊的现实生活中，却有不少人偏离了追求美的主旨。因此，我每次给学生讲课，都是在呐喊：“香，就是美，就是大自然赐予我们最美好的能量。”“十年树木，百年树人”，秉怀专业教育，与芳香相伴我坚持了近十年。作为芳香的追求者和传播者我深以为幸，芳疗之路任重道远，我只有两字：坚持！

工作生活化，生活工作化是芳香疗法专业的基本要求，因为生活离不开自然、植物、芳香。我的课程一般都安排在芳香种植园里或者是生态园里进行，要求学生怀着一颗感恩的心，感受在绿色芳香世界里尽情畅游，体验大自然赋予我们的至极享受。

一直以来都在埋头苦学，同时传播芳香疗法教学课程，近两年决定参与市场营销。对于这个决定，我在思考上是慎之又慎的，我觉得芳香疗法是一项美的事业，而不单单表现为一个产品，我更愿把推动芳香疗法的发展视为自己义不容辞的责任。我结盟香港植丽素美容集团，是因为我们有着共同的理念：一、做人——博爱；二、做产品——专业。尤为重要的是，其品牌皇家天使产品突出了芳香疗法的特点，居家 DIY 以及芳香精油的亲密结合与我个人推广芳香疗法的出发点完全一致。皇家天使芳疗系列产品，使多数了解该品牌的美容精英走进芳香疗法的迷人世界，芳香疗法带回家，我希望有一天我们的孩子都可以使用香精油做手工香薰蜡烛、手工芳香皂，而不像现在，连一些专业的讲师都不能在点滴中使用芳香疗法。

在美容行业坚持芳香疗法十年，因为对芳香疗法的痴迷与热爱，我感受满满的幸福感觉，因为这个朝阳的产业，前景光明，而芳香疗法这个古老的整体疗法又是如此神奇，他将在未来给整个美容行业亮起不灭的启航灯，芳香、健康、美丽，人类追求永不会变。

杨皓然先生个人简介

毕业于英国芳香疗法学院
国际芳香疗法协会协会成员
国际芳香疗法治疗师
颂钵疗法规划师
世界美容工作者协会常务理事
香港植丽素国际美容集团首席国际芳疗讲师
香港植丽素国际美容集团皇家天使品牌经理

代丽萍：风风雨雨丽人路

成功的道路总是隐藏着许多的风风雨雨，在这风雨中，你是望而却步，还是坚定向前，这就决定了你能否获得成功。代丽萍，无疑是坚定的，从最初的两张美容床开始，发展成为今天丽人源公司的董事长，这其中的坎坷与艰辛，不言而喻。是什么信念让她如此执着的迈步向前，是什么处世原则让她最后拥抱成功。

中国美容年鉴：请问代总是什么时候进入美容行业的？可以简单的介绍一下您的创业历程吗？

代丽萍：我是九十年代初进入美容美发行业的。代总：真正爱上美容这个塑造个性美的行业是从九六年开始的，当时仅有两张床，但我凭着对美容行业的执着和对顾客的诚信，短短的两年内既拥有近四百名顾客，美容院的规模也随之扩大，九八年时我已拥有十余张美容床及十二人的美容团队了。当时美容市场极不规范，无绪竞争，各品牌间相互倾轧，为了完成我在美容领域发展的梦想，我决定走出美容院，创办专业美容代理公司，把我诚信经营，稳步发展的理念带给更多美容院经营同行，我先后代理了四、五个品牌，同时在我的团队辛勤耕耘下，加盟店已遍布省内外，有两百多家，但更多的老板认可我和我的团队，不接受我所代理的品牌质量，他（她）们总是告诉我：当你拥有自主品牌的时候，我们会义无反顾的加盟，因为我们相信你的眼光，在她们的信任的眼神中，我看到了希望及未来。

中国美容年鉴：您主要运营什么项目？有何特色？

代丽萍：我目前主要以专业美容护肤为主，三年来我们先后推出“丽人·秀姬”以基础护理为主导的品牌、“丽の秀”以美白疗肤为主导的品牌、“樱の目美”专业眼部护理品牌三个自主品牌，目前我们的代理伙伴已遍及大江南北，近六十余家，在大家共同努力下，以上三个品牌分别荣获国家质量监督部门授予2005年“质量信得过好产品”称号。

中国美容年鉴：能简单的说一下你们的品牌内涵和核心价值吗？

代丽萍：作为一个品牌缔造者，一定要给自己的品牌制定一个长远规划，要切合当今大陆美容市场，引进国外护肤品不要拿来主义，要以最短的时间内尽量实现国产化，同时，在可能的前提下，超越他，我记得有位著名企业家曾说过：成功企业的出路在于：全程跟进，局部超越，重点突破。我愿铭记这位成功人士的格言，作为我打造成功品牌的核心理念。

中国美容年鉴：作为一个董事长，你是怎样看待你身边的员工，对他们有什么期望？

代丽萍：今天的丽人源公司，并不因我一年能赚多少钱而开心，而是因为我身边聚拢着一批优秀的员工所组成的精英团队。再好的品牌，如果没有优秀的团 队，也并不会完美。在今后的发展历程中，我会为我的客户输送一支优秀 的团队，而为了我的优秀团队，我会给她们提供一片发展的平台，只有这 样，我们发展的前景才会更艳丽、目标更远大。让我的团队与所有的合作 伙伴彼此都在和谐、轻松、愉快的环境下共创辉煌！这是我最终的梦想。

中国美容年鉴：可以简单的做一下自我评价吗？

代丽萍：我只是一个非常普通而平凡的女性，但我有一个做人和作事非常明确的定位，那就是“诚信”。首先我把“诚信”体现在我的员工身上，然后，通过她们传递给每一个客户和朋友。试问作为一个老板，对自己的员工都做不到诚信，又何谈对自己的客户和朋友呢？正因为诚信，让我从一个美容院发展到拥有数百家加盟连锁店的公司，又从这个公司发展到拥有三个国际化自主品牌的厂家，并在全国各地都拥有了众多代理商和近千家加盟连锁店。

刘翠云：打造中医诊所式美容院

中国美容年鉴：请简单介绍一下贵公司的创业以及成长历程。

刘翠云："健康美容"这是我在美容行业二十来年经历了风风雨雨后所确定的目标，确定了目标就要去实践，最初当我来到杭州第二次创业时，我先开了一家美容院从这里作为窗口，来了解浙江人对健康和美容的认识，对健康和美容的需求，在这里我开始用心的培养人才、实践技术、用心的研究项目，最初我坚信"中医诊所式香熏美疗馆"是我为之奋斗的毕生事业。她是一个集"中华五千年文化的传统中医民俗疗法"与"西方博大精深的香熏文化"融为一体具有深厚内涵的项目，但是好的项目要有好的人才，好的技术才能真正实践和卓有成效，这种情况下我与瑞士诗珀欧一直秉承的理念"打造中医诊所式美容院"不谋而合，诗珀欧是有近300个香熏产品的生活平台使我兴奋不已。

中国美容年鉴：请详细介绍一下目前的中国美容业的市场现状是怎样的？您认为中国美容行业在未来一年的发展前景是怎样的？

刘翠云：进入二十一世纪中国美容业是一个迅速发展日渐成熟的时代，是一个集现代高科技、基因工程、中医文化、香薰文化为主体多维的发展时代，行业在飞速发展，但是从业人员的素质没有跟上时代发展步伐，企业的持续性发展能力和风险控制能力有待提高，就产品而言虽然进入了稳定阶段，但同质化却越来越强而消费者又进入了一个理性消费阶段，怎样突破此现状是2005年我们每一位美容行业业内人士苦苦思索的问题，就未来一年来见，现代亚健康群体正在成为美容院的消费主流，2006年必须改变现状提高从业人员的整体素质，引导行业观念共同来迎接健康美容时代的到来，2006年必将成为美容行业的学习年、教育年。

中国美容年鉴：请详细谈谈您在经营方面的心得和体会。

刘翠云：我认为经营公司最重要的是人才的管理，特别是我现在所经营的项目"打造中医诊所式香熏美疗馆"把五千年的中医文化和博大精深的西方香疗文化结合起来这就需要一支能吃苦钻研、富有爱心的员工团队，我要求员工成为"四型人才"即：爱心型、专家型、销售型、管理型，相信只要拥有这样一支四型人才团队就没有做不好的事业。面对市场要做对事，做实事。

中国美容年鉴：请详细回顾和展望贵公司今年的主要品牌经营活动和市场拓展活动以及明年的发展计划。

刘翠云：2005年我们对"中医诊所式香熏美疗馆"的技术和产品进行了系统的调整使之更容易被美容师学会和掌握，在浙江省各大类专刊同时提出"打造中医诊所式香熏美疗馆"的文化理念，先后以"体验式营销"、美容业职业经理人培训"、"美容业的差异化经营"、"全力打造中医诊所式香熏美疗馆"为主题的大型理念、技术推广会、区域性展会。2006年我们将以2005年的工作为基础进一步进行品牌调整，以技术循环导入为中心，加强教育营销，提升店务营理和品牌服务意识，让中医香熏美容更加深入人心，让一切目标都以教育为前提稳步发展。

中国美容年鉴：你认为美容行业企业和美容院在经营上欠缺最多的是哪一方面？应该采取怎样的措施来提升行业素质？

刘翠云：现今的美容行业正以迅猛的速度在发展，阻碍美容企业和美容院发展的最大问题是高素质人才的缺乏问题，要想解决这一重大问题必须从教育入手，从各方面进行提升，只有提高从业人员整体素质才能从根本上改变企业和美容院的瓶颈问题。

中国美容年鉴：请列举今年最值得你与大家分享的一件事例或一句话。

刘翠云：教育和培养人才是企业的生命力，因为没有经过训练的员工是企业最大的浪费！

经营美容院系统是成功的秘密

——专访广州云梦技术咨询有限公司首席培训师张丙义

中国美容年鉴： 请张老师简单介绍一下系统的定义。

张丙义： 系统是由相互作用和相互联系的若干组成部分结合而成的整体。它具有各组成部分孤立状态不具有的整体功能，它总是同一定的环境发生联系。团队建设实际上就是做人的工作，做人的思想工作。做人的思想工作需要工具，就像上山采石需要锤子、钎子、雷管、炸药等工具一样。采石不用工具只用手挖，用拳头砸，生产力是极其低下的。做人的思想工作的工具是什么，就是我要说的系统。这里特指的系统包括各种有效的培训、书、录音带、VCD、互联网、媒体宣传，以及各种咨询和沟通。简言之，一切传递信息的方法和工具，统称为系统。

中国美容年鉴： 请张老师简单介绍一下系统在企业经营中的重要性。

张丙义： 在新的全球经济中，美容业必须最大限度地发挥知识管理的作用。"彼德·圣吉在《第五项修炼》中告诫世人："未来唯一持久的优势 是有能力比你的竞争对手学习得更快。"企业最重要有三件事：第一个就是战略规划，这是战略定位的问题；第二个是模式，制度的制定问题；第三个就是企业文化的问题，就是文化建设的问题。

我作为一家咨询公司的咨询顾问，有机会为数家大型企业的战略规划、营销通路的巩固、团队建设、人力资源的开发做全程跟踪式服务，我们深知中国美容业要生存要壮大，就必须建立一支高素质、能征战、训练有素的团队。而在团队建设中，特别是营销团队的建设中，我们发现，有三个挑战常常困扰着团队的建设者们：一是在营销过程中，稳不住老顾客，又建立不了新顾客。二是团队弱，顾客少，收益就少；团队大了，就管不了，管不好，团队成员做不到心往一处想、劲往一处使，一盘散沙。三是领导人在工作和管理中，总是处在不知下一步该怎么走的窘境，缺少正确的指引。搞企业、建团队，摸着石头过河是不科学的，更有甚者，如果你连石头都摸不着，你的事业就危险了。

中国美容年鉴： 请详细介绍一下目前的中国美容业建立系统的意义。

张丙义： 美容业建立系统的意义主要有：

1、相同的价值观，系统就是要使团队成员一遍又一遍地学正确的事，做正确的事，教正确的事，使团队领导人形成相同或相近的价值观。

2、思维和行为，做团队成员的思想工作，影响顾客观念的转变，利用系统工具，效果事半功倍。

3、复制成功模式，优秀文化推广的力度越大企业的业绩就越好、越持久。这种文化推广的成功与否取决于它是不是一个可被复制的成功模式。

中国美容年鉴： 请问你们是如何帮助企业建立一个有效的系统的？

张丙义： 我们帮助企业建立系统过程中，一般是先从教育入手从举办各种培训开始工作。在为企业做教育培训的工作中积累了丰富的经验，已为数家企业量身定做了切合实际的课件，普遍得到好评。我们懂得企业不要空洞的说教，不要剧烈的改变，更不要被控制。我们懂得量身定做好过重新塑造。歌德说："理论是灰色的，而生命之树常青"。高明的医生不会为了消除疾患而扼杀生命，智慧的咨询师不能因为要求规范运作，而阻碍企业的发展，削足适履、生搬硬套都是不可取的。我们懂得要想取得顶端上的成就，就必须做好大量的基础工作。我们和客户不做一生一次的生意而要做一生一世的朋友。我们珍惜客户资源。客户想做的，我们做不了的，我们不做；客户想做的，是我们做得了的，又是我们感兴趣的，我们一起来做。要做就要做好、做透、做大、做强。

千路达，减肥的福音

——记千路达品牌总经理黄红书

十五年前，一个普通而平凡的女人开始了她的创业之路，十五年的艰辛的路程，让这个女人收获了人生成功的喜果。创业的艰辛和快乐，伴随着十五年来的企业的成长过程，如今，这个女人创立的千路达已经成为辉煌的行业品牌。在这个朝阳行业里，一提到她黄红书的名字，人们交口称赞。

我们在北京西郊千路达公司总部宽大的办公室里见到了这位平凡而传奇的女人。她的神情自若，朴实而散发着一种独特的气息。她坐在办公桌的后面，后面的墙上挂着中国书法大师启功的亲笔题词：马到成功。

言语之间我们能感受到黄红书的典型的北方性格，她向我们讲述了自己当初创业的动机，是那么的单纯，直率。她说，她的创业缘于一种梦想：让很多的肥胖人成功的减肥。她说她年轻时，和很多的同时代的姐妹一样，学习，工作，结婚，生子，一切都是按部就班的进行着。当她有一天突然醒悟，自己难道要始终没完没了地和那些柴米油盐酱醋茶打交道，耗费青春吗？这种自问无疑一种灵魂的拷问。

黄红书无疑是不甘心的，她是一个始终没有放弃自己梦想的人。她开始关心减肥方面的信息。并且开始尝试各种减肥方法。可以说她是那个时候最忙碌的减肥人。节食，运动，喝茶，针灸，气功等等，不一而足，她都试了一个遍。那段疯狂的减肥史从反面教给了黄红书很多的宝贵的知识，更为重要的是经验，这是任何金钱买不到的。可以说，这段时期的生活给她日后走上减肥美容的行业打下了坚实的事业基础。

体胖，这是黄红书当初的烦恼，其实也是很多的普普通通的女性的烦恼。这也是这个时代的美学上的烦恼，因为这个时代，人们有着和大唐时代相反的美学追求：以瘦为美。这个时代的美学体征催生出了巨大的减肥美容市场。黄红书由此开始了她的事业之旅。

她看到了那么多焦急的无助的肥胖朋友，黄红书坚定了一个信念，那就是一定要攻克减肥难关。她的内心有了方向之后，便开始真正的行动起来，她购买了有关肥胖的书籍，学习中医经络学，人体工程学，营养学等等，还遍访民间中医，从传统的中医针灸术入手等等。俗话说，一份耕耘一份收获。黄红书将自己作为一个不可替代的试验品，她减肥成功了。她急于将成功的经验传递给世人。她想成为世界上所有减肥者的知音。

早在1987年，黄红书不顾家人的反对在天津开设了减肥中心，紧接着，她觉得要将自己的减肥理念传播到全国，甚至全世界，她来到了北京，于是北京千路达科技发展有限公司应运而生。

黄红书明确了自己的公司的企业宗旨："质量第一，客户至上"，同时，她对公司的定位也非常准确："公司长期致力于美容美体仪器的设计、生产、销售"很快在非常短的时间内，她的终端销售网络遍布全国。公司研发产品的实力和一流的产品质量始终使黄红书引以为豪。她知道，只有这得到了保证，她的企业才能在日益竞争的市场经济下立于不败之地。

在拉家常式的采访中，黄红书一直显得很谦虚，实在。她的言谈给我们留下了很深的印象。她说，她这个人别无所长，就是很实在，她只要做一样事情，只要去做就会很用力，全力以赴地去做。并且力图做得最好。

可以想象，在一个国内著名的美体仪器企业内，黄红书亲历亲为，她的忙碌，坚定虽说有压力，但是却是充实的，幸福的。

成果：培育独特的中国美甲韵味

《中国美容年鉴》：请介绍一下甲韵公司的创业以及成长历程。

成果：1998年下半年，一次偶然的机会让我结识了美甲，从此踏上了中国美甲业的早班车。因当时做美甲的人不多，我也是和很多人一样从美甲店开始做起，后来因我先生在美国经常托朋友或亲戚带一些美国的美甲产品给我用，在品质上和质量上都很有保障，所以用起来很放心，后来带回来的产品越来越多，单单靠美甲店用不完，于是我开始走上了做产品的道路。经历了七年的艰苦奋斗和不断创新，现在已经拥有了自己的品牌、美容美甲公司和美甲培训学校、美甲销售店。

《中国美容年鉴》：请详细介绍一下目前的中国美甲业的市场现状是怎样的？美甲行业在未来一年的发展前景是怎样的？

成果：美甲行业目前在中国是一个朝阳行业，现正处于蓬勃高速发展时期，美甲在中国市场有很大的潜力。目前消费者对美甲品牌的要求越来越高，市场规范程度也越来越严格。美甲市场需要一套成熟的运作规则，来让市场更加规范，我们要努力做好这一方面的工作，让更多的消费者和美甲师用上更好的产品。

《中国美容年鉴》：您认为甲韵公司的品牌核心价值和品牌内涵是什么？

成果：甲韵公司致力于培育独特的中国美甲韵味，也要走上一条有中国特色的自主创新道路。我刚开始做产品就是坚定信心，一定要做出一个好的真正的百年品牌。因我接触的产品都是好的产品，只有在包装上下工夫，要大胆创新，专心去做，我想经过我们全中国美甲行业的同仁共同努力，自主创新，研究开发出我们中国自己的优质产品。

《中国美容年鉴》：请回顾和展望甲韵公司今年的主要品牌经营活动和市场拓展活动以及明年的发展计划。

成果：2005年是甲韵公司经营十分成功的一年，甲韵公司的产品质量和销售网络达到了公司要求的目标，05年的销售形势很好，根据客户的反馈是非常认可甲韵公司的产品的，在2006年，我们将会迈开大步，走上发展的康庄大道。06年希望通过与媒体的合作，加大宣传力度，达成企业长远的发展目标。期望06年将销售网络做得更完备，接触更多同行业客户。培训更多专业、知识面更广的美甲师，把美甲升华为艺术，把中国美甲艺术推向世界，带到世界各个角落，让更多的人了解中国美甲技术。

《中国美容年鉴》：你认为美容美甲行业企业和美容美甲店在经营上欠缺最多的是哪一方面？应该采取怎样的措施来提升行业素质？

成果：美甲业已经在中国有10年的发展历史，美甲业的发展可谓一波三折，目前中国把美甲业纳入美容美发行业中，而在国外美甲是单独的一个行业，从某种角度来说并不利于美甲业的发展。一个新兴事物的发展都需要过程，星星之火可以燎原！况且我们的美甲业已经有燎原之势。当然难得的是美甲行业要加强自律，特别是在使用美甲产品上，要对顾客负责，对顾客负责也是对自己负责。谈到美甲师，成果女士欣慰的说：美甲师考试刚刚结束，这是一件很令人高兴的事情。只要努力，美甲师自此有了真正的身份证。据介绍，此次"美甲师"培训分为初、中、高级三个等级。凡符合申报条件的人员，经过培训并合格的，由国家劳动和社会保障部统一颁发国家职业资格证书，这样的话，国家就给美甲业吃了一颗定心丸。

成果

中国玉指美甲艺术学会副会长
中国玉指美甲协会美国区会长
《时尚美容》杂志06年度高级顾问
中国高级美甲师
《美甲世界》杂志顾问
中国第三届高级美甲师
广东省美容美发协会 《美容新时代》理事会理事
中国高级美容师
甲韵美容美甲公司总经理
甲韵美甲培训中心技术总监

伊梦圆里的亚当

——访创造筋网速效减肥丰胸修复毁脸第一人韦尔逊博士

初见韦尔逊，他那种和蔼谦逊的博士形象就让我有一种亲切感。采访过程中韦博士用他那包含乡音的普通话为我娓娓道来他应用筋网修复减肥丰胸毁脸的这个手法产生的经历和它的功效。

机遇都是降临给那些有准备的人身上的

韦医生的父亲是个著名的跌打医生，留下一些关于经络方面的著作。早年他秉承父志从医，作为中华医学会整形专家兼中西医多产学科研究员，从事多年的医学美容，他善于观察，思考。他观察到很多整形医院手术治疗失败者及其后遗症造成的痛苦，而又医治无门；在研究过程中，他发现从医的专家和医生，多数的衰老程度比普通市民快……

带着这些难题他请教了许多的名医，刻苦再钻研，也没有多少收获，无奈重温老父亲的遗作，曙光出现了！早年，韦医生的老父亲就诊返回途中，路经一农田，见一农夫在清理布满杂草的水沟，锄到之处，杂物即除。久滞的流水便顺利通过。这一记载，给了韦医生很大的启示："人体的经络不就如同这水沟吗？不就是因为筋节杂物的产生而阻碍气血的运行"他似有所悟，但仍是头绪不清。

93年他到日本考察，看到他们的推拿方法还有柔道手法非常有效，而这些都是借力打力的，这就给他一个启示，96年的时候他又去了一次日本，到精神病院观察治疗，在偶然中，医生在给病人注射营养药水时，一个面貌丑陋的女子忽然冲撞过来，韦医生出于条件反射回拨了一下，药水射到女子的脸上，竟然发现，女子的一边脸变得秀丽起来，这让他又有所领悟，回国后他凝望着地球仪出神，发现经纬线的神奇，以此他研究经络，经过父亲遗著的点拨和自己所观察和思考的一切，领悟到了"经筋正骨拨正手法"，且利用磁场的规律，用负磁场的阴离子来吸取女性体内阳离子的原理，让女性柔美起来的手法。

与恩师合作，共谱美丽旋律

韦医生的恩师刘加贤医生是科学减肥纤体手雕第一人，独创一种气血神经筋络推拿技术和技法。这给韦博士也提供了很多的启发和帮助，师徒在研究中共勉，最后都取得了不凡的成果。

他们共同运用筋网振拿谱写美丽的律动，让许多不慎选错了某个产品、手术失败、皮肤过敏的患者传播了福音，让不再美丽的破损容颜重新焕发光彩，而这一切都是医学应用到美容上的一大成就，韦医生为了这一成就付出的努力也在一个个姣好容颜的展现中得到了回报。

伊梦圆——伊人梦圆的地方

韦博士所在的伊梦圆筋网技术顾问美容机构，突破了传统涂涂抹抹的局限，因为如果细胞衰老的话，就算涂再多也是枉然吸收不了，韦博士的技术就是青嫩筋网，疏通营养和气血的管道，保持营养的供应，调节神经，平衡荷尔蒙，让人年轻美丽起来，并达到标本并治的效果，让医学真正为美容服务。圆许多女性的伊人之梦，男士俊朗之梦。

"筋网雕塑矫形"手法的特点就是简单、易学、安全、有效、无任何伤痛。对于面部轮廓的缺陷与不足，例如唇短、露齿、颧骨高、颞肌凹陷等容颜问，通过"筋网雕塑矫面"

手法有明显效果；对于肥腮、皮紧、颈粗、皮皱、下垂等能起到立竿见影的效果。祖国医学认为以上问题是由于经络输送气血至筋网系统不足与阻滞，令局部病变或变异。现代医学认为机体组织细胞退化、衰老；组织细胞液缺少或细胞代谢缓慢而形成人体和容颜的不足。韦博士通过十多年临床实践证明"筋网雕塑矫形手法"直接作用局部施于手法能有效地激活细胞、迫紧细胞密度、加快细胞再生并讯速修复细胞或变形受损之筋网，使"筋系"恢复力量，筋有力量才能使筋网复原更可重新塑造健美体形和秀丽轮廓。

徐华：与时间赛跑的抗衰老使者

一直以来，徐华孜孜以求地寻觅着能够真正挽留住青春与健康的秘密武器。尽管衰老死亡是无法抗拒的强大自然规律，但是作为人胎素的受益者，在亲身见证了一项历经70年来经久不衰的神奇抗衰老疗法后，极有信心的宣布——在对抗衰老的战斗中，人类成功取得了里程碑式的重大胜利，而主力先锋便是由人体胎盘组织液中提纯出的医学美容专用人胎素系列美容保健品。生命科学家们在对衰老过程进行长期研究后，提出了著名的“五大衰老主流学说”理论（自由基学说、内分泌学说、免疫学说和新生命营养说）。1912年，瑞士科学家卡尔运用现代生物技术研究发现：人胎盘中富含几乎全部的人类原始生命元素，而且这些原始物质具有强烈的生长性和高度的生理活性。这一成果轰动了世界。是闻名全球的“胎盘活细胞替代疗法”。卡尔因这一伟大发现荣获诺贝尔医学奖，被世人尊为“胎盘之父”。

众所周知，细胞是人体最基本的组成单位，导致衰老的根本原因是细胞的老化，因此，抵抗衰老、真正消除五大衰老病因必须从挽救衰老的细胞入手，这便是新一代美容抗衰疗法——人胎素美容抗衰老法诞生的科学理论依据。

临床数据显示，直接从人体胎盘中活性提纯原始生命营养制成的人胎素系列美容保健品能够恢复组织器官细胞功能、改善肌肤、美白祛斑、调节内分泌功能。中医认为，人有四宝：精、气、血、神。精，是维持生命活动的基本物质；气，引导人体脏器的功能活动；血，是食物营养物质变成的流动液体；神，是指人体生命活动的外在现象（眼神、面色）和精神活动的内在反应“以精血所化之物，而补精血所亏，则精血完足，而诸虚之症自除”。胎盘为血肉有精之品，故胎盘具有阴阳双补，返本还元之功。本草纲目记载“胎盘，治男女一切虚损劳极，安神养血，益气补精，非金石草木可比。”延缓男女更年期等方面较传统护肤品、保健品而言，具有标本兼治的明显效果。

人体胎盘中富含8000多种人类原始的生命物质。在生命孕育之初，母体通过胎盘将这些具有强烈生长性的元素传输给胎儿，正是在它们的刺激下，人体才得以发育增长几十倍并生存几十年甚至更久。人胎素内含的活性成分结构与人体完全一致，可以被顺利地吸收利用，避免人体产生免疫排斥等不良反应，是目前较为理想的胎盘活体美容产品。

人体胎盘中所含有的全部原始生命活性元素提取后，注射入人体内，可促使老化的组织器官和细胞重新初始化生长发育，从根本上恢复机体年轻的状态。

人体胎盘可谓人类最后的年轻神药。也将是抗衰老产品的主流！

灵性＋耐性＝成功，徐华成功了，成功了，却不虚荣依旧一颗平常心，成熟了，却不世故依然童心。当看到使用人胎素后变美了，变健康的人寄来了衷心的感谢言语，她的心无比激动，并更加坚定要把人胎素产品做到人类美丽健康的拯救地位，那怕其追求的甘苦是她一生的跋涉，她也不悔的视之为生命的浪花。

人胎素产品的到来，将预言一个杂乱喧嚣后沉静的理性、求真的时代。它属于公众，属于时间涤荡后美丽与健康的时代宣言。

【下卷】

MIEL®
蜜妍
ECM
ECM
平皱抗衰系列
MIEL
MIEL
抹去岁月痕迹·再现青春风采……

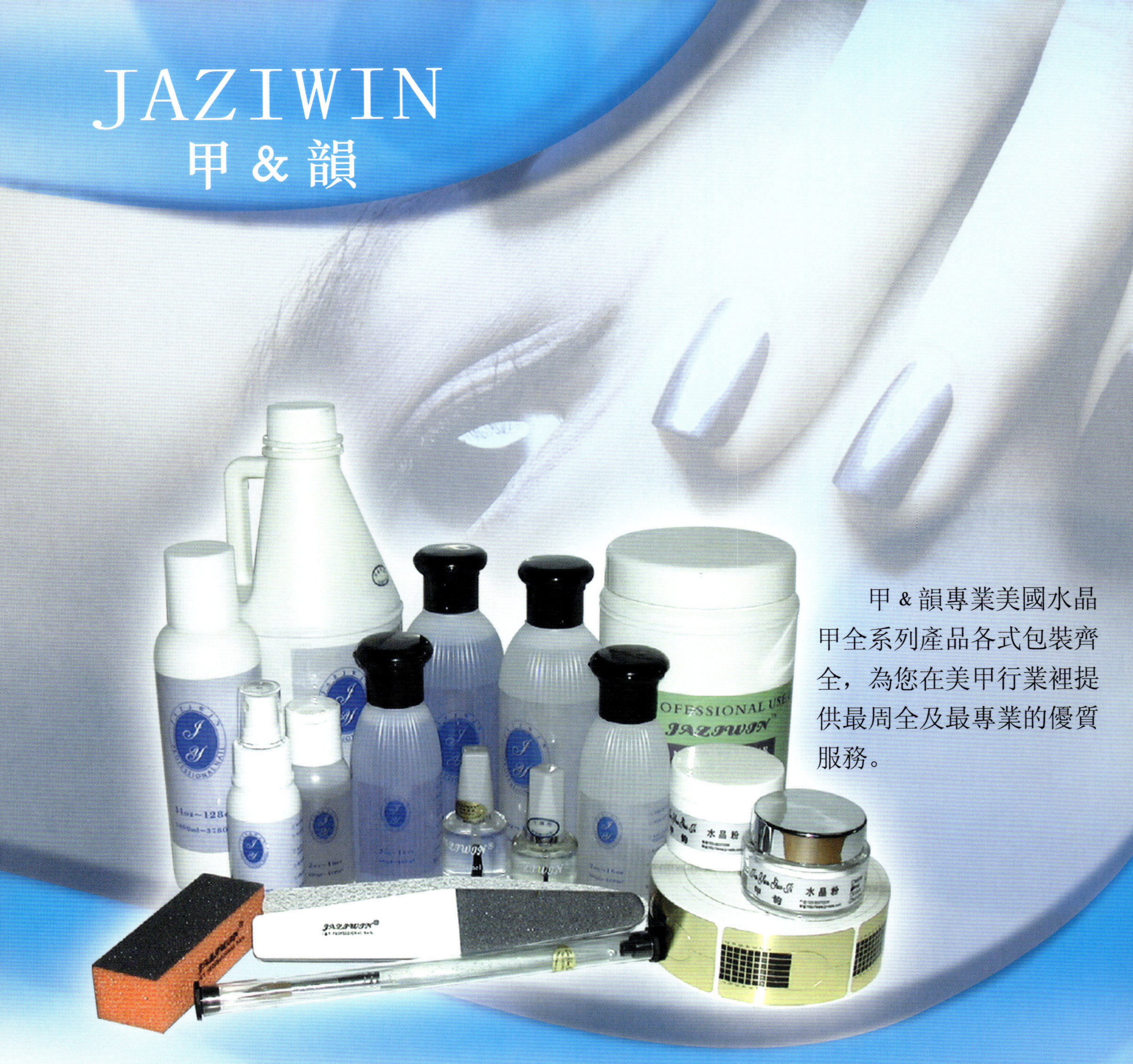
JAZIWIN
甲 & 韻
甲&韻專業美國水晶甲全系列產品各式包裝齊全，為您在美甲行業裡提供最周全及最專業的優質服務。
PROFESSIONAL USE
JAZIWIN
水晶粉

BOCHING FORLADY

台湾伯庆事业集团
FORLADY 保养系列

快速护理的专家

治世养成因循习
乱世孕育真生命

伯庆致力于提供顾客创业所具竞争力的服务同时许诺给予所有员工及顾客体验独特的生活经验

创造员工及顾客的价值：创造企业对所存在区域的环境任何可能性的改变

芙美皙保养系列

宝裴拉保养系列

七彩简易面膜系列

调整型内衣系列

地址：深圳市福田区金田路2222号安联大厦13楼B03

加盟专线：86-755-8828-5666

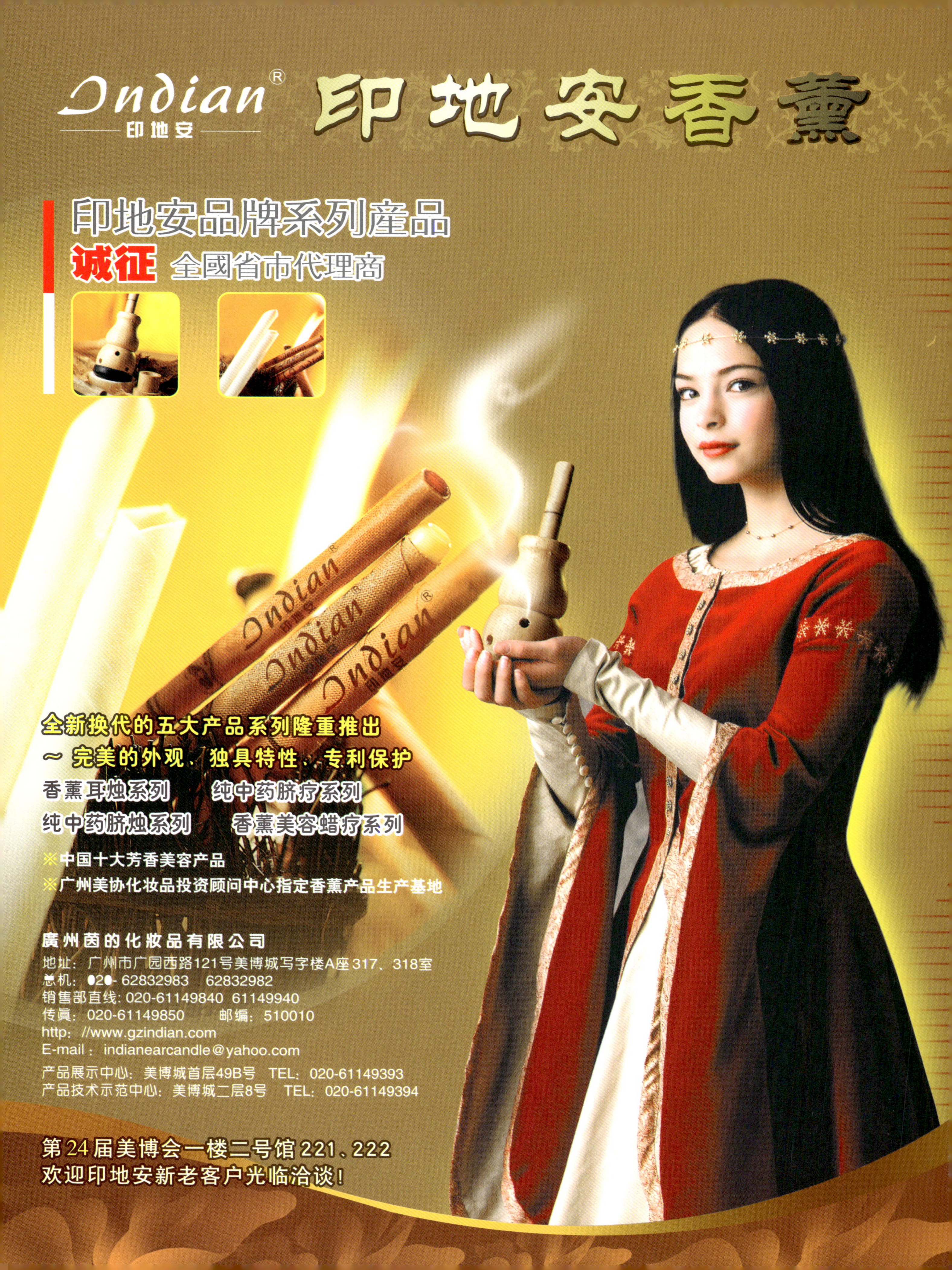
Indian®
印地安
印地安香薰
印地安品牌系列產品
诚征 全國省市代理商
全新换代的五大产品系列隆重推出
～ 完美的外观、独具特性、专利保护
香薰耳烛系列　纯中药脐疗系列
纯中药脐烛系列　香薰美容蜡疗系列
※中国十大芳香美容产品
※广州美协化妆品投资顾问中心指定香薰产品生产基地
廣州茵的化妝品有限公司
地址：广州市广园西路121号美博城写字楼A座317、318室
总机：020-62832983　62832982
销售部直线：020-61149840　61149940
传眞：020-61149850　邮编：510010
http：//www.gzindian.com
E-mail：indianearcandle@yahoo.com
产品展示中心：美博城首层49B号　TEL：020-61149393
产品技术示范中心：美博城二层8号　TEL：020-61149394
第24届美博会一楼二号馆221、222
欢迎印地安新老客户光临洽谈！

MALUNY
玛露娜
CARNATION
AROMATHERAPY SERIES
BLENDED OILS
Net:50ml
FORMAT'S
OVARY

光波溶脂身儀

一次減2.7-10公分

瘦身原理:

光波溶脂儀爲國際最新技術,集光電,光熱,光壓,光化技術等爲一體,運用世界最新光電技術,其有效作用穿透深度可達12cm,其穿透性強,方向性強,具有生物特性的復合光與超微波熱能結合的光熱溶脂技術,100%舒服無痛感,效果顯著不反彈,安全無副作用.

產品特點:

配有三種不同的理療探頭,可滿足不同部位的需要首創光學與熱能的完美結合深度發熱快,溶脂快,即時見效集瘦身與理療爲一体,治療關節炎,等有良好效果.

適用部位:

減肥:小腹,大腿,小腿,手臂,臀部,背部,脂肪肝及全身性肥胖.

纖體:健胸收腹,提臀緊膚,恢腹肌肉彈性,全身緊實.

博視/全亞聯合推出

虹彩 數位檢測儀

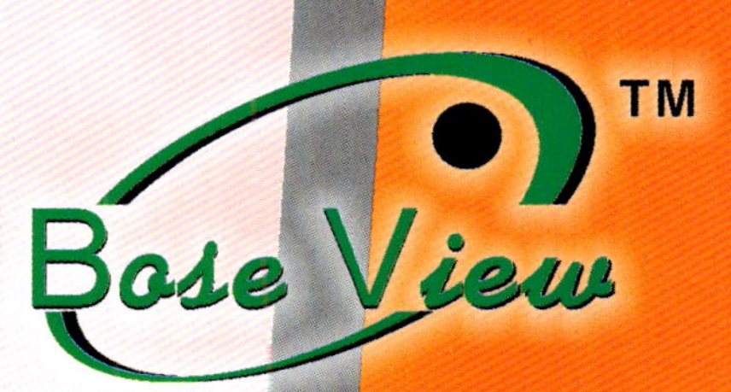

皮膚/毛髮檢測儀

產品概要

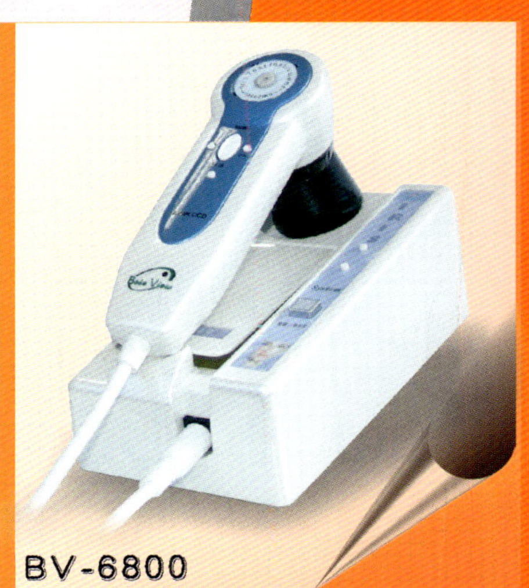
BV-6800

- 兩張, 虹膜, 皮膚, 3D.
  可切換燈(左、右及全亮), 並可檢測影像紋理深淺, 粗糙程度, 毛細孔大小, 纖維組織等; 且可同時對比.
- 具有單/雙定格影像兩種功能, 能讓您快速、清晰的在螢幕上檢測並分析虹膜及膚質的狀況.
- 採用日本CCD/鏡頭, 影像清晰, 色彩逼真.
- 標準配備: 50倍偏光鏡頭, 30倍虹膜專用鏡頭; 虹彩博視自動分析系統.
- 此產品采用(全光譜自然光)™, 可以與電視、電腦相接, 影像清晰度可以調節.

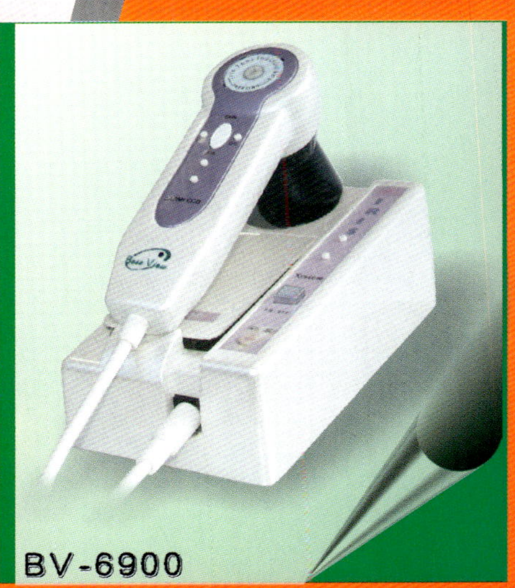
BV-6900

- 兩張, 虹膜, 皮膚, 3D, 微血管循環.
  可切換燈(左、右及全亮), 並可檢測影像紋理深淺, 粗糙程度, 毛細孔大小, 纖維組織等; 且可同時對比.
- 可觀測人體微血管的血流狀態, 微血管的形態, 紅/白血球的比例, 血管內壁的脂肪沉澱等心腦血管疾病的病兆.
- DIGITAL定格.
- 日本鏡片.
- **最先進TOSHIBA日本原裝CCD.**
- 標準配備: 單倍, 50倍偏光鏡頭, 30倍虹膜專用鏡頭, 400倍微血管循環鏡頭, 虹彩博視自動分析系統.
- 此產品採用(全光譜自然光)™可以與電視、電腦相接, 影像清晰度可以調節.

電話:86-20-31383793 31383827
傳真:86-20-86041618
http://www.boseview.com.tw E-mail:boseview@ms66.hinet.net
地　址:廣州市白云區龍歸鎮南嶺村村前大道15號

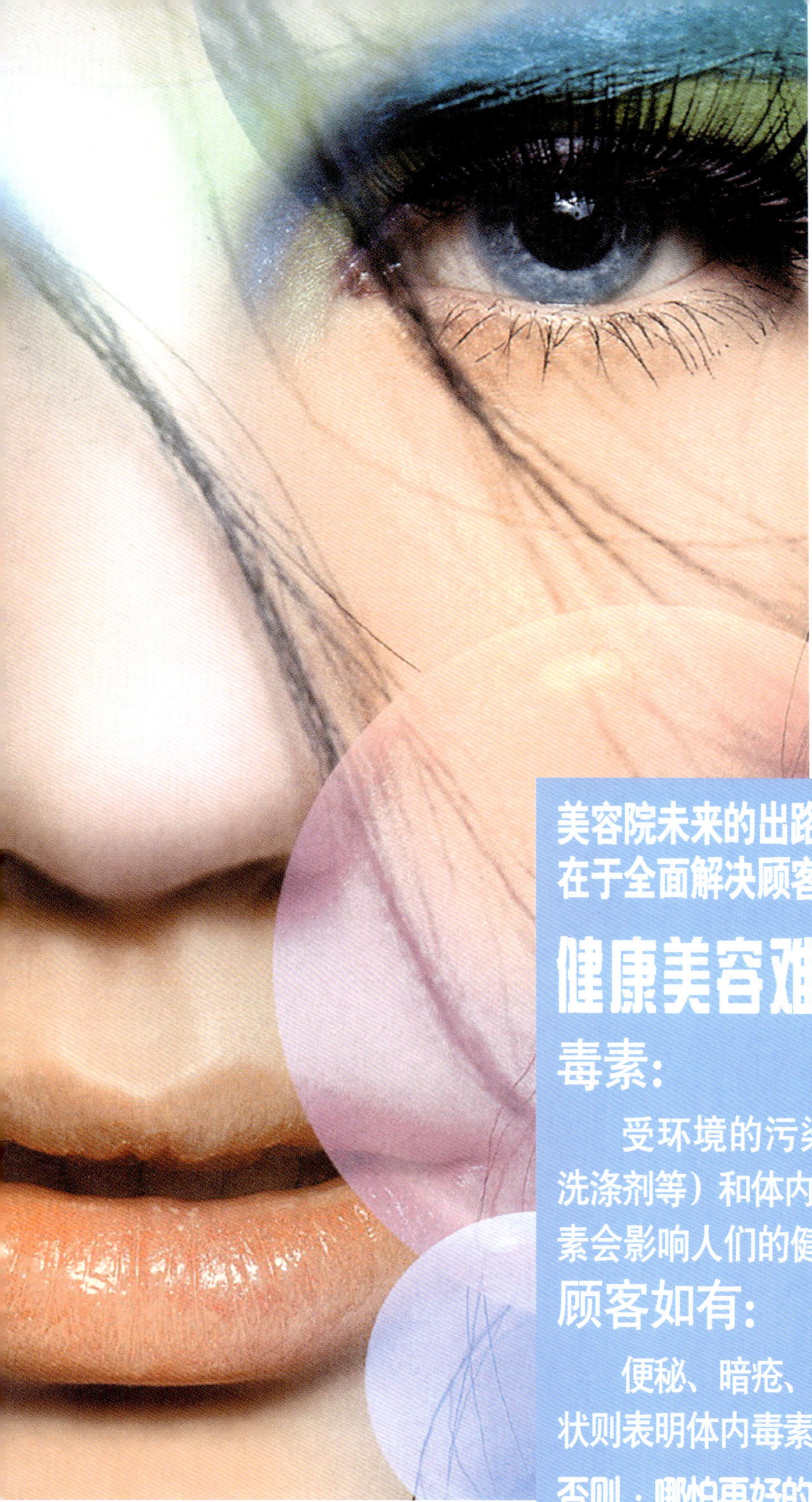

美容院未来的出路在哪里？
在于全面解决顾客健康美容的难题

健康美容难题之二

毒素：

受环境的污染（空气、水源、食物、工业废气、洗涤剂等）和体内新陈代谢过程产生的废物的影响，毒素会影响人们的健康、容颜。

顾客如有：

便秘、暗疮、口臭、肥胖、皮肤、晦暗、粗糙等症状则表明体内毒素过多，需要净化

否则：哪怕再好的护肤品，再好的美容手法也解决不了！

解决方法：

芦荟软胶囊，果蔬膳食纤维素。

My life My resources

中国美容内调食品第一品牌

美国长兴健康食品有限公司授权
香港时代资源生物科技集团公司荣誉出品

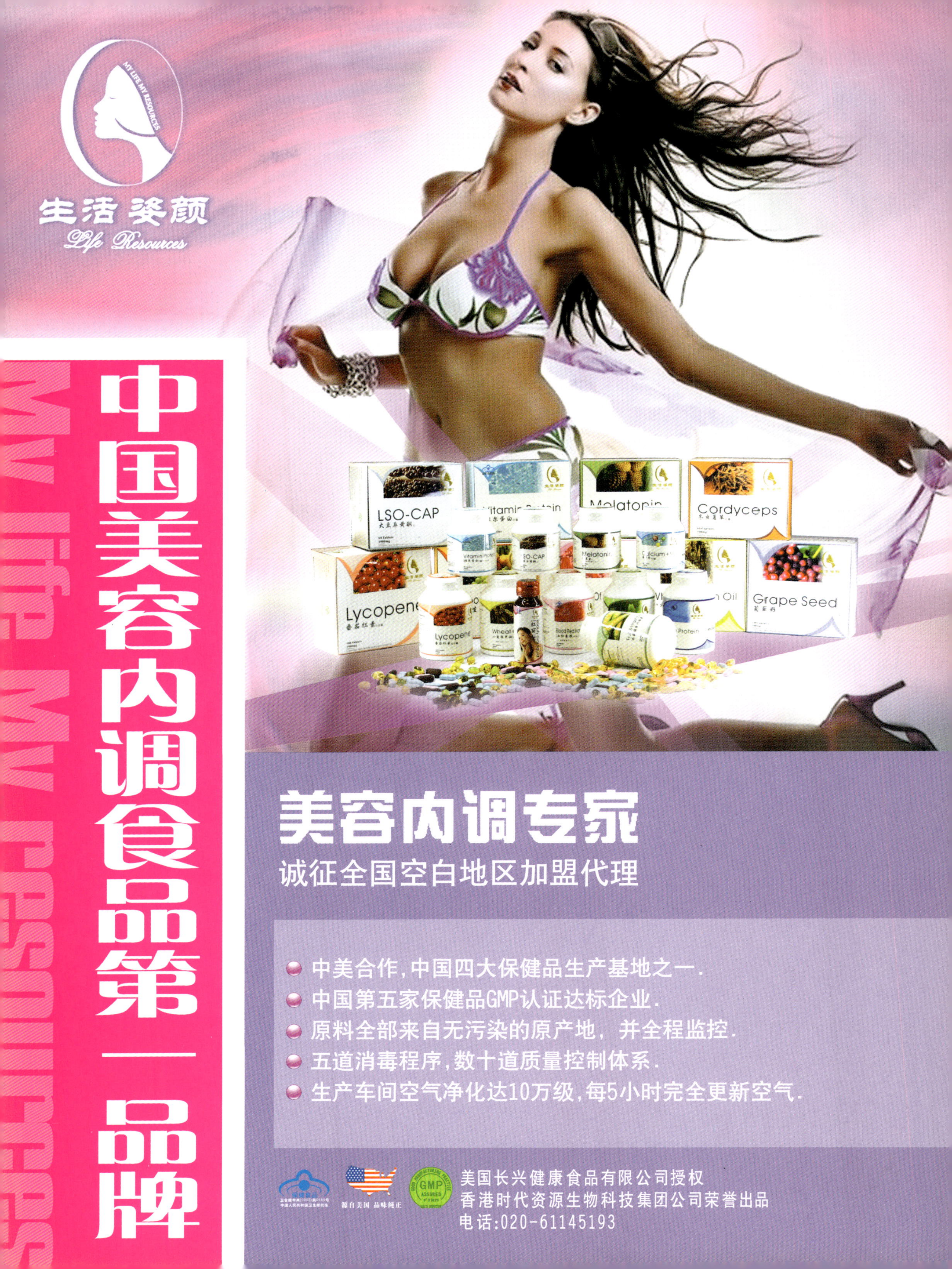

MY LIFE MY RESOURCES
生活姿颜
Life Resources

源自美国 品味纯正

GMP
ASSURED

法国原装进口

法国LPG全能抗衰老组合

提升身体天然活力美感

老化现象由25岁或更早便开始出现，由裹到外影我们。其中，(1) 血液淋巴圈的衰退严重的可导致心血管病，轻则摧化静脉曲张及橙皮纹；(2) 组织的老化使皮肤松弛、暗哑及筋膜的硬化；(3) 肌肉的退化弱化活动及平衡能力；(4) 关节的老化带来不适、痛楚、行动不便、甚至形体扭曲！

透过LPG M6 对表皮及皮下结缔组织的强效刺激，血液淋巴圈及组织被重新激活，同理，Lift 6 有效修护面部肌肤，而Huber 有效锻炼脊椎肌肉，强化全身肌肉链及关节。

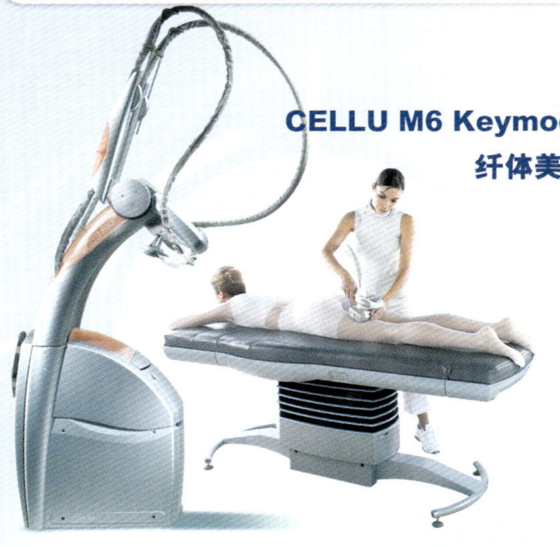

CELLU M6 Keymodule
纤体美疗仪

CELLU M6 利用专利机动滚轴加上负压吸力把皮肤提升，形成反地心吸力的效果，按摩不同的结缔组织，优化皮下组织微循环，有效促进血液回圈（可增强四倍）及淋巴排毒（可增强两倍），令肌肤制造胶原蛋白及弹性纤维细胞高出平常1.3倍，有效消耗积聚脂肪，改善橙皮纹及妊娠纹，塑造完美水晶般肌肤及改善体态。

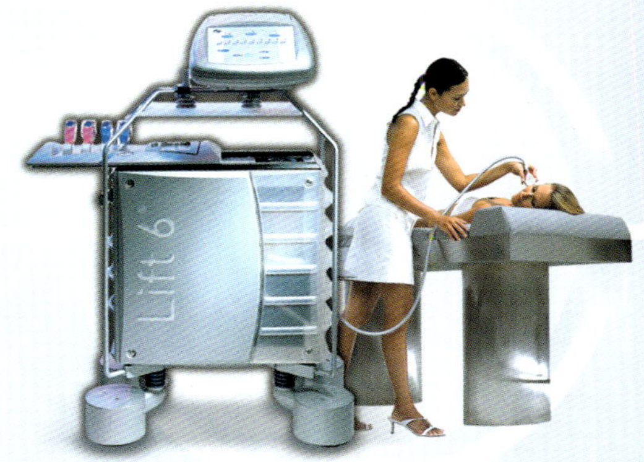

专利Cosmecanique立体式规律波浪震动面部护理疗法，快速激活及增加真皮层细胞的胶原蛋白质与弹性纤维，能有效纤面紧肤、去皱抗衰老、改善敏感皮肤及提升胸部线条。

Lift 6 纤面紧肤健胸仪

Huber 健脊美体仪

凭藉创新三维动力平台科技，是现时维一一部有效锻炼深层肌肉的健身仪，可在一次练习中锻炼80块肌肉。4次Huber训练已可锻炼全身肌肉群，由最深层支撑姿势的脊椎肌肉到表层活动肌肉，大大提升身体机能，美化姿势和身段线条。

广州丹奇工业大厦

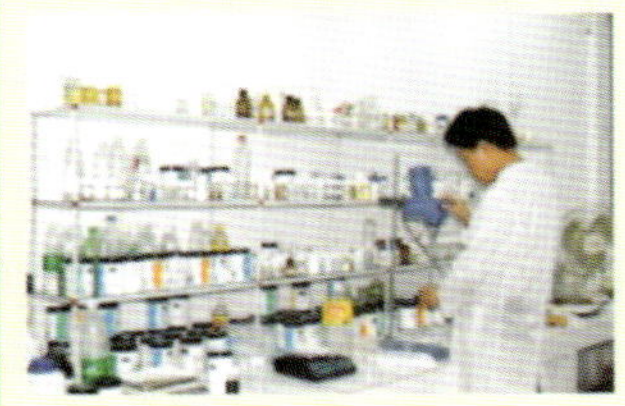

严　正　声　明

近期，香港虞美人国际集团有限公司、大连虞美人形象设计有限公司发现，在江浙地区出现未经我公司授权的公司、广告、招商活动等侵权性行为出现，并且冒用虞美人网站进行非法行骗活动。此项行为完全是非法的，现特此发表严正声明：

1、香港虞美人国际集团注册的“虞美人”商标为国家合法商标。一些单位或个人冒用“虞美人”品牌，私自伪造虞美人商标（参见图样）进行非法经营、招商，并非香港虞美人国际集团有限公司授权单位，提醒消费者谨防上当，以免个人权益受损。

2、消费者在看到该声明后请尽快致电大连总部，对非法单位或个人进行举报。我们正式授权的当地虞美人形象店即将开业，广大顾客将享受到非常专业的全套健康咨询(免费)，同时，会享受到幽雅舒适的空间服务，以及虞美人品牌所特有的美容美体项目赠送。请广大消费者到正规的虞美人品牌店享受服务，保护自己的身心利益不受损害!

举报专线：13500734345　(举报有奖！)

3、 社会上一些非法单位打着“虞美人”的旗号私自进行非法招生，但并没有培训学校及老师。向社会招生，纯属欺骗，提醒消费者和广大学员谨防上当。如有想学习美容的学员，请咨询香港虞美人美容特训学校。

招生专线：0411－82709370

虞美人合法图文标识

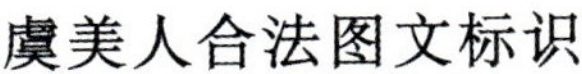

非法假冒“虞美人”标识

虞美人(國際)美容連鎖機構

香港虞美人国际集团有限公司

大连虞美人形象设计有限公司

2006年1月1日

香港虞美人国际集团董事长于文红女士

1993年，虞美人美容品牌在滨城大连成立。在短短的13年中，虞美人由一家11平米的美容店，发展成在全国范围内拥有100余家虞美人品牌形象店的国际美容连锁机构。现在的虞美人，是一家集美容美体、美容连锁、美容教学为一体的虞美人国际集团。而这一切的创始人，于文红女士，在一瞬间呈现出来的色彩，可以让周围的一切变得暗淡。因为，她的世界永远春光灿烂。

“我认为女人要美丽，首先要有健康的心态，和快乐的心情。做女人辛苦，但不可怜，我就从来不可怜自己，不相信眼泪，只相信微笑是最美的，即使五官不美，好的心情也可以让我们的气质很美。”作为女人的于文红董事长自信而从容，对自己的感受更是轻松愉快。在她面前，压力和疲惫显得微乎其微，以至于她的快乐多得可以把它们淹没！

对于自己的事业，于文红肯定地说：“我是一个了解自己，能够给自己找准定位，知道自己能做什么，想要什么，目标是什么，能够主宰自己的女人”。的确，人生如果是一条高低起伏的抛物线，于文红用最快、最短的时间找到了自己的坐标点，年轻的她已经为自己的生活提交了一份相对完美的答卷。

鱼，是对商海中的于文红董事长最恰当的比喻。从93年第一家不足11平米的美容店到如今遍布全国的100余家虞美人品牌店，从简单的基础整形美容到溶入先进理念的排毒、塑身、修形，从维持生计到财富聚集，这些过程可能不足为奇，但于文红董事长在这过程中始终保持的轻松快乐，甚至享受的状态，就充分显现出她超乎寻常的经商天分。

会赚钱的女人很多，可是敢于笑出声来说：“我赚钱赚得很快乐，很过瘾！”的女人却非常的难得。

于文红喜欢画画，所以她有着对“美”更加艺术的理解；她喜欢文学创作，所以虞美人的营销策划案她可以亲自把关，上大学时她又是演讲辩论的“高手”，所以如今她“非常擅长与人沟通”。对于美容这种服务性行业，沟通和协调好与消费者、供货商以及各种管理部门的关系事关重要，于文红在这方面同样显现出她的聪明和天赋。“来美容的女顾客，有很多处于更年期阶段，心态不是很好，会故意为难美容师，或者给我们制造麻烦，我从来不会对这样的顾客发脾气，反而会对她越好。女人都是感性的，她们最终会被感动。人们都说顾客是上帝，而我把每一位顾客当做是孩子，要迁就包容和喜欢他们，当我的眼神告诉对方：我很喜欢你的时候，相信对方也一定会喜欢我。”

现在，在于文红董事长的带领下，虞美人（国际）美容连锁机构以高超的技术水准和完善的品牌服务让越来越多的消费者享受到美容的神奇效果。而同虞美人合作的加盟客商也因此获得了巨大的商业回报。

如今的美容行业，竞争越发的激烈，能够长期立足于美容市场早已不像以往那样容易。而创办于90年代的虞美人品牌，历经了十余年的不断发展，不仅保持了品牌的持续发展，年年盈利；而且更为重要的是，凭着现代的品牌管理和完善的整店输出模式，在东北、华北地区投资设立100余家虞美人品牌直营店及特许加盟连锁店，同时与国外多家化妆品研发、生产及原料供应商建立了长期的战略合作伙伴关系。在总部大连，虞美人选择寸土寸金的黄金地带，成立了面积近4000平米，总投资额逾千万的虞美人（大连）五星级国际旗舰店。集抗衰老中心，SPA美容养生会馆，健身会所，娱乐休闲于一体，内设海洋生态接

虞美人会员答谢会现场

虞美人会员答谢会现场

待大厅、有氧健身娱乐大厅，芳香美容美体大厅、欧式西点水吧台及专供男女贵宾分别使用的18个超豪华VIP美容美体客房，为各界“享受生活，追求品质”的贵宾提供最高级别的服务，亦在相应区域设有三千平以上，干净整洁、设施先进的芳香SPA美容美体经济消费区，为更多女性提供物超所值的服务。

香港虞美人美容特训学校是经过中国政府部门批准，由虞美人（国际）美容连锁机构投资成立的专业美容人才进修教育基地，汲取了国外教育界先进的培训理念与处理策略，以国际ISO9000认证为依据，独家推出“全质量教育服务管理体系”，以此来帮助学员适应日趋国际化的美容行业，通过系统的学习，成为一专多能的复合型人才。学校设有集视听于一体的标准理论教室，并免费为学员提供国内最大的实操室，同时让学员享有一流的食寝环境。“面试即签聘用合同，毕业后100%高薪留用”的承诺，成为大连教育培训界的楷模。学校以雄厚的师资、顶端的技术、良好的气氛，为有志于从事美容行业人士提供最佳的学习和进修良机。

随着行业市场的不断全球化。虞美人品牌经过十余年的不断发展，已形成一套完整的品牌运作模式。现在的虞美人，已在东北、华北地区投资设立100余家虞美人品牌直营店及特许加盟连锁店。所不同的是，虞美人品牌提供“整店输出”的模式来协助全国加盟伙伴。以确保同虞美人加盟的客户在开业之初就能够正规、简便的来运作。自开展虞美人品牌“整店输出”以来，全国所有引进虞美人品牌的加盟商已经品尝到现代化品牌运作所带来的乐趣。通过虞美人总部强有力的支持，其中的大部分加盟商甚至在开业半年即收回全部成本，并实现盈利。

“虞美人”自成立以来秉承年轻、快乐、真实（Young Merry Real）的经营理念，在中国的美容专业线领域创造了一个又一个奇迹，而过去并不代表未来，“国际化，资本化，连锁化，品牌化”动作将是美容专业线市场的发展趋势，虞美人将继续顺应国际化市场的潮流，继续以一流的企业文化，独特的经营模式，卓越的产品品质，完善的管理体系，打造中国最具实力的美容连锁航母，开创美容业的新纪元！

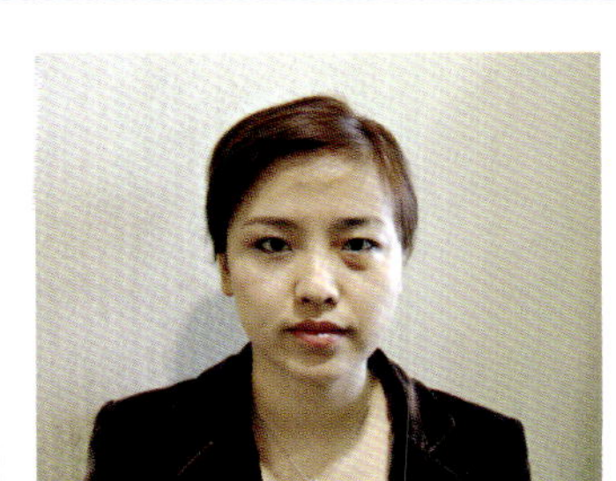
虞美人哈尔滨旗舰店总经理张琪女士

虞美人杭州旗舰店总经理陈建芳女士

菲曼芝 自然之美 锦上添花

Http://www.feimanzhi.com

FEIMANZHI

1—100：菲曼芝以一颗真诚感恩的心，脚踏实地发展百店连锁，创百年品牌。

菲曼芝在发展的历程中，面对一次又一次的困境，从未停止过奋斗的脚步，不停地自我革命，从而赢得了一次又一次的成功！十多年来，菲曼芝以中医五行为技术内涵，以佛缘文化为人文内涵，以生态平衡为产品内涵，以规范管理为经营内涵，创造出独具特色的企业文化，不仅赢得了市场，吸引了顾客，也得到了广大员工无私的支持。

产品文化——生态平衡

菲曼芝本着“关注健康、创美添花”的宗旨，依据皮肤在四季的状态，研发出美容院系列的生态护疗美容产品——“全维素”，并在全国首创“生态平衡美容疗法”。

全维素生态美容品的诞生，预示着大自然赋予人类的天然享受！因为有标准，所以没污染，皮肤的“生态平衡”不是形容词，需要有严格的标准来保证，所以菲曼芝坚持以最严格的环保标准来衡量每一件产品，零污染是菲曼芝的承诺，更是菲曼芝的坚持！

技术文化 ---- 中医SPA美容

经历过亘古岁月洗涤的精髓是不会褪色的，“中医SPA”讲究的是一种健康的保健方式，菲曼芝在17年的经营中，巧妙地将中医理论与现代美容融合于一体，开创了处方式“中医SPA美容”的经营项目，可依据不同季节、不同皮肤问题、不同类型顾客而设立灵活的处方美容，达到个性化的量体裁衣式的美容服务，赢得了顾客的一致认可，也使得菲曼芝拥有了市场竞争的强有力的特色。

菲曼芝在推出特效护肤产品后，根据都市人的亚健康状态在长期的美容实践中深切结合传统中医理论，不断摸索解决人类亚健康状态的按抚疏通手法，以“十八状态”美容手法配合疗护，真正分清“谁是主角”，从而在美容院内开展了自助美容与她助美容的独特处方式美容疗程，解决了每一位顾客的难题！真正做到明明白白美容、真真切切见效、实实在在消费，使顾客美的放心、美的开心！有如回到十八岁，让美丽与健康并存！

管理文化——爱、真、善

菲曼芝以“爱”为教育核心；以“真”为行为标准；以“善”为做人之本，创“善”之商道！所以菲曼芝创造了一个独特的充满了爱的“姐妹堂”。在这里，让员工从不懂到专业；从迷茫到坚定；从被动到主动，真正能找到属于自己的舞台，达到人生追求的目标！

“肩上有责、心中有爱、腹中有墨”是菲曼芝对员工的基本要求，因材施教是菲曼芝培训最大的特色。菲曼芝在管理上因才适用，通过“三条监督战线”健全自己的“岗责制”；通过“三个统一，三个规范”严格考核“达标率”。这种管理措施的落实是菲曼芝美容连锁在日常经营管理体制上的一次与时俱进，不仅充分调动了全体员工的工作热情，也培养发展了一批坚实的后备力量。

如今的菲曼芝已扩展为集团公司，下设有产品研发公司和美容用品公司，具备产品研发、终端渠道、教学培训、服务创新为一体综合性功能，并在逐步形成精细化、市场化、国际化的科学管理体系。

在中国美容行业发展的汪洋中，菲曼芝犹如一艘航船，撤满风帆，承载着美丽为民的使命，以不竭的激情，将再创辉煌，驶向梦的彼岸。

菲曼芝美容连锁机构热线电话：0755-25786741 25786737
地址：深圳市罗湖区翠竹北路鹿鸣园兰竹轩B-302

倡導國際健康美容最新理念
搭建國際健康美容最高平台

名誉会长 钱信忠　　会　长 张敬东　　执行会长 任韵龄　　秘书长　牛宏博

中国·国际健康美容行业发展联合会（CIHBA），是从事健康美容行业的企业、个人以及与健康美容行业相关的单位和个人自愿组成的非营利性社会组织，是全国性社会团体。

中国·国际健康美容行业发展联合会，以承传中华医学，将美容植根于医学，严肃于科学，提升于美学，依附于仁学为理念，联合国内外健康美容行业同仁，倡导科学、健康、创新、发展，通过开展国际交流，举办经贸展览，组织专业培训等活动，宣传科学知识，推介名优产品，帮助企业拓展经营业务，指导从业者提高技能与服务质量，推动中国健康美容行业的发展。

中国·国际健康美容行业发展联合会，业务上接受卫生部、科技部的指导，是政府联系企业的纽带。与美、法、日、韩及港澳台国际健康美容组织建立有良好的关系，和多层次的合作发展项目，是中外交流与合作的桥梁。

中国·国际健康美容行业发展联合会，由国内外健康美容优秀团队和行业精英组成。设有理事会、专家委员会、会员发展部、教育培训部、中国区域管理部、国际区域管理部、市场拓展部、项目引进部、国际会展部、国际联络部、国际科技产品推广部、法律顾问咨询部、职业经理人俱乐部等。联合会广泛吸纳热心健康美容科学研究、技术开发、产品生产、教育宣传等机构和个人，携手打造中国健康美容产业航母，整合资源，规范市场，创造国际知名品牌，使中国健康美容产业跨入国际领先行列。

中国·国际健康美容行业发展联合会

中国健康美容相关行业
职业经理资质评价项目简介

什么是职业经理资质证书?

《职业经理资质证书》，是由国家人事部全国人才流动中心和国资委职业经理研究中心联合颁发的，代表国家最高标准的职业资质证书。

如何获得职业经理资质证书?

我国的《职业经理人资质国家标准》，由国资委职业经理研究中心依据《中共中央、国务院关于加强人才工作的决定》精神，在国家标准化委员会指导下制定。《职业经理资质评价》标准由国资委职业经理研究中心与人事部全国人才流动中心共同推行。申请职业经理资质，需通过培训、考核，经评价合格者获得由国资委职业经理研究中心颁发《职业经理资质证书》，由人事部全国人才流动中心颁发《全国企业经营管理人才库资格证书》，并将其个人资料登入国家人才网。

职业经理人的市场前景及收益?

中国大中型企业2000多万家，受过专门训练的职业经理不足千人。职业经理在中国企业严重短缺，企业投资者急需职业经理，行业可持续发展急需职业经理，外资进入中国首先需要的也是职业经理。通过培训认证的职业经理具有良好的职业道德，丰富专业的理论知识及实战所需的管理素质能力，并进入国家人才网《全国企业经营管理人才库》后，给企业和经理人搭建了人才供需平台及信誉的保障。通过培训评价的中级职业经理月薪金一般在5000元以上，高级职业经理（CEO、总监）月薪金8000元以上。

职业经理资质评价的价值所在?

是全国唯一由政府机构牵头组织的，最高标准的职业经理资质评价认证；

是行业唯一由政府机构授权的职业评价项目，经市场和出资人认可的职业能力证明；

是全国人才流动市场和用人单位选择人才标准及信誉的重要依据。

职业经理评价培训包括那些?

一是职业道德与素质；二是专业理论知识课程；三是八大核心能力训练课程。培训内容紧紧围绕人才标准体系，尤其突出对职业经理实战素质和能力的训练。

什么条件可以申请职业经理?

符合下列条件之一者可申请职业经理中级资质：

1、具有大专以上学历，或达到相当大专文化程度，从事管理工作5年以上者；

2、具有大专以上学历，或达到相当大专文化程度，从事中层管理工作3年以上者；

3、在企业担任企业中层管理职位，业绩突出者。

符合下列条件之一者可申请高级职业经理资质：

1、具有大学本科学历，或达到相当于大学本科文化程度，从事企业高层管理5年以上者；

2、大学本科以上学历，或达到相当于大学本科文化程度，从事企业高层管理8年以上者；

3、担任企业高层管理职位，业绩显著，获得社会认可的相关人员；

4、获得“职业经理人资质证书”2年以上者。

职业经理专家团队及培训师队伍阵容

职业经理培训师队伍由数十位国内著名实战专家、教授组成。专家委员包括：于光远、艾 丰、历以宁、刘 吉、成思危、蒋正华、冀朝铸、丁俊发、王忠明、王通讯、孙钱章、刘 伟、严家栋、钟鹏荣、袁守启、黄振奇、彭建锋、朱砚龙、张月娇、张庆洪、张声雄、杨 杜、沈荣华、贺云华、金 碚、郭培仁、谢志华、董新保、魏 巍等。

职业经理管理咨询中心办公室联系方式

地址：北京市海淀区紫竹院路1号院人济山庄1楼1804

电话：010－88556751　88556866　　孙老师　田老师

E-mail：china@163.com

职业经理中级资质证书

职业经理高级资质证书

职业经理高级资质证书铜牌。

第二届 中国健康美容行业发展年会 健康美容行业信誉联盟大会 即将举行

2005年12月16日至18日，第二届中国健康美容行业发展年会暨中国健康美容信誉联盟大会在北京在北京隆重举行。

中国健康美容信誉联盟由国家有关部委倡导发起，并得到了相关行业协会大力支持，由中国民营科技对外交流促进会、中国健康事业对外交流协会、中国•国际健康美容行业发展联合会等四家单位联合主办。主题是：“挚诚守信、扬优抑劣、精诚服务、规范经营。”。会议内容包括：举办中国健康美容事业发展论坛；发布中国健康美容行业信誉宣言；为加入中国健康美容行业信誉联盟的美容企业和个人颁发信誉单位、信誉成员证书。

12月18日，来自全国各地的千余名美容企业的代表将聚会北京人民大会堂，举行中国健康美容行业信誉联盟誓师大会，向社会庄严宣誓！原卫生部部长、中国•国际健康美容行业发展联合会名誉会长钱信忠，原国家科技部部长、中国民营科技对外交流促进会会长谢绍明，全国工商联原副主席王治国等作为贵宾出席大会。此次大会得到健康美容行业积极响应。

出席大会的领导为获得首批“金牌讲师”、“特殊贡献奖”的专家颁发金鼎奖

在中国健康美容行业信誉联盟誓师大会上，钱信忠部长向与会代表致辞

张敬东会长、任韵龄常务副会长陪同钱信忠部长出席信誉联盟誓师大会

《虹膜诊断师》资格培训班现在招生

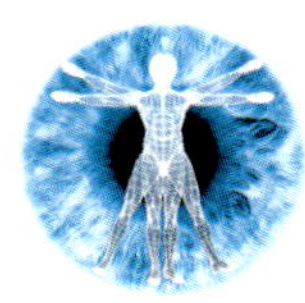

中国•国际健康美容行业发展联合会，传承中医文化，以健康美容为本，植根于医学，严肃于科学，提升于美学，依附于仁学。

联合会通过同海内外健康行业同人，开展国际交流，举办国际展览，组织专业培训活动，宣传健康美容科学知识，提高企业经营管理水平。从而提高从业者的健康美容技能和服务质量，推动整个健康美容行业事业的发展。

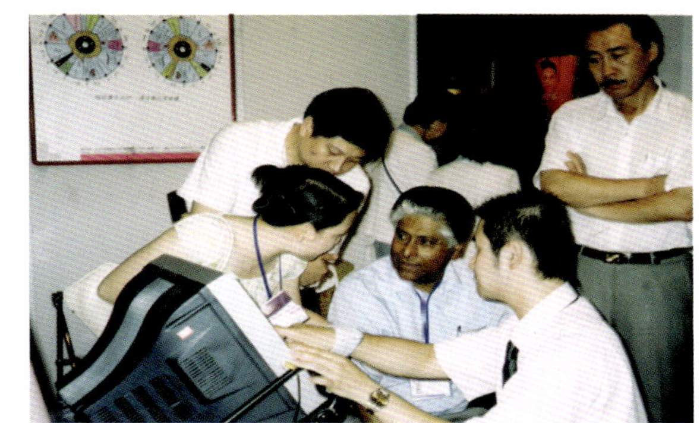

中华医学源远流长。古书经典对防病早有记载。疾病在未病的阶段，在未成形的阶段，你能否发现它，截获它，提出相应的措施，使他消于无形呢？

等到晚期癌症了你才发现他，又有多少意义呢？

《虹膜学》是一门既古老又新兴的学科。它弥补了现代医学处于诊断已病水平阶段的空白，对于健康的临界状态——“亚健康”有着超凡的意义。

领略一下亲眼看健康的感受吧！在这里，你不仅学到的是一门防微杜渐的功夫，更是找到了一条通往事业巅峰的黄金大道！

培训结束后由由中国•国际健康美容行业发展联合会、中华虹膜应用科学研究会颁发“虹膜诊断师资格证书”。（可持证上岗）

中国• 国际健康美容行业发展联合会　　地址：北京市海淀区紫竹院路1号人济山庄1号1804室
电话：010-88556751　010-88556866　　传真：010-88556751　　联系人：孙老师、田老师

中国美容行业特大喜讯

——卫生部颁发中医美容师资格证

卫生部职业技能鉴定中心授权中国·国际健康美容行业发展联合会主持承办中医美容师专业培训认证，现面向全国招生，培训成绩合格后，颁发国家职业资格证书《中医美容师》，录入中国卫生人才网，是目前国家唯一认可的中医美容从业资格证。

即日起报名，每月10日开班。由中国·国际健康美容行业发展联合会组织国内顶级专家团队授课，不但传授你系统的中医美容技能和知识，还传授你经营管理的前沿知识，引领你步入美容行业的高端层面，与行业权威人士、领军人物亲密接触！

中国•国际健康美容行业发展联合会　　地址：北京市海淀区紫竹院路1号人济山庄1号1804室
电话：010-88556751　010-88556866　　传真：010-88556751　　联系人：孙老师、田老师

HK软模粉基质原料系列

贺利氏高科技产品

给您安全、健康和信心

全球最大的软模粉基质原料制造商

创建于1851年·德国汉瑙

新高度！新起點！新選擇！

精力打造企業文化內涵，永列行業運作模式先鋒

莱茜蒙“3+1”复合式终端营销模式
创新美容院运作新纪元！

◆代理商加盟后一个月内“4”场活动快速启动终端市场。美容院加盟后一个月内“2”种推法快速回笼资金，良性引导目标消费群体长期稳定消费。

◆“三卡一券”常年翻新，源源不断带给美容院新的客源，成为美容院开发客源的有力利器，稳定客源的秘密配方，产品销售的强劲加速器，客人消费和传播的绿色银行！

◆每张激活卡、特惠超值卡、贵宾增值卡（VIP卡）分别带给美容院的产品销售可高达328元、4592元、9184元。有效突破了美容院产品销售的瓶颈。

◆美容师个人销售奖励基金和团队销售奖励基金最大限度的调动美容师的积极性，个人销售奖励基金为10-20元/张，团队销售奖励基金为30-50元/张。

◆全年促销支持，设立每月主题促销，季节性产品上市推广，区域性主题促销，免费促销折扣，礼品宣传支持。

◆全国巡回推广市场开拓支持以及经营策划支持。

◆公司产品满足不同目标消费群体的需求，多种系列，多个品种，拥有“千也”、“莱茜蒙”、“雅朵”等品牌。

雅朵

详情请咨询莱茜蒙公司全国招商工作组

招商组咨询电话：020-36636956/36636957

诚招全国部分空白地区代理商、加盟店

莱茜蒙国际集团（香港）有限公司

LANSRMENS INTERNATIONAL GROUP(HONGKONG)LIMITED

亚太区（SINGAPORE）

地　址（Address）：香港铜锣湾告士打道255号信和广场12字楼1205室

中国区（CHINA）

地　址（Address）：广州市机场路1231号海德花园德陶阁805室

电　话（Tel）：020-36636956/36636957/36636589

传　真（Fax）：020-36636589

职业培训系统先进表彰大

JING YING
精英培训

深圳精英职业培训中心

荣获首届中国美容化妆品业时代传播奖
美容新时代™
MEIRONGYE
精品，
非常百分百专业的演出
——《美容新时代》2004年全新改版，期期精彩的奉献
精品，不论音响、名贵钢琴或豪华期刊，予人印象最深之处，就在于至始至终的专业水准。
《美容新时代》从全面改版，到每篇文章、每个选题、每篇新闻的斟选，无一不体现出百分百专业的精神和严谨的态度。
专业演出，
当然赢来喝彩声声，
掌声不断。
YAMAHA
美容
《美容新时代》最新为专业美容业奉献多场精彩演出，敬请各位向《美容新时代》索取门票。
地址：广州市广园西路121号美博城主楼三楼126号
电话：020-61145282 61145283 61145193 传真：020-61145286
邮编：510010 网址：http://www.beautycmo.com

ABLE
阿贝尔

图书在版编目（CIP）数据

2005/06 中国美容年鉴 / 周声平主编.

—广州：南方日报出版社，2006

ISBN 7-80652-494-0

Ⅰ.2… Ⅱ.周… Ⅲ.美容—服务业—中国—2005～2006—年鉴

Ⅳ.F719.9-54

中国版本图书馆 CIP 数据核字（2006）第 012085 号

2005/06 中国美容年鉴

编 著 者：周声平

编辑主任：李彩霞

编辑记者：谭立言　席跃华

美术编辑：刘美杭

策划机构：美协传媒国际机构

设计制作：深圳市美协广告有限公司

地　　址：深圳市燕南路 96 号格林网苑 1603

电　　话：0755-83745163　83745162

传　　真：0755-83745048

出版发行：南方日报出版社

地　　址：广州市广州大道中 289 号

电　　话：（020）87373998-8502

经　　销：广东新华发行集团股份有限公司

印　　刷：广州伟龙印刷制版有限公司

开　　本：889mm×1194mm　1/16

印　　张：14.5

字　　数：348 千字

版　　次：2006 年 2 月第 1 版第 1 次印刷

定　　价：380.00 元